"一带一路"沿线国家汉语教学研究丛书

埃及和西亚国家汉语教学研究

栗君华 著

中国社会科学出版社

图书在版编目(CIP)数据

埃及和西亚国家汉语教学研究/栗君华著. —北京:中国社会
科学出版社,2017.9
("一带一路"沿线国家汉语教学研究丛书)
ISBN 978 - 7 - 5203 - 0770 - 3

Ⅰ.①埃… Ⅱ.①栗… Ⅲ.①汉语—对外汉语教学—教学研究—
埃及②汉语—对外汉语教学—教学研究—西亚 Ⅳ.①H195.3

中国版本图书馆 CIP 数据核字(2017)第 181658 号

出 版 人　赵剑英
责任编辑　陈肖静
责任校对　刘　娟
责任印制　戴　宽

出　　　版　中国社会科学出版社
社　　　址　北京鼓楼西大街甲 158 号
邮　　　编　100720
网　　　址　http://www.csspw.cn
发 行 部　010 - 84083685
门 市 部　010 - 84029450
经　　　销　新华书店及其他书店

印　　　刷　北京明恒达印务有限公司
装　　　订　廊坊市广阳区广增装订厂
版　　　次　2017 年 9 月第 1 版
印　　　次　2017 年 9 月第 1 次印刷

开　　　本　710×1000 1/16
印　　　张　13.5
插　　　页　2
字　　　数　183 千字
定　　　价　59.00 元

丛书序一 打造"一带一路"国家交流合作的"金钥匙"

2013 年 9 月和 10 月，习近平主席在赴中亚和东南亚访问期间，先后提出了共建"丝绸之路经济带"和"21 世纪海上丝绸之路"的倡议，开启了造福沿线国家人民和世界人民的一项伟大事业。

2016 年，第 71 届联合国大会通过决议，欢迎"一带一路"等经济合作倡议，这是联合国大会首次将"一带一路"写进大会决议，这项决议得到了 193 个会员国的一致赞成。

"一带一路"宏伟计划包括沿线 65 个国家，总人口 45 亿人，占全球 63%；经济总量 22 万亿元，占全球 29%。加强沿线国家和地区基础建设、国际产能合作、贸易合作，提高工业化水平，实现沿线国家经济共同发展和富裕，这是中国作为一个负责任的大国高瞻远瞩、因势利导，引领全球资本全方位走向和平经济发展道路的伟大构想。它将成为全球人类发展史上一个划时代的创举。

"一带一路"的实施，要实现沿线国家"政策沟通、道路联通、贸易畅通、货币流通、民心畅通"。这"五通"的实质是"互联互通"，"合作共赢"。那么，用什么"互联"？用什么"互通"？唯有语言。所以，"互通"的前提则首先是"语言互通"。"语言互通"的概念就是，我们要能使用沿线各国人民的语言和文化进行交流，还要沿线各国人民使用我们的语言和文化进行沟通。这应该是一个双向的过程。

习近平主席在"全英孔子学院和孔子课堂年会"上发表的重要讲话指出："语言是了解一个国家最好的钥匙。孔子学院是世界认识中国的一个重要平台。孔子学院属于中国，也属于世界。"

这把金钥匙已使孔子学院在全球灿若群星。熟悉这把金钥匙，掌握这把金钥匙，还必将为"一带一路"国家间互相了解、合作共赢开启畅达之门。作为"一带一路"的倡议国，我们首先应该对沿线国家的语言状况有深入全面的了解，学习他人的语言，与此同时，更重要的是让我国的民族标准语走向世界，推广汉语教学，介绍中国文化，既要了解世界，更要让世界了解中国。由此看来，我们汉语国际教育工作者，使命在身，责任重大，应该走在打造这把金钥匙的前沿。加快汉语走向世界，让汉语更为广泛传播，是我们责无旁贷的历史责任。

千里之行，始于足下。唯有知己知彼，方能百战不殆。汉语国际传播，是一种跨国文化交流行为。因此，对传播的受众的历史、现状及当下的语言文化需求必须了解透彻，融会于心，方能有的放矢，做出符合实际的汉语和中华文化的传播方略与具体策略。那就要从了解沿线国家概况入手，《"一带一路"沿线国家汉语教学研究丛书》正是选取这个视角，介绍沿线国家自然地理、历史国情、人口经济、语言政策，尤其详尽地介绍汉语教学的历史、现状及存在问题，以观全豹。从书力求为大家提供翔实丰赡的各种相关背景资料。眼观全球，视野开阔，立志高远，务求详备。书中详尽地描述了"一带一路"沿线各国的语言文化历史与现状，为在这些地区发展汉语教学、介绍中国文化提供了必不可少的案头必备参考。

丛书首先对沿线65个国家的汉语传播做了全面调查与摸底，依据所得材料，在开展汉语教学方面，展现其国别与地区优势，亦不回避存在的问题；既为汉语的国际传播提出战略目标，又有具体的发展策略。在与汉语教学相关的方方面面，多有涉及。诸如各国的教学环境、教学对象、教学机构的基本情况，孔子学院的发展，特别是汉语师资配备、教材建设和语言教学法的采用，尤多着笔墨。毫无疑问，这是在沿线国家从事汉语传播者最需要了解和掌握的重要背景知识。不仅是国际汉语教师设计汉语教学，介绍中国文化的依据，更可为有关汉语国际传播决策者在筹划顶端设计时参酌，是一份不可或缺的宝贵资料，具有很好的参考价值。

如果将沿线国家置于全球化背景下进行观察，就会观察到多种文化力量作用下的各国的语言社会生活。总体看来，沿线国家目前都正在大力发展各自的民族语言，在明确本国的官方语言的情况下，同时大力发展外语教学。"一带一路"沿线国家语言种类繁多，语言状况复杂多样。65 个国家拥有的官方语言多达 53 种，涵盖了世界九大语系的不同语族和语支。这些国家的主体民族语言就更加绚丽多彩。在这种背景下，地缘政治因素驱使，战略伙伴的国家关系，汉语地位的迅速提升，汉语作为一种应用型语言，正在成为争相学习的一种外语，人们热诚希望了解中国文化，学习汉语已成为一时时尚。

目前，沿线国家的汉语传播，除了少数大中学及教育机构外，所依托的主要教育平台就是孔子学院，这是汉语国际传播的重要场地，是世界认识中国的一个重要平台。就开展汉语教学来说，沿线国家在地缘政治、教育环境方面均具有很大的优势，学科设置的科学性，师资配备的标准，以及教学与学习需求方面，均在发展过程中，自然也存在多方面的问题。就发展汉语教学来说，诸如缺乏适合这些国家国情的孔院运行机制、缺乏适合学生特点的教学体系，师资匮乏，教材不能适应学习者的需求，教学方法不适合当地学习者学习习惯等，都是亟待解决的问题。有鉴于此，为了孔子学院的可持续发展，保持汉语传播的正常运转，丛书有针对性地提出一些改进意见与建设思路，既恰逢其时，又符合科学发展。

放眼"一带一路"沿线国家人民对学习汉语的强烈需求，立足于当地的教育传统和教学环境，在开展汉语教学，介绍中国文化方面，并存着良好的机遇与巨大的挑战。正是任重而道远。在这些国家和地区开展汉语教学，介绍中国文化，是历史赋予我们的义不容辞的责任。要完成这项工作需要大量有责任感、优秀的国际汉语教师。随着汉语教学规模在世界范围内不断扩大，同时也催生了大批立志从事国际汉语教学的各种专业出身的人进入汉语国际教育领域，还有为满足海外教学需求而赴国外任教的一大批汉语志愿者教师。目前，在国内高校汉语国际教育硕士专业攻读的学生，在实习阶段也被匆匆派往国外的孔子学院及其他教育机构，以实习名义从事汉语作为外语教学，还有些专硕生毕业后即被派到国外任教。这些人大多能完成汉语教学任务。但在教学过程中，个别人也暴露了一些弱点与不足，最根本的是汉语和中华文化底蕴不够，汉语作为外语教学技能还掌握得不够全面。由于对所在国家的历史文化了解甚少，对本地教育传统、学习习惯知之不多，以致出现所谓之水土不服的现象。给我们派往国外汉语教师的形象，带来些负面影响。因此，对赴海外任教的教师进行岗前培训，这四本沿线国家汉语教学研究丛书，就成为难得的必备培训材料。

信阳师范学院文学院对"一带一路"倡议的文化交流和汉语推广高度关注，特别是加强沿线国家汉语教学的研究，这套丛书就是他们研究的成果。本书编者多有海外从事汉语教学经验。刘振平博士曾在新加坡南洋理工大学执教六年。钱道静老师曾任教于蒙古国立大学及所建的孔子学院。在教学过程中，感同身受，深知了解所任教国的国情是多么重要。他们的教学经历有助于挖掘沿线国家汉语教学的方方面面的情况，为编写打好了基础。但在材料的搜集与筛选过程中，或有得失不当，在评述与表达中也或有失察之处，敬请读者不吝指教，以便将来修正。

赵金铭

2016 年 12 月 5 日

丛书序二

习近平总书记提出的"一带一路"倡议，是中国进一步走向世界，与各国实现互联互通的开放包容的经济合作倡议，同时也是中国文化走向世界、加快文化交流共通的一条重要路径。

改革开放以来，中国以前所未有的速度融入世界，经济发展迅猛，目前已经成为世界第二大经济体，中国的国际地位大大提升，成为世界经济发展的主要引擎。但是，经济地位的提升，硬实力的增强，并不意味着一定是世界强国，还需要软实力的增强，综合国力的全面提升。软实力即非物质的力量，就是文化和精神的力量。因此，习近平总书记一直强调在不断提高经济竞争力的同时，要增强道路自信、制度自信、理论自信、文化自信，大力推动制度创新、理论创新，积极走出去，促进中华文化与世界文化的交流。

文化交流，首先是语言。语言是人类交往的媒介，也是文化最基本的载体，当然更是文化的本体。任何民族的文化都是与特定的语言联系在一起的，语言就是一个民族文化的标志，也是进入一种文化的密码。理解一种文化，就要学习和掌握一种语言。因此，推动不同文化的交流，必须实现语言的互通。另外，经济的密切而频繁地交往，也离不开语言，语言与人的经济行为结合在一起，既体现为经济交往的方式，也在某种意义上表现为观念融通的方式。

实施"一带一路"倡议,首要的就是汉语的推广。其一,汉语是目前全世界使用人口最多的一种语言,联合国把它作为5种官方语言之一,说明汉语是国际交往的主要语言,推广汉语具有国际意义。其二,中国已经成为世界第二大经济体,对世界的影响越来越大,与世界主要经济体和毗邻国家的经济交往、贸易往来越来越频繁,语言成为交往畅通的钥匙,世界范围的"汉语热"在持续升温。其三,"一带一路"倡议,最重要的是实现中国与沿线国家紧密地联系起来,汉语无疑对沿线国家具有重要的工具意义。其四,汉字作为一种古老的形声义结合的文字,与其他语言文字相比,具有更丰富的蕴含,需要认真地训练、习得,才能在生活和国际交往中有效运用。因此,加强"一带一路"沿线国家的汉语教学研究,对服务国家"一带一路"倡议,具有重要意义。

信阳师范学院文学院在汉语教学研究方面既有历史传统,也有丰富的积淀。早在20世纪80年代,张静先生、吴力生先生、肖天柱先生等就带领中文系汉语教研室的老师们,加强汉语教学的研究和推广,其中张静先生的《现代汉语》教材,成为全国高校选用的三种主要教材之一。后来,许仰民先生、贾齐华先生的古汉语教学研究也取得了重要成果,其中许仰民先生的《古汉语语法》被译介到日本、韩国,并作为韩国釜山大学的研究生教材。20世纪90年代至21世纪,汉语教学的力量进一步增强。为了把汉语教学研究的能量转化到人才培养上,文学院先后开办了汉语言、汉语国际教育本科专业,2006年,汉语言文字学硕士点获批并开始招生,之后,文学院汉语言文学一级学科硕士点获批,语言学与应用语言学专业亦开始招收硕士研究生,文学院的汉语教学和人才培养都取得了新的成绩,而且,培养的人才也逐渐在汉语教学和汉语国际推广中发挥作用,近些年来,每年都有十几名学生作为志愿者到东南亚等国家从事汉语国际教育和汉语推广。与此同时,文学院刘振平教授、钱道静副教授、朱敏霞博士、张庆彬博士也分别奔赴新加坡、蒙古国、美国等开展汉语教育和研究工作,积累了丰富的经验，为进一步开展"一带一路"沿线国家汉语教学研究奠定了较好的基础。

从学术角度看，"一带一路"沿线国家汉语教学研究也是一个学术热点。因为"一带一路"倡议是全方位的，它不仅是经济问题、政治问题、外交问题，也是文化问题，甚至是语言的交融问题，它将给我们带来新的视野。近几年，信阳师范学院文学院在学术研究和学科建设中，一直关注学术前沿，寻找新的学术增长点，进而凝练方向，整合队伍，集中力量开展一些重大学术问题的研究，努力寻求重大突破，形成重要的学术成果，取得了明显的效果。先后整合文艺学、现当代文学、写作学等学科队伍，进行当代河南文学研究，编纂了《中原作家群研究资料丛刊》23 卷，包含当代河南文学中最知名的 25 位作家，第一辑 13 卷 2015 年 5 月出版，在学术界产生了广泛影响。第二辑 10 卷即将出版。整合中国古代文学学科的力量，开展"何景明研究"，何景明诗文点校整理工作正在有序推进。《"一带一路"沿线国家汉语教学研究丛书》是整合汉语学科队伍进行的一项重要的学术研究，也是服务于国家经济社会发展特殊需要的一项工作。

《"一带一路"沿线国家汉语教学研究丛书》对"一带一路"沿线 65 个国家的汉语教学进行了细致地梳理、研究，整理出了《南亚和东南亚国家汉语教学研究》《埃及和西亚国家汉语教学研究》《蒙古和独联体国家汉语教学研究》《中东欧十六国汉语教学研究》等，努力为"一带一路"沿线国家开展汉语推广提供有效的参照，积极服务于国家的"一带一路"倡议。4 部著作的作者刘振平教授、钱道静副教授、牛利博士和栗君华讲师，或者有丰富的海外汉语教学的经验，或者多年致力于对外汉语教学研究，都有一定的学术积累，因此，这套书既有一定的学术支撑，也有一定的可读性。

当然，由于这项研究刚刚开始，还不够深入；更由于资料收集的渠道有限，作者不可能真正走进所有的国家身临其境地全面考察，研究视野必然受到一定制约，因此，书中疏漏和错误在所难免，敬请专家、读者批评指正！

吴圣刚

2016 年 12 月 19 日

前　言

2013 年 9 月 7 日，中国国家主席习近平访问哈萨克斯坦，在纳扎尔巴耶夫大学发表演讲，首次提出共同建设"丝绸之路经济带"。同年 10 月 3 日，习近平主席出访印度尼西亚，在印尼国会发表演讲时，又倡议建设"21 世纪海上丝绸之路"。11 月，"一带一路"被写入党的十八大三中全会通过的《中共中央关于全面深化改革若干重大问题的决议》，正式上升为党和国家的重大战略。

"一带一路"构想把亚、欧两大洲连在一起，并延伸到中东、非洲及世界其他地区，秉持"和平合作、开放包容、互学互鉴、互利共赢"的共同发展理念，与沿线沿路国家共同打造"政治互信、经济融合、文化包容"的利益共同体、命运共同体和责任共同体，是一条贸易之路、发展之路、友谊之路。习近平总书记在哈萨克斯坦首次提出共同建设"丝绸之路经济带"时，就提出要与沿线国家实现"五通"——"政策沟通，设施联通，贸易畅通，资金融通，民心相通"。实现"五通"，当然需要语言互通。① 著名语言学家、世界汉语教学学会原会长陆俭明教授指出："甚至可以毫不夸张地说，语言互通是'五通'的基础。因为没有语言互通，政策难以沟通，也会影响设施联通、贸易畅通、资金融通，更谈不上民心相通。……对沿线沿路国

---

① 李宇明：《"一带一路"需要语言铺路》，《人民日报》2015 年 9 月 22 日第 7 版。

家来说，要有通晓汉语的人才。……要先搞调查研究，以了解哪些国家已开展汉语教学，哪些国家至今还未开展汉语教学；已开展汉语教学的国家，具体教学状况如何，汉语教学是否已进入对象国的国民基础教育体系。"① 为此，我们从 2015 年 11 月开始，展开对"一带一路"沿线国家汉语教学状况的调查研究。

目前，我们调查完成了"一带一路"沿线 65 个国家的汉语教学概况。这 65 个国家的汉语教学发展情况不一。有些国家汉语教学的历史比较悠久，而有些国家近些年来才开始汉语教学，还有一些国家的汉语教学至今尚未起步。比如，早在半个多世纪前，蒙古国就开始了汉语教学。目前，这个总人口只有 300 万人的国家，约有 2 万人在学习汉语，建有 3 所孔子学院和 1 个独立孔子课堂。从幼儿园到大学、从选修课到学历教育、从本科到硕士、博士，蒙古国汉语教学已经形成了多渠道、多层次、多形式的教学体制。而位于中亚西南部的内陆国家土库曼斯坦是仅次于哈萨克斯坦的第二大中亚国家，直到最近几年，随着两国各领域交流合作的全面实施，尤其是油气能源的合作发展，汉语教学才取得较大进展，学习汉语的人数开始增加。目前，土库曼斯坦没有孔子学院，只有 4 所高校设有汉语专业；根据土库曼斯坦总统别尔德穆哈梅多夫的倡议，从 2016 年开始，土库曼斯坦才在中小学阶段（5 年级至 12 年级）把汉语设为第二外语。南亚的不丹则因国小人少、经济条件落后，目前还未见到有规模的汉语教学。这种情况下，我们在介绍各国汉语教学状况时，势必出现有些国家的资料较多，有些国家资料较少甚至阙如的现象，这也就会造成本套丛书各个章节的内容不够均衡的现象。我们尽可能地多渠道收集资料，尽量全面展现各个国家的汉语教学情况，但受各种因素的制约，定有挂一漏万的现象，个中不足敬请专家学者批评指正。在撰写过程中，我们引用先哲时贤的研究成果时，尽可能地做到注明出处，但由于时间仓促、精力有限，可能还有疏漏之处，如有专家学者发现问题，敬请来电来

① 陆俭明：《"一带一路"建设需要语言铺路搭桥》，《文化软实力研究》2016 年第 2 期。

函与我们联系，我们必当按照要求予以更正，并致以诚挚的歉意。

　　本套丛书是"'一带一路'沿线国家汉语教学研究"项目第一阶段的研究成果，尽可能地全面介绍和分析了"一带一路"沿线国家汉语教学的状况，每个国家包括"国家概况""汉语教学简史""汉语教学的环境和对象""汉语教材和师资"等内容，重点介绍各国现阶段中小学、高等院校、孔子学院（课堂）的汉语教学情况，分析取得的成绩和存在的问题，为下一阶段深入研究各个国家汉语师资培养、教材编写和教学策略与方法等问题奠定基础。

编委会

2017 年 1 月 12 日

目　　录

第一章　埃及的汉语教学

第一节　国家概况[①]

一　自然地理

埃及，全称为阿拉伯埃及共和国（阿拉伯语：جمهوريّة مصرالعربيّة，英语：The Arab Republic of Egypt），又称为金字塔之国、棉花之国。通常认为，英语中"埃及"一词是从古希腊语演变而来的。阿拉伯人则将"埃及"称作米斯尔，在阿拉伯语中意为"辽阔的国家"。埃及跨亚、非两大洲，大部分位于非洲东北部，只有苏伊士运河以东的西奈半岛位于亚洲西南部。西连利比亚，南接苏丹，东临红海并与巴勒斯坦、以色列接壤，北濒地中海。面积 100.1 万平方公里，海岸线长 2900 公里，国土略呈不规则的四方形，东西宽 1240 千米，南北长 1024 千米，地形平缓，没有大山，最高峰凯瑟琳山海拔 2642 米。埃及全国划分为 27 个省，首都开罗（Cairo），面积约 3085 平方公里。

埃及全境干燥少雨。尼罗河三角洲和北部沿海地区属地中海型气

---

① 中华人民共和国外交部官网：《埃及国家概况》，2016 年 7 月，http：//www.fmprc.gov.cn/web/gjhdq_ 676201/gj_ 676203/fz_ 677316/1206_ 677342/1206x0_ 677344/，2016 年 8 月 10 日。

候，1 月平均气温 12℃，7 月 26℃；其余大部分地区属热带沙漠气候，炎热干燥，沙漠地区气温可达 40℃。开罗夏季平均气温最高 34.2℃，最低 20.8℃；冬季最高 19.9℃，最低 9.7℃。

二　历史政治

埃及历史悠久，古埃及是世界四大文明古国之一，是世界上最早的王国。公元前 3200 年，美尼斯统一埃及建立了第一个奴隶制国家，经历了早王国、古王国、中王国、新王国和后王朝时期，30 个王朝。古王国时开始大规模建金字塔。中王国经济发展、文艺复兴。新王国生产力显著提高，开始对外扩张，成为军事帝国。后王朝时期，内乱频繁，外患不断，国力日衰。公元前 525 年，埃及成为波斯帝国的一个行省。在此后的一千多年间，埃及相继被希腊和罗马征服。公元641 年，阿拉伯人入侵，埃及逐渐阿拉伯化，成为伊斯兰教一个重要中心。1517 年，被土耳其人征服，成为奥斯曼帝国的行省。1882 年，被英军占领后成为英"保护国"。1922 年 2 月 28 日，英国宣布埃及为独立国家，但保留对国防、外交和少数民族等问题的处置权。1952 年7 月 23 日，以纳赛尔为首的自由军官组织推翻法鲁克王朝，成立革命指导委员会，掌握国家政权，并于 1953 年 6 月 18 日宣布成立埃及共和国。1958 年 2 月，同叙利亚合并成立阿拉伯联合共和国。1961年，叙利亚发生政变，退出"阿联"。1970 年，纳赛尔病逝，萨达特继任。1971 年 9 月 1 日，改名为阿拉伯埃及共和国。1981 年 10月，萨达特总统遇刺身亡，副总统穆巴拉克继任，并 4 次连任直至2011 年辞职。

2011 年 2 月 11 日，穆巴拉克辞职，武装部队最高委员会接管权力。6 月底，埃及穆斯林兄弟会创立的自由与正义党主席穆尔西赢得总统选举并宣誓就职。2012 年 1 月，新一届人民议会成立，6 月 14日，最高宪法法院裁定人民议会选举法部分条款违宪并予以解散。穆尔西总统就任后发布了要求人民议会恢复工作的总统令，最高宪法法院裁定停止执行上述总统令，穆尔西表示尊重宪法法院判决。12 月，埃及全民公投以 63.8% 的支持率通过新宪法。2013 年 6 月底 7 月初，埃及政局再度发生剧变。7 月 9 日，曼苏尔总统颁布法令，任命哈兹姆·贝卜拉维（Hazem Al-Beblawi）为过渡期临时政府总理。7 月 16 日，临时政府宣誓就职。8 月中旬，埃及官方对穆兄会支持者集会场所实施清场，宣布全国进入紧急状态。12 月，埃及官方将穆兄会定性为"恐怖组织"，穆兄会领导人纷纷被捕。2014 年 1 月，埃及新宪法通过全民公投。5 月底，埃及举行总统选举，前军方领导人塞西以 97% 的得票率当选总统（投票率为 47%）。2 月 25 日，曼苏尔总统接受贝卜拉维政府内阁辞呈，并任命易卜拉欣·马哈拉卜（Ibrahim Mahlab）为临时政府总理。3 月 1 日，新临时政府内阁成员宣誓就职。6 月，塞西当选总统后成立新一届政府，马哈拉卜留任总理。2015 年 9 月，埃及政府改组，谢里夫·伊斯梅尔（Sheref Ismail）出任总理。2016 年 1 月，埃及新议会第一次全体会议在埃及议会大厦举行，议员宣誓就职，并选举阿里·阿卜杜勒阿勒（Ali Abdel-Aal）为议长。3 月，埃政府再次改组，谢里夫·伊斯梅尔留任总理。埃及的法院包括最高法院、上诉法院、中央法院和初级法院以及行政法院，开罗还设有最高宪法法院。检察机构包括总检察院和地方检察分院。主要政党有自由埃及人党（Free Egyptians Party）和新华夫脱党（New Wafd Party）。

　　目前，埃及已与 165 个国家建立了外交关系。中埃自 1956 年 5 月 30 日建交以来，两国关系发展顺利。1999 年 4 月，两国建立战略合作关系。2006 年 5 月，两国外交部建立战略对话机制。同年 6 月，两国签署关于深化战略合作关系的实施纲要。2007 年 5 月，中国全国人大和埃及人民议会建立定期交流机制。2007 年 1 月 27 日起，中埃两国互免持中国外交和公务护照、埃及外交和特别护照人员签证。2014 年 12 月，中埃两国建立全面战略伙伴关系。2016 年 1 月，两国签署关于加强全面战略伙伴关系的五年实施纲要。

三 人口经济

埃及是中东人口最多的国家，也是非洲第二人口大国，截至 2015 年 12 月，埃及的人口数量达 9000 万人。伊斯兰教为国教，信徒主要是逊尼派，占总人口的 84%，科普特基督徒和其他信徒约占 16%，另有约 800 万的海外侨民。

埃及的经济是开放型市场经济，石油天然气、旅游、侨汇和苏伊士运河是四大外汇收入来源。埃及拥有相对完整的工业、农业和服务业体系。工业约占国内生产总值的 16%，以纺织、食品加工等轻工业为主。埃及名胜古迹很多，政府非常重视发展旅游业，主要旅游景点有金字塔、狮身人面像、卢克索神庙、阿斯旺高坝和沙姆沙伊赫等。农业占国内生产总值的 14%，农村人口占全国总人口的 55%，占全国劳动力总数的 31%，从业人员约 550 万人。政府重视扩大耕地面积，鼓励青年务农，全国可耕地面积为 310 万公顷，约占国土总面积的 3.7%。近年来，随着埃及经济的发展，农业产值占国内生产总值比重有所下降。2015 年，塞西总统提出"百万费丹"土地改良计划。服务业约占国内生产总值的 50%。埃及 2011 年初以来的动荡局势对国民经济造成了严重冲击，因此政府采取措施恢复生产，增收节支，吸引外资，改善民生，多方寻求国际支持与援助，以渡过经济困难，但收效有限。2013 年 7 月，临时政府上台后，经济面临较大困难，在海湾阿拉伯国家的大量财政支持下，经济情况才有所好转。2014 年 6 月，新政府成立后，大力发展经济，改善民生。2015 年，国内生产总值 3308 亿美元，人均国内生产总值 3635 美元，经济增长率为 4.2%。2016 年 2 月 25 日，塞西总统宣布"埃及 2030 愿景"战略，强调将发展与环保、就业与提升劳动力素质相结合，以公平公正、平衡多样的方式全面推进埃及经济和社会同步发展，建成善于创新、注重民生、可持续发展的新埃及。截至 2016 年 6 月，埃及外汇储备 175.4 亿美元。

2006 年 11 月，埃及宣布承认中国完全市场经济地位。近年来，两国政府积极鼓励和推动双方企业扩大经贸合作，双边贸易额持续增长。2013 年，中埃贸易额首次突破百亿美元，达 102.13 亿美元。2015 年，双边贸易额 128.8 亿美元，同比增长 10.8%①。我国向埃主要出口机电产品和纺织服装等，自埃主要进口原油、液化石油气和大理石等。2016 年 1 月 20 日，商务部新闻发言人沈丹阳在例行新闻发布会上指出，埃及是中国在西亚非洲地区重要经贸合作伙伴，是"一带一路"建设合作重点国家，是中国在阿拉伯国家第三大出口市场。截至 2015 年 11 月，中国对埃直接投资存量 6.9 亿美元，中埃合作建设的苏伊士经贸合作区经过多年发展，已成为中国企业赴埃投资兴业的良好平台②。

四 语言政策

埃及的母语和官方语言是阿拉伯语，第二语言主要是英语和法语。英语和法语在大城市及旅游区通用。另外，还有科普特语（由古埃及语演变而来），科普特语在埃及的科普特人基督教堂中使用。③

第二节 汉语教学简史

埃及是非洲较早开展汉语教学的国家之一。埃及的汉语教学始于 20 世纪 50 年代。1954 年，按照中国与埃及政府签订的文化协定，中国向埃及开罗大学派出了第一名汉语教师，从而揭开了当代非洲国家汉语教学的序幕。④

---

① 中华人民共和国外交部官网：《中国同埃及的关系》，2016 年 7 月，http://www.fmprc.gov.cn/web/gjhdq_676201/gj_676203/fz_677316/1206_677342/sbgx_677346/，2016 年 8 月 10 日。
② 中国经济网：《商务部谈中东三国：沙特是我原油第一进口来源国》，http://finance.sina.com.cn/roll/2016-01-20/doc-ifxnrahr8580231.shtml，2016 年 3 月 14 日。
③ 中国驻埃及大使馆经济商务参赞处：《对外投资合作国别（地区）指南——埃及》，商务部 2016 年发布，http://fel.mofcom.gov.cn/article/gbdqzn/，2017 年 1 月 6 日，第 17 页。
④ 李圃、黄道友：《埃及汉语教学的发展历程及制约因素分析》，《国际汉语教学研究》2014 年第 1 期。

通过中埃双方长达半个多世纪的共同努力，汉语教学已经在埃及取得了非凡的成就。尤其是近年来，随着汉语国际传播步伐的加快和工作的逐步深入，埃及的汉语教学与文化传播事业又迈上了一个新台阶。埃及开展汉语教学、培训的机构主要是"五系二院一个中心"，"五系"即开罗大学、艾因·夏姆斯大学、苏伊士运河大学、艾资哈尔大学（Azhar）、埃及科技大学的中文系，"二院"为开罗大学孔子学院和苏伊士运河大学孔子学院，"一个中心"即开罗中国文化中心。在这个过程中，各级各类汉语比赛作为课堂教学以外的重要辅助手段，也发挥着越来越重要的作用。"五系二院一个中心"的学生也是参加汉语比赛的主体。在做好汉语教学、培训工作的同时，组织、辅导学生参加汉语比赛也成为以上各机构日常工作的重要内容之一。埃及每年重大的全国性汉语比赛有四次，在中国驻埃及使馆教育处、文化处等主管部门的领导下有序开展。[①]

2015 年，埃及共开设各类汉语班 156 个，学员达 2000 多人，组织各类文化活动 54 次，累计参加人数超过 1 万人。截至 2016 年 3 月，埃及专职教师 68 名，其中中方派 55 人，本土教师 13 人。

第三节　汉语教学的环境和对象

一　高等院校的汉语教学[②]

尽管埃及的中小学汉语教学处于起步阶段，但随着我国经济的发展以及中国去埃及旅游人数的增多，埃及社会上掀起一股学汉语的热潮。埃及政府十分重视汉语的传播，高教部也准备投入大量的力量支持中文专业的开办。埃及的高等院校主要是通过开办中文系和开设汉

---

① 丁建川：《汉语比赛在埃及》，《世界汉语教学学会通讯》2011 年第 4 期。
② 希夏姆：《埃及本土汉语教师培养培训的现状与前景——以埃及艾因·夏姆斯大学语言学院中文系为例》，《国际汉语教育》2013 年第 1 期。

语选修专业（如旅游学校和法尤姆大学）来开展汉语教学的。

（一）艾因·夏姆斯大学的汉语教学

埃及是最早设立中文系的阿拉伯国家。目前埃已有 10 所大学开设中文专业，其中埃及艾因·夏姆斯大学语言学院中文系规模和影响较大。该大学位于埃及首都开罗，是埃及的第三大综合性大学，也是中东地区著名的高校之一，还是埃及最早开设中文系的大学，汉语言专业是该校的一大特色，1958 年在语言学院建立了中文系，1960 年，因专业调整而关闭，1977 年重新开系，一直招生至今。1999 年，该校还成立了汉学研究所，以开展语言教学研究。2005 年又成立了中国研究中心。

该学院中文系教学体制分为本科与专科两个部分，其中本科毕业后的学生多分配在埃及外交部、文化部、对外合作公司、旅游公司和民营公司等机构，而专科的宗旨是培养具有理论基础和系统专业知识的人才，能够面向汉阿翻译、语言、文学专业进行研究。

艾因·夏姆斯大学中文系一直以来都得到了中国教育部和有关部门的支持。中国教育部每年都派教师到该中文系执教。艾因·夏姆斯大学中文系第一批本土从事汉语教学的教师是中国老师从本科生到博士生一路培养出来的，以后的每个埃及教师都曾到中国留学，有的已在中国留学多次。中国教育部每年给艾因·夏姆斯大学中文系进修教师和留学生名额，此外，艾因·夏姆斯大学中文系的教师还有到中国访问的机会。中国教育部和驻埃大使馆还不断向艾因·夏姆斯大学中文系免费提供图书资料和教学设备等，仅 2002 年，就赠送给艾因·夏姆斯大学一个先进的语音实验室和 10 台电脑及配套设备。①

艾因·夏姆斯大学语言学院中文系的发展趋势良好，最近十几年来，中文系招收的人数越来越多，每年招生 400 名学生。2012 年，在校生 1200 人左右，有本科生、研究生和博士生，埃及教师

---

① 邓时忠：《埃及艾因夏姆斯大学汉语教学现状及发展思路》，《阿拉伯世界》2004 年第 2 期。

37 人，中文图书馆藏书近 10 册，有现代化语音实验室和多媒体电教室①。2016 年，艾因·夏姆斯大学的大伟获得了第十五届"汉语桥"世界大学生中文比赛非洲组的洲冠军，并且获得总决赛第三名的好成绩。

（二）开罗大学的汉语教学

除艾因·夏姆斯大学外，开罗大学也是埃及开展汉语教育及研究的主要力量之一。开罗大学于 2004 年建立中文系，之后一直开展汉语和汉文化的教学及研究。开罗大学校长认为汉语是世界上最高雅最难学的语言，因此，对中文系的建立和发展十分重视，规定高中毕业生只有平均分达到 95 分，单科不少于 90 分的学生才允许进入中文系，并且每届只招收 20 人左右的新生。目前在校本科生 80 人，有 6 名中国教师，1 名埃及教师和 3 名埃及助教②。

（三）苏伊士运河大学的汉语教学

2006 年 9 月，苏伊士运河大学中文系成立，招收了 42 名学生。该中文系隶属于人文学院，是继阿拉伯语系、英语系、法语系之后建立的第四个系（第三个外语系）。该校对汉语教学非常重视，有很好的汉语传播条件。2012 年，有学生 1000 多人，6 名中国老师，3 名埃及老师③。

2014 年 12 月 8 日，苏伊士运河大学校长马姆杜哈·穆斯塔法与苏伊士运河大学孔子学院外方院长穆罕默德·阿里·扎耶特博士访问了中方合作院校北京语言大学，并签署了在辽宁东戴河建立苏伊士运河大学中国分校的框架协议。埃及媒体《今日埃及报》对此次访问进行了报道，称这是两国、两校间最重要的协议之一，标志着两校间的现有合作进入了全面合作的发展阶段，两校间协同发展也代表着两国

---

① 夏耕：《从埃及汉语教育看汉语国际推广教学能力的培养》，载《汉语国际教育人才培养现状及对策》，北京语言大学出版社 2013 年版，第 65 页。

② 同上。

③ 同上。

间战略合作关系的逐步建立。①

（四）其他大学的汉语教学

埃及设立中文系的学校还有艾资哈尔大学，它是阿拉伯地区最大的伊斯兰大学。艾资哈尔大学从 2001 年开始招生，现在在校学生 200 多名②。

此外，埃及开设中文专业的有明尼亚大学语言学院、亚历山大大学文学院、曼苏尔大学文学院、东方省的宰加济格大学亚洲研究学院、科技大学、语言高等翻译学院等政府和私立大学。

二 孔子学院的汉语教学

埃及的孔子学院有开罗大学孔子学院和苏伊士运河大学孔子学院。这两所孔子学院成立后为满足埃及民众学习汉语的实际需求、增进埃及人民对中国语言文化的了解，面向社会开设了各种汉语课程，还开展了各种比赛、丰富的中国文化宣传和中埃文化交流活动，这些活动不仅加深了埃及人民对中国语言、文化的了解和两国人民的友谊，也营造了埃及民众学习汉语的浓厚氛围，促进了汉语在埃及的传播。

（一）开罗大学孔子学院的汉语教学③

2008 年 3 月 18 日，开罗大学孔子学院启动运行，由开罗大学与北京大学合办，是"中埃友谊的桥梁"。该孔子学院是埃及，也是北非地区建立的第一所孔子学院。2014 年 12 月，开罗大学孔子学院经总部批准成为全球示范孔子学院，其专用大楼奠基，新大楼共 6 层，地上 5 层，地下 1 层。专用大楼配有教室、语音室、图书馆等，顶楼还有餐厅。开罗大学孔子学院成立以来开设了各种汉语班和汉语课程，

---

① 苏伊士运河大学孔子学院：《北京语言大学与苏伊士运河大学签署协议共建苏伊士运河大学中国分校》，http://www.hanban.edu.cn/article/2014 - 12/22/content_ 567492.htm，2016 年 7 月 5 日。

② 夏耕：《从埃及汉语教育看汉语国际推广教学能力的培养》，载《汉语国际教育人才培养现状及对策》，北京语言大学出版社 2013 年版，第 65 页。

③ 孔子学院总部/国家汉办官网：http://www.hanban.org/，2016 年 10 月 5 日。

深受学生欢迎；举办了系列中国文化讲座、中国文化月、中国诗词朗诵比赛、暑期中国文化之旅、夏令营等各项活动等；架起了中埃互动交流的桥梁（举办中埃语言文化国际研讨会、中埃互访）；还积极设立多个汉语教学点。

2016 年 3 月 26 日，位于开罗吉萨省的埃及开罗大学示范孔子学院大楼举行了具有浓郁民族特色的奠基仪式。2016 年 3 月，开罗大学孔子学院现有教学场地近 700 平方米，包括 8 间教室，1 间行政办公室，1 个图书室，1 个语音教室，1 个多功能厅。由于其卓越的办学成就，2016 年 12 月，开罗大学孔子学院被评为"2016 年度先进孔子学院"。

开罗大学孔子学院自成立以来，积极开展汉语教学，举办夏令营，开展各种比赛等，以提高埃及民众的汉语水平。开设了汉语导游强化班、商务汉语、汉语初级班、汉语口语初级班、中级班、HSK 班等课程，深受学生欢迎。学生们在夏令营中收获很大，他们不仅提高了汉语水平，还加深了对中国的了解，亲身体验了中国文化的魅力。2010 年 11 月 1 日，伴着激昂欢快的进行曲，开罗大学孔子学院举办的"庆国庆·中国文化之旅夏令营汇报晚会"拉开了序幕。此后，开罗大学孔子学院的李生俊院长及李哈布院长，分别为两名开罗大学中文系的学生颁发了证书，这两名同学以其优秀的汉语水平和中国文化才艺在 2009 年孔子学院大会的演出中获得了优秀奖。此次晚会共有 17 个节目，其中不乏歌舞、相声、小品、故事、中国功夫和诗歌朗诵。此次"庆国庆·中国文化之旅夏令营汇报晚会"旨在回顾与总结 2010 年 7 月 1 日至 7 月 27 日，由开罗大学孔子学院举办的中国文化之旅夏令营活动。埃及开罗大学孔子学院"中国文化之旅"夏令营于 2011 年 7 月 11 日在北京大学俄文楼正式开营。在孔子学院精心组织下，来自埃及各高校、各行业的 30 名优秀学生参加了此次夏令营。开罗大学孔子学院还举办了各种比赛或考试："汉语桥"世界大学生中文比赛，埃及大学生中国诗词朗诵大赛，汉字书法比赛，中文歌曲比赛，说汉语、讲故事比赛，汉语翻译大赛，中文小品表演大赛和 HSK（汉语水平考试）等。这些比赛或 HSK 对他们提高汉语水平有很大的帮助。2016 年 5 月 11 日，第十五届"汉语桥"世界大学生中文比赛埃及大区决赛在开罗大学大礼堂举行。此次比赛由中国国家汉办主办，中国驻埃及使馆教育处和开罗大学中文系共同承办。来自埃及 7 所高校的 11 名选手在预赛中脱颖而出，参加了此次决赛。此次比赛以"梦想点亮中国"为主题，设置了常规赛和附加赛，常规赛包括主题演讲、才艺表演和知识问答，附加赛的内容为自由问答。经过激烈的角逐，来自艾因·夏姆斯大学的大伟和安然获得此次比赛的特等奖，同校的张妍莹获得一等奖。开罗大学、埃及科技大学、苏伊士运河大学的选手，分别获得了二等奖和三等奖。

开罗大学孔子学院自成立以来，为增进埃及民众对中国语言文化的了解，进一步发展中埃友好关系，积极开展各种文化活动、中国文化讲座，做了大量卓有成效的工作，为增进埃及民众对中国文化的了解做出了积极贡献。2012 年 5 月 21 日下午，由开罗大学孔子学院主办、中国驻埃及使馆教育处支持的"中国·世界遗产 埃及学生在中国"图片展成功举办并圆满落下帷幕。在此次图片展上，埃及的大学生们不仅欣赏了中华民族被列入世界文化遗产的那些自然、人文景观，还欣赏了孔子学院的埃及学生用照片记录下的他们在中国学习、旅行的生活。2012 年 11 月 20 日，在埃及开罗大学孔子学院的多功能大厅拉开了"中国文化周"帷幕。除了武术表演和文化讲座，此次"中国文化周"还安排了电影欣赏和图片展示等内容，这次活动又一次掀起了埃及学生学习汉语的热潮。2013 年 2 月 28 日下午，开罗大学孔子学院在多功能厅举办了 2013 年春节元宵联欢会。开罗大学孔子学院埃方院长 Rehab 教授，开罗大学孔子学院及中文系全体师生和部分学生家长共同参加了此次联欢活动。当地时间 2015 年 10 月 5 日，埃及开罗大学孔子学院举行了第二届"全球孔子学院日"活动。本次活动还把"中国面馆"开在了现场。本次活动，不仅让埃及学生对汉语、中国文化与中国艺术有了更深入的了解，也激发了学生们学习汉语的热情，同时也增进了学生与老师之间的友谊。当地时间 2016 年 4 月 20 日，应埃及开罗大学孔子学院邀请，北京大学程郁缀教授在开罗大学孔子学院举办了题为《以诗为媒，促进文化交融：中国诗词系列鉴赏会》的讲座。

　　开罗大学孔子学院举办中埃语言文化国际研讨会、中国文化交流论坛，为增进中埃人民之间相互了解和友谊做出了积极贡献。此外，中国艺术团在开罗大学孔子学院演出，代表团访问开罗大学孔子学院，这些都使开罗大学孔子学院成为中埃友谊的重要桥梁。2010 年 2 月 2 日，在开罗大学大礼堂里，北京大学学生艺术团带来了一场具有浓郁传统中国韵味的演出，拉开了艺术团在埃及四地巡演的序幕。演出以传播中国优秀的传统文化为特色，展现中国传统文化"和"的精神内涵。2010 年 3 月 23 日，以郑登文委员为团长的北京市教委代表团一行考察了开罗大学孔子学院，并与孔子学院举行座谈，驻埃及使馆教育处霍文杰专员、孔子学院中外方院长及部分教师和志愿者参加了座谈。2010 年 10 月 20 日，连云港市副市长杨莉率队访问埃及开罗大学孔子学院，会晤了院长李生俊先生，并与教职员工进行了深入的交流。双方就如何开展交流与合作进行了深入探讨。2012 年 2 月 1 日上午 10 点，以中国前驻也门、叙利亚大使，中国阿拉伯友好协会理事时延春先生为团长的中国拓展文化协会代表团一行 8 人对开罗大学孔子学院进行了访问。就在开罗大学成立东方毅伊斯兰文化研究中心的事宜进行充分的商讨，并对拓展文化协会和开罗大学孔子学院的合作项目进行了磋商。2012 年 2 月 26 日，由孔子学院和西北师范大学共同承办的国家汉办"三巡"演出在开罗大学孔子学院拉开了帷幕，这也是在埃及的首场演出。2012 年 4 月 26 日上午 10 点，第二届中阿文明对话——语言文化国际研讨会在开罗比拉米萨饭店拉开了帷幕。研讨会中，来自埃及以及中国的学者代表们分别作了精彩报告。2012 年 4 月 28 日，以中国外交部前副部长杨福昌先生为团长的北京大学代表团一行 8 人访问了开罗大学孔子学院。2014 年 3 月 13 日，

"中国民乐文化日"拉开了帷幕，此次活动由开罗大学孔子学院和中国文化中心合作举办，邀请山西太原民间艺术团赴埃演出。2014 年 6 月，孔子学院总部副总干事、国家汉办副主任王永利一行访问开罗大学孔子学院，会见了开罗大学的校长顾问 Zein Elabedeen 教授，Zein Elabedeen 教授对他们的到来表示热烈欢迎，双方就非洲汉语教师培训基地的建设、非洲联席会议的召开、开罗大学孔子学院的发展及核心教师的选拔等方面广泛交流了意见和看法，双方达成了多项共识。2015 年 7 月 3 日，中国教育部副部长刘利民一行访问开罗大学孔子学院，亲切慰问中方教师与留学生代表。当地时间 2015 年 12 月 15 日，第一届中国文化交流论坛在开罗大学孔子学院多功能厅顺利召开。本次活动由开罗大学、开罗大学孔子学院和北京大学联合举办。

　　开罗大学孔子学院还积极设立多个汉语教学点。2014 年 11 月 29 日，开罗大学孔子学院 Nahda 大学教学点的揭牌与签字仪式和首届"Nahda 大学—中国文化日"活动举行。Nahda 大学教学点是埃及南方的第一个汉语教学点，希望借此平台有更多的人了解中国，学习汉语，为中埃之间架起友谊桥梁，推动中埃之间的交流与合作。2014 年 12 月 28 日，开罗大学孔子学院埃中友好示范学校教学点举行剪彩仪式暨第一届文化日开幕式，本届文化日活动也正式拉开序幕。孔子学院教师为学生准备了丰富多彩的体验活动，包括中国舞、太极拳、包饺子、剪纸等项目，每个项目都有 2—4 名汉语教师为大家讲解，共吸引 300 余人参与其中，现场气氛热烈。2015 年 3 月 4 日，开罗大学孔子学院法鲁斯大学教学点举行揭牌仪式，中国驻亚历山大总领馆总领事陈晓明、法鲁斯大学校长阿布杜·美纳姆·穆萨与孔子学院院长李哈布受邀出席。揭牌仪式上，阿布杜校长与李哈布院长签订双方合作协议并致辞。陈总领事对双方的合作表达祝贺。仪式结束后，孔子学院组织了剪纸、书法、太极拳、留言墙和包饺子等中国文化体验活动。

（二）苏伊士运河大学孔子学院的汉语教学①

2008 年 4 月 1 日，北京语言大学和苏伊士运河大学合作开办的苏伊士运河大学孔子学院启动运行。截至 2012 年 11 月，该孔子学院共培训学员 2000 余人，举办各类文化交流活动 30 余次，累计参加人数达 7000 人，受到当地各界广泛好评，被媒体称为"阿拉伯世界最美丽的孔子学院"②。苏伊士运河大学孔子学院在第七届孔子学院大会上还获得了"先进孔院"的光荣称号。2015 年 12 月 7 日，北京语言大学与埃及苏伊士运河大学举行了隆重而简朴的签约仪式，崔希亮校长与苏伊士运河大学 Mamdouh Moustafa Ghorab 校长共同签署了《中国北京语言大学与埃及苏伊士运河大学合作成立"北语—苏伊士运河学院"（简称"中埃学院"）合作协议》。两校将以合作办学的方式开展国际关系、历史、文博、商业、法学、教育学等专业的教育工作。③

苏伊士运河大学孔子学院启动运行以来，组织了各种形式的汉语培训班。2010 年上半学期，苏伊士运河大学孔子学院新开办的汉语培训班达 12 个，如基础、初级和中级汉语培训班、商务汉语培训班、本土汉语师资培训班以及汉语水平考试（HSK）考前辅导班等，在校学生数量达 200 余人。孔子学院还积极与苏伊士运河大学音乐系联系，准备开办音乐汉语和中文歌曲培训班。2010 年 6 月，苏伊士运河大学孔子学院已经有 2000 多人学习汉语，他们来自伊斯梅利亚的各个行业和阶层。学习汉语的人主要分为两部分，一部分是在校的大学生，包括中文系想要成为中文老师的学生和工程系、医学系等其他专业的学生；另一部分来自校外，是想要用汉语进行交流的人。为了提高本土汉语师资培训班学员的实际汉语教学能力，苏伊士运河大学孔子学院自 2010 年 4 月初开始对

---

① 孔子学院总部/国家汉办官网：http：//www.hanban.org/，2016 年 10 月 1 日。
　北京语言文化大学官网，http：//iecby.blcu.edu.cn/index.html，2016 年 10 月 1 日。
② 姚淑燕：《阿拉伯国家的汉语教学研究》，硕士学位论文，上海外国语大学，2014 年，第 26 页。
③ 北京语言大学：《我校与苏伊士运河大学签署合作协议》，http：//iecby.blcu.edu.cn/art/2015/12/2/art_ 10014_ 1105969. html，2016 年 3 月 1 日。

学员进行教学实战训练。实战训练首先要求学生针对教学内容进行资料准备，然后进行教学环节设计，包括板书以及课堂活动组织等，并针对其他学生和老师提出的问题进行现场答疑。在每位学生课堂教学实战结束后，孔子学院中方教师均给予现场点评，并指出需要改进的地方。汉语教学实战活动受到了汉语师资培训班学员的普遍欢迎，他们一致认为，该活动有效地提高了他们的实际汉语教学能力。孔子学院也将从中选择部分继续接受岗前强化培训的优秀学生，以承担2010年暑期孔子学院的汉语教学任务。2011年3月13日起，苏伊士运河大学孔子学院新学期汉语培训活动陆续展开，来自苏伊士运河大学各院系、企业以及其他社会机构的150多名学员在孔子学院参加了不同类型的汉语培训。目前已经开课的汉语培训班既有面向苏伊士运河大学的教授汉语培训班、官员汉语培训班、理学院师生汉语培训班，又有面向校内外各界人士的零起点汉语培训班、初级汉语培训班、中级汉语培训班、高级汉语培训班和HSK辅导班等，除此之外，商务、科技、音乐以及企业汉语培训班也即将开始。2011年春季，新学期苏伊士运河大学孔子学院首次为该校旅游学院开设了汉语作为第二外语的选修课程，主要是在二年级到四年级的学生中展开，本学期选修汉语的学生有35人，选课学生比例约占73%。孔子学院根据学生的汉语水平将三个年级的学生分成基础、初级、中级三个不同层次的班，并配置了两名经验丰富的教师为学生授课。授课教师根据学生的需要重新编写了教材，在课堂上以学生为主体，精讲多练，以切实提高学生的汉语水平，为学生将来从事汉语导游、翻译等工作打下良好的基础。2011年10月9日起，苏伊士运河大学孔子学院2011年下半年新学期各类汉语培训陆续展开。目前已经开课的培训班有苏伊士运河大学各院系学生和校外人员参加的基础汉语培训班、苏伊士运河大学商学院师生参加的初级汉语提高班、旅游系学生参加的中级汉语培训班和中文系学生参加的中级汉语提高班。除此之外，孔子学院本学期还承担了苏伊士运河大学中文系学历教育课程，包括一年级学生的中国汉字课程和三年级学生的中国文化文明与历史课程。设在埃及苏伊士湾中埃经贸合作区"联合培训中心"面向埃及中资企业埃及职工的基础企业汉语班和初级企业汉语班也已经开课。苏伊士运河大学旅游学院学分汉语课程、中文系学生高级汉语培训班、苏伊士运河大学管理人员汉语培训班、苏伊士运河大学教师汉语培训班以及专为苏伊士运河管理局职工开办的企业汉语培训班等也即将开始。截至 2012 年初,苏伊士运河大学孔子学院共培训学生 1400 余人,包括大学生、政府官员、管理人员、大学老师、企业职工和社会人士。截至 2013 年 5 月,苏伊士运河大学孔子学院注册人数超过 2400 人,形成了包括语言课、文化课、特色课等多个层次,涵盖初、中、高不同级别的复合型课程体系,组织文化活动累计逾 200 次,得到了广大的汉语爱好者和学习者的普遍关注。2014 年 2 月,苏伊士运河大学孔子学院中国书法、中国影视鉴赏、中国歌以及 HSK 辅导和 HSKK(汉语水平口语考试)辅导等将近二十个教学班开始上课。2014 年 4 月 23 日,苏伊士运河大学孔子学院成立六周年,累计招生超过 2800 人,覆盖埃及整个东北部地区。

苏伊士运河大学孔子学院不仅仅面向埃及的大学开展各种形式的汉语培训,而且还与外界联合成立培训中心开展汉语教学活动,面向埃及社会和企业提供汉语培训服务,已成为中埃教育、文化和科技交流的重要窗口。2010 年 10 月 10 日,苏伊士运河大学孔子学院与中埃苏伊士经贸合作区举办了隆重的合作协议签字仪式暨联合培训中心揭牌典礼。该培训中心旨在面向中埃苏伊士经贸合作区企业,为埃及职工开展公共汉语培训、专业汉语培训和中国文化培训等,以为经贸合作区培养高素质人才,同时借助联合培训中心的平台,中埃苏伊士经贸合作区也将作为苏伊士运河大学孔子学院的汉语实践基地,为孔子学院的学生优先提供汉语实习和就业机会。2010 年 12 月 6 日,苏伊士运河大学孔子学院与中埃苏伊士经贸合作区联合培训中心首期基础汉语培训班正式开课。来自中埃苏伊士经贸合作区中纺机(埃及)无纺布公司、国际钻井材料制造公司和志高电器工业(埃及)公司的二十四名埃及职工参加了此次为期八周的基础汉语学习。联合培训中心第二期汉语培训计划于 2011 年 2

月下旬开始，并将吸收更多的埃及职工参加，同时分基础汉语培训（零起点）和初级汉语培训两个层次。2011年4月中旬以来，已有埃及泰达投资公司的十八名埃及职工接受了为期八周的基础汉语培训，专门为志高电器工业（埃及）公司职工开设的初级汉语培训也即将开始。2011年11月，苏伊士运河大学孔子学院开设的培训班达到14个，涵盖了基础汉语培训、初级、中级、高级等各个层级的汉语培训班，还有企业、政府培训班，中文系、旅游系的学分课程。

苏伊士运河大学孔子学院还积极开展各种比赛，举办夏令营，以提高埃及民众的汉语水平。2010年1月3日，苏伊士运河大学孔子学院的选手郭静雅凭借傣族舞蹈《孔雀舞》荣获首届中埃大学生"风采之星"才艺大赛冠军，来自苏伊士运河大学孔子学院的另一选手小法老凭借一曲《桃花朵朵开》荣获二等奖。2011年11月15日上午，苏伊士运河大学孔子学院举行第八届"大使杯"汉语歌曲比赛预赛。12月8日晚，第八届"大使杯"汉语歌曲比赛在埃及开罗中国文化中心举行，经过激烈角逐，来自苏伊士运河大学孔子学院中文系学生张飞获得冠军，赢得了2012年赴中国参加文化部组织的"奖学之旅"机会。2011年12月21日上午，由苏伊士运河大学孔子学院和埃及埃中文化交流协会共同主办的首届埃中大学生"风采之星"才艺大赛苏伊士运河大学赛区复赛在苏伊士运河大学大礼堂顺利举行。本次复赛共有来自苏伊士运河大学、艾因·夏姆斯大学、科技大学、坦塔大学等高校的18组选手参加，节目精彩纷呈，除歌曲外，还有小品、相声、武术、乐器演奏、诗歌朗诵等。来自苏伊士运河大学孔子学院的小法老和郭茂恒分别凭借《桃花朵朵开》和《龙的传人》共同闯入决赛，再加上孔子学院选手郭静雅、苏伊士运河大学中国留学生侯眷和舒华，本次比赛，苏伊士运河大学共有5名选手杀入决赛。2012年5月15日上午，苏伊士运河大学孔子学院举办第三届中文歌曲演唱比赛，本次比赛有近20名选手参加，他们主要来自孔子学院、旅游学院、商学院和中文系。经过激烈角逐，最终来自孔子学院的卡里曼获得了冠军。

2013 年 2 月 26 日和 2014 年 3 月 24 日，苏伊士运河大学孔子学院又分别举办了第二届、第三届埃中大学生"风采之星"大赛。2013 年 5 月 26 日，苏伊士运河大学孔子学院举办了别开生面的中文诗歌朗诵比赛，共有 15 名来自孔子学院和中文系的学生登台，向现场 200 多名师生展示了自己的汉语水平。最后，孔子学院学员希望，中文系大四选手李暮，大二选手乐洁娜、叶慧文、安安等同学分别获得了一等奖、二等奖、三等奖。

苏伊士运河大学孔子学院举办、组织了中国国家汉语水平考试和"汉语桥"世界大学生中文比赛。2009 年，苏伊士运河大学孔子学院正式成为中国国家汉语水平考试埃及考点。2010 年 5 月 16 日，苏伊士运河大学孔子学院首次举办新 HSK。12 月 5 日，又成功举办了新汉语水平考试，考试涵盖了一级至六级的所有级别，共 40 人参加了此次新 HSK，考试人数比上次新 HSK 增加了 21.2%。新 HSK 受到了越来越多埃及汉语学习者的欢迎，很多埃及中资企业也将新 HSK 成绩作为录用埃及职工的重要参考，这将进一步促进汉语在埃及的传播。2011 年 5 月 22 日和 12 月 4 日，苏伊士运河大学孔子学院举办了两场汉语水平考试。2013 年 5 月 12 日，苏伊士运河大学孔子学院成功举办了新汉语水平考试，这是该孔子学院设立 HSK 考点以来的第七次考试，共有 35 名来自开罗、伊斯梅利亚、苏伊士和塞得港等地的考生分别参加了一、三、四、五、六五个级别的考试。截至目前，在苏伊士运河大学孔子学院考点参加考试的考生累计 276 名，遍布 HSK 的六个级别。2014 年 3 月 16 日，114 名埃及学生走进苏伊士运河大学孔子学院 HSK/HSKK（汉语水平口语考试）考场，通过考试检验自己的汉语学习效果。这是该孔院举办的第九次 HSK 和第二次 HSKK。参加考试的学生人数不断刷新该院的考试人数纪录，特别是 HSKK，从 30 人增至 62 人。2014 年 4 月，第十三届"汉语桥"埃及赛区比赛即将举行，苏伊士运河大学孔子学院举办了选拔赛，比赛分为三个环节：主题演讲、知识问答和才艺表演。当地时间 2016 年 3 月 8 日，苏伊士运河大学孔子学院举行了第十五届"汉语桥"世界大学生中文比赛初赛，共有 20 组来自中文系和孔子学院的学生参加了比赛。最终，12 组选手脱颖而出，晋级大区复赛。

苏伊士运河大学孔子学院成立后还积极组织、开展了各种中国文化的推介活动。2011 年 1 月 20 日，苏伊士运河大学孔子学院与其中文系在孔子学院文化活动中心联合举办了一场富有中国特色的 2011 年春节联欢会，联欢会节目有中国舞蹈、中文歌曲、由电子钢琴伴奏、中国教师表演的小合唱、中国天津快板、绕口令、单口相声、中国剑术和蛇拳以及太极拳。此次联欢会不仅让埃及师生进一步了解了中国的传统文化，提高了埃及师生的汉语应用能力，更增进了中埃师生之间的友谊和交流。此后，苏伊士运河大学孔子学院每年都会举办春节联欢会或元宵节联欢会。2011 年 5 月 16 日，苏伊士运河大学孔子学院暨中国文化周在苏伊士运河大学孔子学院大楼一楼大厅隆重开幕，开展了中国文化体验活动，中国谜语、中国书法、中国剪纸等展示活动吸引了参观者的热情参与。2012 年 2 月 27 日，来自中国西北师范大学的艺术团在埃及苏伊士运河大学作了最后一场巡回演出。苏伊士运河大学的数百名师生观看了演出。此次巡演是由国家汉办组织派出，西北大学艺术团承担的一次中国文化传播活动。整个演出活动历时两周，经历了苏丹、埃塞俄比亚、埃及三国四地的演出，在苏伊士运河大学落下帷幕。2012 年 4 月 10 日，苏伊士运河大学孔子学院开设的太极拳初级班（一）开班，根据学员的要求，小班授课，分为两个小组。开设太极拳培训班是秉承第六届全球孔院大会提出的，打造孔子学院这一文化传播和交流平台的一项重要举措。2012 年 6 月 22 日，苏伊士运河大学孔子学院夏令营来到了华北电力大学，开始了他们的汉语学习及中国文化体验之旅。他们体验了实用汉语授课和中国书画活动，走进了振华武术馆、梨园剧场、功夫茶馆、长城、颐和园、故宫、天安门广场、中关村、北大校园，感受到了古老而又年轻的中国的无穷魅力。11 月 21 日上午，在孔子学院四楼小会议室，由李仁安教授执教的书法课正式开始授课，学员们体会到了汉字文化的艺术魅力，增加了对中华文化的兴趣。2014 年 4 月 7 日，苏伊士运河大学孔子学院葫芦丝培训班正式开课。学员主要为苏伊士运河大学中文系学生及孔子学院汉语课程学员。本期课程采用中国音乐讲座和葫芦丝教学相结合的模式，让学生们在演奏中国传统乐器的同时，充分体验中国音乐文化。当地时间 2016 年 4 月 17 日，苏伊士运河大学孔子学院举行文化俱乐部开幕仪式，外方院长哈桑（Hassan）、中方院长李振华、全体汉语教师、孔院和中文系学生参加了此次活动。开幕式结束后，第一届苏伊士运河大学孔子学院书法展活动在俱乐部启动。展品既有竹简书法作品、不同书法体的临摹字帖，也有中国书法艺术核心书刊《中华书画家》，还有中国著名书法家言恭达长达十米的书法作品等，学生们对中国文化有了更深刻的认识。

　　苏伊士运河大学孔子学院启动以来还举办了各种论坛或讲座。2012 年 1 月 9 日，为期两天的首届埃中语言与文化论坛在苏伊士运河大学顺利落下帷幕。本次论坛共吸引了来自美国、越南、埃及、中国等国家的 56 名专家、学者代表参加。他们分别就汉语语言文学教学与研究、阿拉伯语语言文学教学与研究、中埃文化研究三个主题进行了研讨。参加本次论坛的中埃专家学者之多，规格之高，在整个非洲地区尚属首次，具有深远的影响和意义。本次论坛极大地扩大了孔子学院在当地及参会代表之间的影响，树立了孔子学院师生的良好形象。2014 年 11 月 27—29 日，苏伊士运河大学孔子学院在伊斯梅里亚 Mecure 酒店举行了"全球化语境下中埃经贸论坛"。论坛吸引了来自中国、埃及和巴林等国的相关学者，各位专家就中埃经贸关系现状、中埃经贸关系发展前景、中埃经济互补优势等多个议题进行了多场深入而热烈的讨论，与会专家一致认为两国间的合作是发展中国家合作的典范，在中埃两国间建立全方位、多领域的战略关系是符合双方利益的战略性选择，随着中国经济的发展和埃及社会、经济秩序的恢复，两国将成为最重要的政治、经济伙伴。论坛受到了各方媒体的高度重视，引起了广泛的社会反响，埃及国内第一大报《金字塔报》刊登了题为《埃中关系在全球化语境下的相互接近》的文章，对论坛做了详尽的报道，埃及国内第二大报《共和国报》副主编迈德布礼·奥斯曼撰写了题为《埃及发展模式的要求》的文章对论坛进行了专题报道。当地时间 2016 年 4 月 24 日，北京大学程郁缀教授在苏伊士运河大学孔子学院举办题为《以诗为媒，促进文化交融：中国诗词系列鉴赏会》的讲座。

三 孔子课堂的汉语教学

尼罗河电视台是埃及的主要电视台之一，在中东及非洲等地区有较大的影响力。2015 年 8 月 2 日，尼罗河电视台和北京语言大学合作的尼罗河电视台孔子课堂启动运行，4 日在开罗揭牌。孔子课堂节目在尼罗河电视台教育频道、文化频道和高教频道同时开播，每周播出四次，每期节目时长 30 分钟。中国驻埃及大使馆临时代办齐前进在揭牌仪式上表示，孔子课堂将为埃及民众学习汉语和对中国历史、文化的了解，促进两国之间的友谊与合作提供重要帮助。①

四 语言培训机构的汉语教学

埃及各类汉语培训班也纷纷开办，影响较大的汉语培训机构主要有埃中友好协会、开罗中国文化中心和驻埃文化中心。除此之外，社会上还有一些中国人和埃及本地的中文教师开办的汉语辅导班以及其他各种形式的汉语教学班。这些汉语培训班、辅导班和教学班是埃及正规教学的有效补充，对埃及的汉语传播起到了重要的作用。

（一）埃中友好协会的汉语教学

埃中友好协会自 1996 年 11 月起就与中国驻埃及大使馆合作举办汉语培训班，每期约为三个月。中国大使馆曾向该短训班赠送了价值 40 万元的电脑语言实验室和有中文输入系统的电脑，这些都对推动该协会的汉语教学起到了积极作用。截至 2006 年，埃中友好协会已成功

---

① 王蕾：《尼罗河电视台孔子课堂揭牌》，http：//news. xinhuanet. com/world/2015 – 08/05/c_1116149936. htm，2016 年 8 月 3 日。

举办 20 多期汉语培训班①。2012 年 12 月，埃中友好协会在本部举办新一届汉语培训班开班仪式②。

（二）开罗中国文化中心的汉语教学

2002 年 10 月 29 日，开罗中国文化中心正式成立。该中心中文班 2003 年开始招生，由于它收费低、教学质量高、配套设施齐全，并从中国国内聘请中文教师到埃及任教，因此成为埃及最有影响力的培训机构③。目前，汉语培训班有学员近 20 名，均来自于埃及社会的各个行业，培训班则由一名中国教师任教。

据光明网 2012 年报道，该中心开设以来培训学员 5400 多人次，为汉语在埃及的传播做出了重要的贡献。已开办 3 个月一期的普通汉语培训班 26 期；开办导游汉语、商务汉语、中文电脑、汉字书法等专题培训班 8 期；武术班已招生 16 期，一年一度的"大使杯汉语歌曲比赛"和"大使杯说汉语讲故事比赛"已分别举办了 8 届和 7 届④。根据《开罗中国文化中心 2013 年第二季度活动预告》，该文化中心的图书馆现有图书 2.2 万册，期刊 20 多种，包括社会科学和自然科学领域的各种最新的中外文图书。至 2013 年 6 月，该文化中心开设的汉语班已进入第 29 期，第 30 期开始招生，开设的武术班已进入第 19 期，除此之外，开罗中国文化中心也还设立了书法班和厨艺班，不定期举办中国舞蹈培训班、葫芦丝培训班、风筝培训班、汉语口语强化班和中文电脑培训班，为汉语和中国文化在埃及的传播做出了杰出的贡献。此外，该文化中心还经常举办各种比赛，如一年一度的"大使杯汉语歌曲比赛"和"大使杯说汉语讲故事比赛"；还开办各类讲座，举行各种展览以及影视播放

---

① 中华人民共和国驻阿拉伯埃及共和国大使馆：《教育交流基本概况》，http：//www. fm-prc. gov. cn/ce/ceegy/chn/zaigx/jyjl/t79032. htm，2016 年 4 月 1 日。

② 中国新闻网：《埃中友好协会新一届汉语培训班开班》，http：//www. chinanews. com/hwjy/ 2012/12 – 17/4413292. shtml，2016 年 4 月 1 日。

③ 夏耕：《从埃及汉语教育看汉语国际推广教学能力的培养》，载《汉语国际教育人才培养现状及对策》，北京语言大学出版社 2013 年版，第 70 页。

④ 于毅：《中埃合作面临新机遇》，http：//world. gmw. cn/2012 – 08/29/content_ 4918766_ 2. htm，2016 年 5 月 4 日。

活动。该文化中心的成立为"发展中埃两国在语言、文学、教育和科学领域的交流与合作，促进两国双边文化协定和执行计划的实施"①，做出了巨大的贡献。② 2016 年，埃及开罗的中国文化中心已开办了 14 年，总计有 7000 名埃及学生在这里学习过中文。③

第四节　汉语师资、教材及教法④

一　师资状况

汉语教师的数量和质量决定了汉语教学的质量和水平。除艾因·夏姆斯大学外，埃及各大学和各培训机构的汉语教师严重不足。

目前，艾因·夏姆斯大学语言学院的中文系不仅有本国的汉语师资队伍，而且还有本国培养的汉语硕士和博士。艾因·夏姆斯大学语言学院中文系在办学初期主要依靠中国教师任教，20 世纪 80 年代末期才开始有了本土汉语教师。1956—2005 年，中方派遣了约 50 名教师赴埃及艾因·夏姆斯大学教授汉语⑤。1999 年，艾因·夏姆斯大学中文系教师代表队在中国中央电视台组织的国际大专辩论会上获国外参赛队第一名及最佳辩手奖。2001 年，艾因·夏姆斯大学有 35 名埃及籍汉语教师，其中教授 1 人，副教授 5 人，讲师 26 人，助教 3 人。讲师以上全都获得汉语言文学博士学位，大部分教师都多次前往中国进修。此外，中文系还聘请两名中国教师，每两年轮换一次。⑥ 截至

① 开罗中国文化中心：《开罗中心文化中心介绍》，http：//cairo. cccweb. org/cn/whzxjs/zxjj/in-dex. shtml，2016 年 3 月。

② 姚淑燕：《阿拉伯国家的汉语教学研究》，硕士学位论文，上海外国语大学，2014 年，第 20—21 页。

③ 中国新闻网：《"汉语热"搅动"中国热"：谈生意语言应先行》，http：//www. chinanews. com/hr/2016/02－05/7749478. shtml，2016 年 3 月 13 日。

④ 孔子学院总部/国家汉办官网：http：//www. hanban. org/，2016 年 10 月 1 日。

⑤ 王有勇：《教育合作的现状与未来　从中埃教育合作谈起》，《阿拉伯世界研究》2006 年第 1 期。

⑥ 朱立才：《埃及艾因·舍姆斯大学的汉语教学》，《世界汉语教学》2001 年第 2 期。

2008年，该系共聘请过50多位中国专家，有教师30多名，形成了教授、副教授、讲师和助教的梯队。2012年，中文系汉语教师共有30人，埃及本土教师29人，中国汉办派遣教师1人，另有本土助教3人，其中本土教师中，教授16人，副教授9人，讲师4人①。

2008年，开罗大学有汉语教师4人，其中一名为专职教师——艾哈迈德·李哈布博士，研究方向为中国现当代文学，一名中国国家公派教师，另外，还有2名外聘教师；苏伊士运河大学中文系的专职教师仅有中国国家公派教师一人，并且担任中文系副主任，既讲授中文系的大部分课程，又负责中文系的主要行政工作，另有三位兼职教师来自艾因·夏姆斯大学，其中易卜拉辛是苏伊士运河大学人文学院聘请的兼职中文系主任。2014年2月，苏伊士运河大学孔子学院有十二名志愿者教师。截至2016年3月，埃及专兼职汉语教师68名，其中中方派出55人，埃及本土教师13人。

除了埃及的汉语教师数量不足之外，教师的素质也有待提高：一部分埃及本土教师听说技能差，理论知识不系统；还有一部分中国教师缺乏专业知识和教学经验，不能胜任教学工作。

为了进一步提高埃及汉语教师对汉语及汉文化的理解水平，2015年7月31日，北京语言大学国际汉语教学研究基地承办的"埃及汉语教师来华高级研修班"在逸夫楼第一会议室举行开班典礼。北京语言大学校长助理、汉语国际教育学部主任、国际汉语教学研究基地主任张旺熹教授出席典礼并讲话。埃及艾因·夏姆斯大学语言学院院长穆娜教授、副院长纳赫拉教授、中文系主任纳赛尔教授，以及来自法尤姆大学中文系、法鲁斯大学中文系等7所埃及高等院校的17名汉语教授，开始了为期两周的汉语体验与文化实践之旅。②

---

① 希夏姆：《埃及本土汉语教师培养培训的现状与前景——以埃及艾因·夏姆斯大学语言学院中文系为例》，《国际汉语教育》2013年第1期。
② 北京语言大学：《汉语教师来华高级研修班举行开班典礼》，http://hjjd.blcu.edu.cn/art/2015/9/15/art_7461_1101803.html，2016年4月5日。

二 教材的选用和开发

埃及的汉语教材，有的是学校自己编写，有的是改编教材，有的是自己配上翻译。[①] 编写教材时存在诸多问题：教材的内容来自中国原版教材或网络，它们给生词加上阿拉伯语翻译，内容也比中国的教材少；教材缺乏科学性、系统性，致使学生的词汇量偏低，生词、语法的习得毫无顺序可言；文学史课教材编的是中国地理概况的内容，听力课用的却是综合课的教材；知识上的错误在教材中屡见不鲜。除此之外，埃及学生买不到汉语工具书、汉语读物、汉语多媒体音像资料等。[②] 这些都制约了埃及学生学习汉语的效果。

2002 年，中国教育部向艾因·夏姆斯大学语言学院中文系赠送了中文语音实验室和 5000 余册书籍[③]，2008 年，该语言学院有四五间语音教室，听力课仍使用录音机进行教学，中文系的汉语课程有精读、听力、会话、阅读、写作、语法、翻译等专项技能课，不同的年级难度上有所差异，教材主要是学校组织教师自行编写。2010 年 1 月 27 日，出席开罗国际书展的中国代表团向开罗大学孔子学院赠送了中文图书，共计 34 套，是专门针对阿拉伯语国家最新出版的汉语学习书籍。2010 年 3 月 23 日，以郑登文委员为团长的北京市教委代表团一行考察了开罗大学孔子学院，还向孔子学院赠送全套北京市最新版的中小学教材。埃及曾使用的教材主要有《博雅汉语》《新实用汉语》《长城汉语》《阶梯汉语》《当代中文》《中级汉语口语》（北大版）和《路》等。根据对中山大学国际汉语教材研发与培训基地开发的全球汉语教材库进行的统计，目前已出版的阿文版汉语

---

① 夏耕：《从埃及汉语教育看汉语国际推广教学能力的培养》，载《汉语国际教育人才培养现状及对策》，北京语言大学出版社 2013 年版，第 69 页。

② 杜芳、王松岩：《埃及汉语教学发展概况、存在的问题及对策》，载张西平、张晓慧《国际汉语教学动态与研究》，外语教学与研究出版社 2008 年版，第 77 页。

③ 王有勇：《中阿教育合作的现状与未来——从中埃教育合作谈起》，《阿拉伯世界研究》2006 年第 1 期。

教材约 20 种①，但艾因·夏姆斯大学的教师反映："学校认为中国推
广的汉语教材不适合埃及，主要是课程设置、学时、教材的难度、阿
语注释等方面有很大不同"②。2011 年 5 月 16 日，苏伊士运河大学孔
子学院汉语教材图书展在苏伊士运河大学孔子学院大楼一楼大厅隆重
开幕，本次活动持续四天，共展出汉语教材图书 200 余种，分为教材、
文化读物、音像资料、卡片挂图等辅助资料和工具书五大类，并精选
出《长城汉语》《快乐汉语》《跟我学汉语》《新实用汉语课本》《当
代中文》《汉语九百句》等优秀教材作为重点推荐对象。为了让参观
者全面了解这些教材的特点，掌握教材的使用方法，孔子学院教师精
心制作了课件，图文并茂地向参观者展示这些教材。2013 年 6 月 2
日，中国驻埃及亚历山大总领馆总领事陈小明一行到访苏伊士运河大
学孔子学院，向孔子学院赠送一批中文图书，并慰问孔子学院和中文
系全体中国老师。

　　汉语教学中，教材是非常关键的环节，教材的质量直接关系到教
学质量。而开罗大学在汉语教材的使用方面一直走在埃及各高校的前
列，这与开罗大学积极致力于本土汉语教材的研发及探索科学的教材
使用方法密不可分。2011 年 1 月 23—25 日，首届埃及本土汉语教师教
材培训班成功举办。本次培训活动是汉办在埃及举办的首届以教师和
教材为主题的培训，双方针对埃及本土汉语教学的特点与需求，就教
师教学水平的提高和教材编写、选择、使用等方面开展交流，希望对
提高埃及汉语教学的整体水平有所帮助。培训期间，专家们对《当代
中文》《长城汉语》《新实用汉语课本》等教材在埃及的使用情况进行
了广泛、深入的交流与探讨，还为当地高校带来了多套汉语教材，包
括中阿版的课本、教师用书、DVD 光盘、发声阅读书籍以及教学有声
挂图、多媒体教学软件、中英版课外阅读书籍等教材资源，进行了为

---

① 　姚淑燕：《阿拉伯国家的汉语教学研究》，硕士学位论文，上海外国语大学，2014 年，第
　　27 页。
② 　赵金铭：《环境与汉语教材》，《汉语教学》2009 年第 2 期。

期 3 天的教材展示活动。2012 年 3 月 17 日，由苏伊士运河大学孔子学院和中文系共同主办的埃及本土汉语教师中文教材培训在开罗成功举行。中国驻埃及大使馆霍文杰参赞出席会议并对本土汉语教师中文教材培训提出了殷切的希望。来自埃及开罗大学、艾因·夏姆斯大学、埃及科技大学、苏伊士运河大学等高校的本土汉语教师三十余人参加了培训。本次培训具有针对性、实用性、深入性、时效性的特点，针对最新阿拉伯语版的国家汉办优秀教材《当代中文》《快乐汉语》进行培训。通过专题讲座、示范课观摩和分组讨论、小型教材展等多种形式，本土汉语教学专家和教师与中方老师就多媒体教学、《当代中文》、《快乐汉语》在埃及的使用情况以及埃及本土汉语教材的编写等进行了广泛、深入的交流与探讨。培训期间，埃及本土汉语教师还获赠了相关汉语教材、多媒体教学软件等教材资源，苏伊士运河大学孔子学院高富锋院长主持了本次培训，李里老师和郭建伟老师分别对《快乐汉语》和《当代中文》部分章节进行了示范讲授。2012 年 12 月 8—10 日，开罗大学孔子学院在开罗索菲特酒店顺利举行了第二届教材培训会。这些教材培训班（会）的召开提高了埃及汉语教师汉语教材的使用水平，能推动埃及汉语教学质量的进一步提高。

三　教学法

汉语教学中，教师的教学方法也直接关系到教学质量。2011 年 11 月 26 日，首届埃及开罗大学汉语教学经验研讨会——暨开罗大学孔子学院 5—10 年的发展设想研讨在开罗麦阿迪苏菲特饭店顺利举行。此次会议的主题是研讨开大孔院今后 5—10 年的规划并分享汉语教学第一线各位老师的宝贵经验。2012 年 3 月 12 日，埃及开罗大学孔子学院的教师来到埃及中埃友好示范学校，开始了为期两天的本土汉语教师培训。主要是就具体的课堂教学方法和教学策略对该校本土教师进行了培训。2013 年 11 月 28 日，由开罗大学孔子学院和开罗大学中文系合办的"埃及汉语教学法研讨会"在 Sofitel Elmaadi 酒店举行。研讨会就文学、文化、文明、翻译、语言、语音、阅读和写作等方面的汉语教学问题进行了探讨。2014 年 6 月 15 日，由开罗大学孔子学院主办的"埃及汉语教师本土培训会"在开罗 Pyramisa 酒店举行。本次培训会为期三天，开罗大学、艾因·夏姆斯大学、苏伊士运河大学等高校的五十余名中埃汉语教师参加了此次培训。本次培训共有六个专题：中级词汇教学、网络教学资源、中国文化教学、新 HSK 考试培训、强化班/小班教学和初级语音教学。北京师范大学的王学松教授、李炜东副教授和北京外国语大学的李明副教授就这些专题举办了讲座。讲座后还设有讨论环节。2014 年 12 月 23 日，开罗大学孔子学院与该大学中文系合办的"第五届埃及汉语教学法研讨会"在开罗 Holiday inn 酒店举行。来自开罗大学、艾因·夏姆斯大学、艾资哈尔大学等十余所高校的五十余名中国汉语教师和埃及本土汉语教师前来参会。与会教师就汉语教学理论、文化教学、汉字教学、高级阶段汉语课堂教学、商务汉语教学、HSK 辅导课的课堂教学设计、阿拉伯语母语者汉语习得研究等多方面的问题进行了探讨。当地时间 2015 年 9 月 8—10 日，埃及开罗大学孔子学院召开了"2015 年阿拉伯地区本土汉语教师培训研讨会"。阿拉伯地区四所孔院和十余所高校的本土汉语教师和中方汉语教师 70 余人参加了此次研讨会。开罗大学副校长阿迪尔·扎耶德、中国驻埃及大使馆公参李连和、中国驻埃及大使馆教育参赞霍文杰、开罗大学文学院院长宰尼·阿比迪出席了开班仪式。此次培训设有汉语阿拉伯语对比研究（包括语音研究、构词比较与方言研究）、语法教学、商务汉语教学、HSK 的特点及考题辅导、报刊课教学、写作课教学、文学/文化与汉语教学等九个专题。开罗大学的刘星教授谈到了文化课的教学原则：变"体系化"为"专题化"，加强教学的针对性和问题意识；变"既定式"为"探索式"，加强中国文化课程的启发性和发现意识；变"中国文化说教式"为"人文精神理性分析式"，加强中国文化课教学的逻辑性和理性意识。开罗大学中文系教授惠红军举办了题为《学习参与一种文化——〈体演文化教学法〉评介》的讲座，从"体演教学法"的基本理念、课程设计、教材设计等方面对这种教学法进行全面的评价与分析，很多教师都表示这是他们首次接触这种教学理论。来自北京大学的毕明辉副教授讲述了沉浸式教学法的发展历程与功效。他基于实例分析，以讲故事的形式阐释了四个方面的内容，力求重构对沉浸式教学法的理解，内容分别为"氛围的营造胜于知识的传授""感觉的发展胜于认知的培养""过程的强化胜于目标的确定"和"参与的深度胜于记忆的强度"。当地时间2015年12月19日，开罗大学孔子学院在Sofitel Hotel举办了"第六届埃及汉语教师教学法研讨会"，中国驻埃及大使馆教育处参赞田露露出席活动并致辞。本次研讨会是一次参与式的研讨会，每一位与会老师有充分参与的机会，研讨会在形式上进行了重大调整，更注重实际操作和具体教学法的操练与探讨。教师们把课堂教学真实再现到了研讨会的现场，然后进行小组讨论、点评，最后大组汇报，展示成果，总结经验。来自开罗大学和亚历山大法鲁斯大学的5位中埃教师分别进行了20分钟的实际现场教学展示。据新华社开罗2016年5月5日电，每周四下午，埃及开罗大学孔子学院的戏剧课堂都挤满了学生，他们排练中文小品、上网追《甄嬛传》、用微信和中国朋友聊天……互动式教学方法的引入与互联网的普及，令埃及学生过上了"中式"生活，也为学习汉语创造了潜移默化的环境①。当地时间2016年6月3日，中埃第一届"沉浸式教学法和网络课程制作"工作坊在开罗Sofitel Hotel（索菲特酒店）举行。此次活动由开罗大学孔子学院主办，特邀北京大学艺术学院毕明辉副教授担任主讲嘉宾。孔院中外方院长、汉语教师和志愿者教师、埃及各大学中文系汉语教师参加了活动。此次活动分"作为有效课堂管理的沉浸式教学法"和"关于全球网络课程的制作、运行、反思与展望"两场进行。毕明辉副教授在第一场中讲述了沉浸式教学法的发展历程与功效。在互动环节，教师们

---

① 郑凯伦：《追〈甄嬛传〉、用微信的埃及姑娘》，http：//news. xinhuanet. com/world/2016 – 05/06/ c_ 1118814168. htm，2016年6月1日。

就如何了解学习更多的关于沉浸式教学法的内容、怎样引导孩子学习音乐以及网络课程制作方法等进行了交流讨论。"工作坊"旨在教授全埃及从事汉语教学与管理的工作者如何有效地把这种教学方法充分地运用在汉语课堂上，从而为汉语学习者创造良好的语言环境，更有效地进行课堂管理，成功施教，推动网络课程的制作。

这些汉语教学经验研讨会（教学法研讨会）为埃及汉语教师提供了互相交流经验的平台，提高了埃及汉语教师的教学水平，进一步推动了汉语教学在埃及的发展。

本章主要参考文献

邓时忠：《埃及艾因·夏姆斯大学汉语教学现状及发展思路》，《阿拉伯世界》2004 年第 2 期。

邓时忠：《埃及的大学汉语教学》，《云南师范大学学报》2006 年第 3 期。

丁建川：《汉语比赛在埃及》，《世界汉语教学学会通讯》2011 年第 4 期。

杜芳、王松岩：《埃及汉语教学发展概况、存在的问题及对策》，载张西平、张晓慧《国际汉语教学动态与研究》，外语教学与研究出版社 2008 年版。

冯薇、朱文夫：《埃及高校零起点学生汉语学习策略调查》，《阜阳师范学院学报》（社会科学版）2012 年第 6 期。

金忠杰、李红梅：《试论中国阿拉伯语教育和阿拉伯国家汉语教育》，《回族研究》2014 年第 3 期。

李圃、黄道友：《埃及汉语教学的发展历程及制约因素分析》，《国际汉语教学研究》2014 年第 1 期。

王文虎：《埃及汉语教学的现状与前景》，《世界汉语教学》1992 年第 2 期。

王有勇：《教育合作的现状与未来　从中埃教育合作谈起》，《阿拉伯世界研究》2006 年第 1 期。

希夏姆：《埃及本土汉语教师培养培训的现状与前景——以埃及艾因·夏姆斯大学语言学院中文系为例》，《国际汉语教育》2013 年第 1 期。

小虎（Islam Hamed M. M. B.）：《埃及开罗大学孔子学院商务汉语课程设置研究》，硕士学位论文，山东师范大学，2014 年。

肖任飞、纪新：《阿拉伯国家汉语教学现状及教师的培养》，《世界汉语教学学会通讯》

2013 年第 3 期。

姚淑燕：《阿拉伯国家的汉语教学研究》，硕士学位论文，上海外国语大学，2014 年。

赵金铭：《教学环境与汉语教材》，《世界汉语教学》2009 年第 2 期。

朱文夫、武彦军、穆罕默德·阿里：《埃及苏伊士运河大学汉语教学管理中的问题与对策》，《华北电力大学学报》（社会科学版）2013 年第 4 期。

朱立才：《埃及艾因·舍姆斯大学的汉语教学》，《世界汉语教学》2001 年第 2 期。

第二章　阿联酋的汉语教学

第一节　国家概况[①]

一　自然地理

阿拉伯联合酋长国（阿拉伯语：عربية متحدة امارات，英语：The United Arab Emirates），简称为阿联酋，俗称沙漠中的花朵，以产油著称，属于中东国家。阿联酋位于阿拉伯半岛东部，处在海湾进入印度洋的海上交通要道，北部濒波斯湾，东北部和东部与阿曼毗连，南部和西部与沙特阿拉伯交界，西北部与卡塔尔为邻。阿联酋国土总面积 8.36 万平方公里，在建造"迪拜棕榈岛"等其他填海工程项目之前，阿联酋的海岸线长约 1318 公里，填海垦地项目使这个数字不断增长[②]。阿联酋的首都阿布扎比，也是阿布扎比酋长国的首府。阿联酋境内东北部有少量山地，其余绝大部分区域是海拔 200 米以上的沙漠、洼地和盐滩，沙漠占阿联酋总面积的 65%。

---

① 中华人民共和国外交部官网：《阿拉伯联合酋长国国家概况》，2016 年 7 月，http://www.fmprc.gov.cn/web/gjhdq_676201/gj_676203/yz_676205/1206_676234/，2016 年 8 月 4 日。

② 中国驻阿联酋大使馆经济商务参赞处：《对外投资合作国别（地区）指南——阿联酋》，商务部 2016 年发布，http://fec.mofcom.gov.cn/article/gbdqzn/，2017 年 1 月 6 日，第 3 页。

阿联酋的气候属于热带沙漠气候，全年分为两季，每年的 5 月至 10 月是夏季，气候炎热潮湿，气温高达 40—50℃；每年的 11 月至第二年的 4 月是冬季，气温在 7—20℃，偶有沙暴。平均降水量约 100 毫米，大多集中在 1—2 月。

二 历史政治

虽然阿联酋建国时间短，但组成阿联酋联邦的七个酋长国存在的历史悠久。按照波斯史籍的记载，公元 6 世纪，萨桑王朝征服了该地区。公元 7 世纪，阿联酋隶属于阿拉伯帝国，人们的造船技术和航海技能较高，海上贸易也很发达。自公元 16 世纪开始，葡萄牙、荷兰和法国等殖民主义者相继侵入。1820 年，英国入侵波斯湾地区，该地区逐步沦为英国的"保护国"。20 世纪上半叶，阿联酋由沙丘、稀少绿洲和简陋村庄组成，人们多为游牧民族、渔民和水手；20 世纪 60 年代，随着石油的发现和开采，社会开始了向现代社会的转变[①]。1971 年 3 月 1 日，英国宣布同海湾诸酋长国之间签订的所有条约年底终止。同年 12 月 2 日，阿拉伯联合酋长国成立，由阿布扎比、迪拜、沙迦、乌姆盖万、阿治曼和富查伊拉 6 个酋长国组成。1972 年 2 月，哈伊马角酋长国加入阿联酋。[②]

由七个酋长国的酋长组成的最高委员会是阿联酋联邦的最高权力机构，讨论决定阿联酋国内外重大政策问题，制定国家政策，审核联邦预算，批准法律与条约。总统和副总统从最高委员会成员中选举产生，任期五年，同时，总统还兼任武装部队的总司令。各酋长国除了在外交和国防方面相对一致外，还拥有相当的独立性和自主权。1971 年 7 月 18 日，联邦最高委员会通过了临时宪法。1972 年，联邦国民议会成立。1996 年 12 月，临时宪法被确定为国家的永久宪法。2006 年 2

---

① 中国驻阿联酋大使馆经济商务参赞处：《对外投资合作国别（地区）指南——阿联酋》，商务部 2016 年发布，http://fec.mofcom.gov.cn/article/gbdqzn/，2017 年 1 月 6 日，第 2 页。

② 新华网：《资料：阿拉伯联合酋长国概况》，http://news.sohu.com/20120113/n332096229.shtml，2016 年 8 月 4 日。

月，第七届政府成立，目前共有内阁成员24人。2006年8月，新的议会选举法颁布，该选举法规定联邦国民议会成员中的20名由各酋长国酋长提名，总统任命，而其余的20名则通过选举产生。议长和两名副议长均由议会选举产生。2016年2月28日，阿联酋副总统兼总理、迪拜酋长穆罕默德·马克图姆主持召开了新一届联邦政府首次内阁会议，重组"部长级服务委员会"并更名为"部长级发展委员会"（the Ministerial Development Council，MDC）的同时，成立了新的政府委员会和公司。

三　人口经济

截至2016年7月，阿联酋人口930万，外籍人占88.5%，主要来自印度、巴基斯坦、埃及、叙利亚、巴勒斯坦等国家。阿拉伯联合酋长国的原住民和半岛上的其他居民都属于阿拉伯人，两三千年前，他们的祖先来到这个地方后与该地居民融为一体，称为闪米特人。[①] 阿联酋是阿拉伯国家，绝大多数的居民信奉伊斯兰教，其中多数属于逊尼派。

阿联酋发现石油后经济发展迅速。阿联酋的石油和天然气资源非常丰富。已探明石油储量130亿吨，天然气储量6.1万亿立方米，均居世界第七位。阿联酋以石油生产和石油化工工业为主，还注重经济发展的多样化，增加非石油收入在国内生产总值中的比重，在食品加工、水泥、服装等方面不断加大投资力度，还积极发展农、牧、渔业。近年来，阿联酋着力发展以信息技术为核心的知识经济，重视可再生能源的研发。2009年6月，首都阿布扎比成为国际可再生能源署总部所在地，2013年3月，世界上规模最大的集中式太阳能发电站——"太阳一号"（Shams 1）在扎耶德城市郊沙漠地区建成，可为2万户家庭提供电力。2014年9月3日，总世界经济论坛发

---

① 王辉：《"一带一路"国家语言状况与语言政策》第一卷，社会科学文献出版社2015年版，第4页。

布的《2014—2015 年全球竞争力报告》显示，阿联酋的排名上升至第 12 名，是中东地区排名最高的国家。2015 年，阿联酋实际国内生产总值 1.191 万亿迪拉姆（约 3254 亿美元），增长 3.4%；预计 2016 年达 1.221 万亿迪拉姆（约 3336 亿美元），增长 2.5%①。阿联酋主要出口石油、天然气、石油化工产品、铝锭和少量的土特产品，进口则以粮食、机械和消费品为主。阿联酋非石油出口额 4500 亿迪拉姆（约 1229 亿美元），同比增长 9%，占 GDP 的 33.1%。石油（石油及其产品、燃气）出口额 2340 亿迪拉姆（约 639 亿美元），占 GDP 的 17.2%②。

　　阿联酋正继续强化在实施"丝绸之路经济带"和"21 世纪海上丝绸之路"倡议中的战略伙伴地位。2014 年，中国和阿联酋的贸易总额达 538 亿美元，创历史新高。2015 年 4 月初，阿联酋正式成为亚洲基础设施投资银行意向创始成员国。作为中东地区的重要枢纽、古代海上丝绸之路上的重要一站，阿联酋参与"一带一路"建设前景广阔，4 月 23 日，阿联酋驻华大使表示，阿联酋愿为"一带一路"贯通东西出力，迪拜应该能够成为"一带一路"上的重要枢纽③。2015 年 12 月，阿布扎比王储谢赫·穆罕默德访华，确认与中方合作共建"一带一路"倡议，穆提出，中国和阿拉伯国家基于悠久的历史关系建立了丝绸之路，领导发展丝绸之路，是双方的共同志向④。2016 年 4 月 24 日，据阿联酋《联合报》报道，迪拜经济委员会秘书长哈尼·哈米里在委员会代表团访华后发表声明称，阿联酋是中国在中东地区的第二大贸易伙伴，两国贸易从 1984 年的 8.32 亿迪拉姆增长到目前的 1970 亿迪拉姆，预计 2016 年将达到 2160 亿迪拉姆。中国对阿联酋出口已

①　驻阿拉伯联合酋长国使馆经商处：《阿联酋央行发布最新宏观经济数据》，http：//ae. mof-com. gov. cn/article/ddgk/jbqk/201604/20160401298475. shtml，2016 年 6 月 4 日。

②　同上。

③　刘强：《阿联酋驻华大使：迪拜将成为一带一路上的重要枢纽》，http：//union. com. cn/jd-news/txt/2015 - 04/24/content_ 7855063. htm，2016 年 6 月 4 日。

④　驻迪拜总领馆经商室：《阿媒：阿联酋是实施"一带一路"倡议的战略伙伴》，http：//dubai. mofcom. gov. cn/article/jmxw/201608/20160801374241. shtml，2016 年 8 月 24 日。

达 331 亿美元，从阿联酋进口达 128.2 亿美元。在阿联酋的中国企业已超过 4200 家①。

四　语言政策

阿联酋属于政教合一的阿拉伯国家，它的官方语言是阿拉伯语。阿联酋宪法第一章第七条规定国家的官方语言是阿拉伯语。阿联酋实际上有"现代标准阿拉伯语"和"阿联酋方言"两种阿拉伯语。"现代标准阿拉伯语"是阿联酋唯一的正式国家语言，被指定为官方文件、学校、电视新闻节目和政治界等领域的用语；"阿联酋方言"则存在许多变体，多用于口头交流，一般使用在家庭生活、非正式场合、学校中除教学以外的活动、电视节目中。由于阿联酋国内外来人口居多，因此，英语实际上是学校里的教学语言。社会上，各种政府文件及法律文书，一般来讲，都有阿拉伯语和英语两个版本。大众传媒中，报纸和电视频道既有使用阿拉伯语的，也有使用英语的；公共服务领域中，机场广播、路名等一般采用阿拉伯语，而商品说明书和博物馆解说词则使用阿拉伯语和英语两种语言。公共交际中，人们一般使用英语，商务活动普遍使用英语，而在日常交际方面，阿联酋本国人一般使用阿联酋方言。另外，阿联酋还有乌尔都语和波斯语，前者主要是印度、巴基斯坦人使用，后者是伊朗人使用。2008 年 2 月 21 日，议会出台决议确定阿拉伯语为所有部门和机构的官方语言。有些阿拉伯学者认为，阿拉伯语应该是阿拉伯国家共同的纽带，因此，阿联酋计划在 2011 年成立世界阿拉伯语发展中心。2014 年 11 月 25 日，阿拉伯联邦国民议会召开了第十五次立法会议第四次例会，通过出台法律规定所有企业、商店使用阿语沟通和书写来巩固阿拉伯语的地位。此外，阿联酋每年还颁发穆罕默德·本·拉希德阿拉伯语世界贡献奖以提高

---

① 驻阿拉伯联合酋长国使馆经商处：《迪拜经济委员会：与中国决策层和智库建立战略伙伴关系》，http：//www.mofcom.gov.cn/article/i/jyjl/k/201604/20160401305453.shtml，2016 年 8 月 2 日。

阿拉伯语的地位，大力保存和传播阿拉伯语语言文化。①

　　迪拜是阿联酋人口最多的城市，它的官方语言是阿拉伯语，但是英语、印地语以及乌尔都语也被广泛使用，此外，波斯语、旁遮普语、马拉雅拉姆语以及塔加洛语也有少数人在使用。英语是迪拜从幼儿园到大学不同教育机构的必需教学语言。而印巴人占迪拜人口的一半，因此，乌尔都语在迪拜仅次于英语，是与阿拉伯语并居第二位的实用语言。完全使用阿拉伯语仅限于各阿拉伯国家人之间，尤其限于传统的穆斯林和受教育程度不高的阿拉伯人之间。纯阿拉伯语的使用空间，受到来自不同方面影响力的挤压，华商贸易与随之而起的汉语热是近年来的重要影响力之一。这影响力能否以及何时渗入迪拜的国民教育，尚有待观察。②

第二节　汉语教学简史

　　阿联酋的汉语教学起步比较晚。近年来，随着中国与阿拉伯联合酋长国的友好关系不断增强，双边贸易额不断攀升。在这个富饶的石油国家中，上至皇亲国戚，下至普通百姓，很多人都希望自己的孩子从小学好汉语，多了解中国文化，以便将来能从事与中国的政治、经济和文化有关的工作。2003 年 5 月，迪拜警察局警察学院开设汉语课程，这标志着汉语教学已经正式进入阿联酋，成为迪拜经济文化生活的一个组成部分。

　　2004 年，中国在海外最大的商品批发城——龙城的开业，掀起了外国人了解中国的"中国热"。2006 年 9 月，阿布扎比中文学校在阿布扎比王储穆罕默德的倡议下成立，该学校是由中国国家汉办和阿布

---

① 王辉：《"一带一路"国家语言状况与语言政策》第一卷，社会科学文献出版社 2015 年版，第 6—11 页。

② 赵周宽：《迪拜汉语教学环境调查研究》，《云南师范大学学报》（对外汉语教学与研究版）2007 年第 3 期。

扎比教育局合作开设，是中国政府在中东地区开办的第一所中文学校，也是中东地区唯一的一所正式使用中文教学的公立小学。扎耶德大学孔子学院2010年8月24日启动运行，2011年3月，迪拜大学孔子学院揭牌成立，2012年3月7日，扎耶德大学孔子学院举行了揭牌仪式。扎耶德大学孔子学院和迪拜大学孔子学院成立后，除了常规的汉语教学之外，还多次成功举办中国文化交流活动，常年举办汉语水平考试，开展各种汉语培训班、考试辅导等活动，在提高阿联酋民众的汉语水平、增进阿联酋民众对中国传统文化的了解方面做出了重大的贡献，同时还为中国和阿联酋架起了友谊的桥梁。

此外，阿联酋还有一些私立培训中心（学校）教授汉语，它们是当地人或者印巴人所办的营利性学校。这类培训中心（学校）所授课程不仅限于语言，还广泛涉及计算机、财会和企业管理等课程。①

第三节　汉语教学的环境和对象②

一　高等院校的汉语教学

（一）迪拜警察局警察学院的汉语教学

2003年5月，为更好地了解中国社区，提高管理水平，融洽与华人的关系，迪拜警察局警察学院开设了汉语课程，聘请对外汉语教师教授基础汉语。汉语课程进入公务员系统，这在阿拉伯联合酋长国境内尚属首例，标志着汉语教学已经正式进入阿联酋，成为迪拜经济文化生活的一个组成部分。5月31日，迪拜警察学院举办了第四期汉语课程结业仪式。迪拜警察学院五名教官出席了结业仪式并致辞，迪拜大学孔子学院中外方院长、中方教师及警察学院汉语班全体学员参加了结业仪式。本

---

① 赵周宽：《迪拜汉语教学环境调查研究》，《云南师范大学学报》（对外汉语教学与研究版）2007年第3期。

② 孔子学院总部/国家汉办网站，http：//www.hanban.org/，2016年10月10日。新华网：http：//www.news.cn/，2016年10月10日。

期汉语班共有 16 名学员，全部来自迪拜警务工作的第一线。迪拜警察学院已经把汉语列为该校语言中心的常规课程，并将继续与迪拜大学孔子学院合作，开展更广泛的汉语教学和中国文化传播活动。

（二）扎耶德大学的汉语教学

扎耶德大学始建于 1998 年，是阿联邦政府直属大学。2010 年，该校孔子学院成立，面向当地大、中、小学生开设不同程度的汉语教学课程。

2016 年 4 月 28 日，中国国家新闻出版广电总局代表团一行访问扎耶德大学，并向学校赠送中文书籍，扎耶德大学孔子学院教师陪同参观。

（三）迪拜大学的汉语教学

2011 年 3 月 23 日，迪拜大学和宁夏大学合作成立了迪拜大学孔子学院。

2012 年 9 月，迪拜大学首次开设了中国文化课，这也是中国文化课程作为学分课程首次进入迪拜大学课程体系。该课程从概况、传统思想、民族艺术、民间习俗、传统节日、传统服饰和饮食文化等方面向学生介绍中国文化，使其对中国及中国文化有更为全面的理解和认识。原计划每学年开设一学期的课程，现应迪拜大学要求已连续开设两个学期。

（四）巴黎索邦大学阿布扎比分校的汉语教学①

巴黎索邦大学是一所以文学类专业为主要特色的人文学科大学，其前身索邦神学院由罗伯尔·德·索邦（Robert de Sorbon）创办于 1253 年。在 2010 年世界 QS 人文艺术学科大学排名中，巴黎索邦大学名列第 13 位，是前 15 位里唯一的非英语系国家大学。该大学阿布扎比分校于 2006 年 5 月在阿联酋首都阿布扎比落成，校区占地面积 93000 平方米，教学文体设施完备；目前（2016 年 10 月），有 11 个本科、15 个硕士研究生全球认可学历授予权，涉及法律、艺术史、地理

---

① 宁夏大学新闻中心：《宁夏大学迪拜大学孔子学院再添教学点》，http：//news. nxu. edu. cn/info/1003/17557. htm，2016 年 11 月 4 日。

等文、理学科 10 多个专业。

2015 年 6 月，巴黎索邦大学阿布扎比分校就向迪拜大学孔子学院表达了开展汉语课教学的意向。在合作双方的不懈努力下，2016 年 10 月 11 日，迪拜大学孔子学院中方院长刘艳晖博士与巴黎索邦大学阿布扎比分校常务副校长 Eric Fouache 博士签订了合作备忘录，联合建设孔子学院汉语教学点。自 2016 年秋季学期起，汉语作为六门选修语言课程之一，正式纳入该校课程体系。此次迪拜大学孔子学院与巴黎索邦大学阿布扎比分校的成功签约，不仅体现了迪拜大学孔子学院汉语传播工作的新成绩，双方也将进一步开展学术、文化等多层面的互访交流活动。2016 年 10 月 11 日，巴黎索邦大学阿布扎比分校汉语课程已经开课四周，学生从最初的 15 人增至 33 人，从本周起扩为两个教学班。

二　中小学的汉语教学

（一）阿布扎比中文学校的汉语教学

2006 年 9 月，阿布扎比中文学校在阿布扎比王储穆罕默德的倡议下成立，该学校是由中国国家汉办和阿布扎比教育局合作开设，是中国政府在中东地区开办的第一所中文学校，也是中东地区唯一的一所正式使用中文教学的公立小学。阿布扎比中文学校原名"穆史蕾夫"中文学校，2015 年 6 月，迁入现校址后改名为"哈姆丹·本·扎耶德"学校，该校有幼儿部中班、大班和小学部一年级、二年级，在校学生共 75 人。学校的中文教师全部来自中国，他们平时除了教授孩子们学习汉语功课之外，还会根据学校的教学计划为孩子们安排丰富多彩、带有浓郁中国文化特色的文化体育活动。截至 2015 年 10 月，该校现有学生 500 余名，包括 18 名中国学生；教职员工百余名，其中中国教师 15 名[①]。学校将从幼儿园开始，以后逐年招生，儿童将升至小学、初中和高中。阿方希望这些孩子从这所学校的高中毕业后，能够

---

① 中国侨网：《驻阿联酋大使访阿布扎比中文学校考察教学情况》，http://www.chinaqw.com/hwjy/2015/10 - 30/68818.shtml，2016 年 6 月 5 日。

考上中国最好的大学。2015 年 12 月 9 日，为进一步推动中阿两国在文化交流领域里的合作，中国驻阿联酋大使馆和阿布扎比教育委员会在阿布扎比中文学校举行了由中国驻阿联酋大使馆捐设"中国文化角"揭幕仪式，中国驻阿联酋大使常华、阿布扎比教育委员会主任穆吉尔等出席仪式并共同为"中国文化角"揭幕①。

（二）阿莱因布莱顿中学的汉语教学②

阿莱因布莱顿中学位于阿联酋阿布扎比酋长国的边境小城阿莱因，是扎耶德大学孔子学院教学点。

为提高学生对汉语和中国文化的兴趣，自 2014 年 9 月起，布莱顿学校开始开设中国传统国画俱乐部，以此作为学生学习汉语之外的一项文化活动。目前参加中国传统国画俱乐部的学生人数在逐渐增加，本学期已有近 30 名学生参与这项课外兴趣活动。这项中国传统国画活动每周一次，为周三课后的一个小时。参加中国国画俱乐部的学生不仅仅是正在学习汉语的孩子们，也有一部分虽未学中文，却对中华文化表现出浓厚兴趣的学生。他们从不知如何使用毛笔到能画出像模像样的中国国画作品。中国国画就如同一扇窗口，让更多的学生感受到了中华文化的魅力，也让更多的人开始尝试去了解中国，学习中国语言与文化。

2015 年 4 月 30 日，布莱顿中学成功举办了第二届英国传统的春季集市活动，学校邀请学生家长和社会各界人士共计 600 余人参与了此项活动，所集款项全部交给红十字会。学校与周边商家联手摆摊设点，出售食品和小商品，并组织了具有各国特色的游戏活动。扎耶德大学孔子学院教师韦安民的中国展台是一处独特的风景，展台内外挂着大红灯笼、中国结和中国字画等，展台上摆着熊猫、脸谱、扇子、各种饰物和中国特色食品，使好奇的人们不时地拿起相机拍照。布莱

---

① 安江、马锡平：《中国驻阿联酋大使馆"中国文化角"捐设仪式在阿布扎比中文学校举行》，http://news.xinhuanet.com/world/2015 - 12/10/c_ 128517061.htm, 2016 年 6 月 5 日。

② 北京外国语大学孔子学院工作处：《阿联酋扎耶德大学孔子学院教学点布莱顿中学开设国画俱乐部》，https://oci.bfsu.edu.cn/archives/6675, 2017 年 1 月 5 日。

顿学校春季集市的中国展台让远离都市、沙漠深处的阿莱因小城的人们一步步走近了中国，也让中国走向了他们。

2015 年 10 月 19 日，布莱顿中学举办观摩教学课。宋丽老师给二年级的学生上"国家和国籍"一课，孔子学院中方院长顾维萍教授等专程来校听课指导。

三　孔子学院的汉语教学

阿联酋有扎伊德大学孔子学院和迪拜大学孔子学院两个孔子学院，这两所孔子学院的汉语教学为汉语在阿联酋的传播起到了重要的作用。

（一）扎伊德大学孔子学院的汉语教学

2009 年 11 月 18 日，北京外国语大学校务委员会主席杨学义率领北京外国语大学代表团在阿拉伯联合酋长国首都阿布扎比会见了阿联酋高教科研部长、扎耶德大学校长谢赫纳哈扬·本·穆巴拉克·阿勒纳哈扬。双方进行了友好会谈并签署了北京外国语大学和阿联酋扎耶德大学合作交流协议。中国驻阿联酋大使高育生参加了会见并出席签字仪式。[①] 2010 年 8 月 24 日，阿联酋扎耶德大学和北京外国语大学联合建立的扎耶德大学孔子学院启动运行。2012 年 3 月 7 日，扎耶德大学孔子学院在位于阿联酋首都阿布扎比市郊的扎耶德大学新址举行揭牌仪式。中国国家汉办副主任胡志平与阿联酋高教科研部长兼扎耶德大学校长谢赫纳哈扬·本·穆巴拉克·阿勒纳哈扬共同为扎耶德大学孔子学院揭牌。中国驻阿联酋大使馆临时代办王永召、北京外国语大学副校长钟美荪、扎耶德大学总干事苏莱伊曼·贾希姆，部分阿拉伯国家驻阿联酋使节、阿布扎比文化新闻界人士以及华侨华人代表等约 500 人出席揭牌仪式并观看了演出。[②]

截至 2016 年 12 月 15 日，扎耶德大学孔子学院现有 1 名中方院长

---

① 安江、孙瑞军：《北京外国语大学与阿联酋扎耶德大学签署合作交流协议》，http://news. xinhuanet. com/newscenter/2009 - 11/19/content_ 12486830. htm，2016 年 5 月 10 日。

② 安江：《阿联酋扎耶德大学孔子学院正式揭牌》，http://news. xinhuanet. com/world/2012 - 03/08/c_ 111620289. htm，2016 年 5 月 10 日。

和 3 名汉语教师，各类书籍近 1500 册。建院六年以来，学员人数由 2010 年的 50 多名发展到 2016 年的 552 名。扎耶德大学孔子学院目前的教学工作主要集中在 5 个校区，即扎耶德大学阿布扎比校区（非学分选修课）、扎耶德大学迪拜新校区（非学分选修课）、孔院合作伙伴阿布扎比布莱顿学校（正规选修课）、阿莱因布莱顿学校（正规选修课）、阿布扎比石油学院（选修学分课），同时，还正与一所中小学商谈合作事宜，如果能成功的话，孔院学生人数将超过 1000 名。另外，为了支持阿联酋华人和其他学校的汉语教学和文化活动，扎耶德大学孔子学院还和 1 个语言中心、4 个人建立了合作关系，为他们提供教学参考书、HSK 指导等。自建院以来，孔院组织活动和讲座的次数逐年增加，2011 年 19 次，2012 年 27 次，2013 年 28 次，2014 年 31 次。另外，孔院还多次协助中国驻阿使馆、扎耶德大学和华人社团接待中国国内学校、单位使团来访参观。孔院活动被国内外媒体多次报道。①

扎耶德大学孔子学院自成立以来，积极开展各种形式的汉语教学班，以提高埃及民众的汉语水平。

2013 年 6 月 18 日，在扎耶德大学阿布扎比校区举行了阿联酋王储基金项目汉语班第一学期结束庆典活动，共有近百人参加。王储基金项目汉语班是阿联酋政府和王储为了培养阿联酋在各个领域和中国交往的领军人物，和扎耶德大学及其孔子学院合作开办的。今年是该汉语班第一次招生。本期学员有 40 余名，均来自阿联酋政府所办的 6 所大学，他们今后不但要能说汉语，还要了解中国文化、经贸和科技的发展情况。从 2013 年起，扎耶德大学孔子学院还承办了阿联酋"青年大使"班，"青年大使"项目是由阿布扎比王储穆罕默德于 2012 年发起，由王储办公厅主办、阿外交部协办的年度国际青年交流项目。2013 年起，该项目加入"中国行"部分，旨在增进阿青年特别是青年精英对中国的了解，巩固中阿传统友好合作关系。目前已成功举办三

---

① 北京外国语大学孔子学院工作处：《阿联酋扎耶德大学孔子学院》，2016 年 12 月 15 日，https：//oci.bfsu.edu.cn/archives/6675，2017 年 1 月 7 日。

届，每届从多所阿顶尖高校遴选优秀学生代表访华。截至 2015 年 6 月，阿联酋"青年大使"班已培养 3 届近 50 名学生。6 月 9 日，在扎耶德大学举行阿联酋扎耶德大学孔子学院"青年大使"汉语班结业典礼暨赴华实习欢送会。2016 年 5 月 16 日，扎耶德大学汉语课堂迎来了一位特殊的客人——哈里发（Khalifa Al Tunaiji）。哈里发是一名亚洲形势分析员，就职于阿联酋国防部战略分析执行局，是阿联酋政府派出的第一批海外工作人员之一，曾在中国生活、工作近十年，精通汉语，对中国怀有深厚的情感。孔子学院邀请哈里发前来，主要是请他与大家进行汉语学习心得交流。

　　扎耶德大学孔子学院启动运行后多次举办了中国特色文化活动，如举办讲座、开展中华才艺系列课程、举办中国文化月、开展欢庆中国传统节日、开办中国文化展示会等活动，增进了阿联酋民众对中国语言文化的了解。2010 年 12 月 23 日，应"全球意识"课教研室负责人 Sczuchman 博士的邀请，扎耶德大学孔子学院在女生校区的礼堂内举行了一次别开生面的中国语言及书法讲座。该讲座增加学生了对中国语言文字的感性认识，激发她们了解中国文化、学习汉语的热情。12 月 29 日，扎耶德大学孔子学院志愿者教师王多力在女生校区为 8 名学生上了一堂中国剪纸课。这是扎耶德大学孔子学院中华才艺系列课程的第一课。2011 年 2 月 28 日，扎耶德大学男子校区举办了中国文化月活动，活动有体现中国元素的茶道、变脸、太极拳、功夫扇、舞狮子、葫芦丝、新疆舞、书法表演等，表演结束后，享誉阿布扎比的中华餐厅、城宫食府、红房子和北京楼为大家准备了热气腾腾的饺子和品种多样的中国菜。主办方还准备了中国艺术品展示、茶艺展示、书法展示和筷子体验等活动。2014 年 1 月 23 日和 26 日，扎耶德大学孔子学院与来访的教育部中华文化小大使代表团 31 人在孔院合作伙伴布莱顿阿布扎比分校和阿莱因分校分别组织了两场迎新春活动，共有近 1500 人参与和观看。活动分三部分：新春游行、中阿学生同台演出和中国小庙会。9 月 8 日至 10 日，扎耶德大学孔子学院分别在扎耶德大学阿布扎比男生、女生校区和迪拜校区开展了庆中秋活动。活动期间，孔子学院购买了月饼供学生和教工品尝，同时还邀请了中式手绘、身绘艺人和书法家现场为学生绘制和书写汉语名字。华人专业舞蹈人士表演了中国舞蹈、国际现代舞蹈和健身操等。9 月 24 日至 10 月 15日，为庆祝孔院 10 周年暨第一个孔院日，扎耶德大学孔院与合作伙伴及其所在的大学合作，共组织了 10 余场活动，如演出、画展、体验汉语和汉字、北京夏令营图片秀等，参与者近万人次。2015 年 2 月 11日，扎耶德大学孔子学院及其石油学院教学点的女生校区举办了新春文化活动。2 月 12 日，在扎耶德大学孔子学院的支持下，位于阿联酋首都阿布扎比的英国国际学校——布莱顿学校（Brighton College Abu Dhabi）举办了一年一度的"国际日"活动。中国展台展出了书法、文房四宝、剪纸作品、绘画、中国结、特色中国小食品和京剧脸谱等。2 月 19 日，扎耶德大学孔子学院布莱顿学校教学点举办迎新年文化活动。3 月 17 日，扎耶德大学孔子学院举办中国文化体验活动，青年大使班的 9 名学生参加。截至 2015 年 4 月，扎耶德大学孔子学院布莱顿学校教学点开设的中国传统国画俱乐部已拥有近 30 名学员，国画活动每周一次。4 月 30 日，中国文化亮相布莱顿中学春季集市。5 月 19日，扎耶德大学孔子学院举办"专业写作与专业交际学"讲座，担任此次主讲的是段平教授，青年大使汉语班学员聆听了该讲座。5 月 26日，扎耶德大学孔子学院承办的青年大使汉语班（Youth Ambassador Program）学员赴阿布扎比的北京楼中国餐厅，进行了一次中国食文化的体验活动。当地时间 8 月 30 日，扎耶德大学孔子学院在该大学女生校区举办了一场别开生面的中国文化展示会。孔院精选了中国驻阿联酋大使馆提供的 40 余幅图片，20 多个画架。此次展览的图片分为几大主题，包括历史遗产、现代建筑、自然风光、风土人情、都市情调等。9 月 27 日，正值中秋佳节，扎耶德大学孔子学院在迪拜校区举办了中国中秋节和孔子学院日庆典活动。中国驻阿联酋大使常华先生、扎耶德大学副校长 Reyadh AlMehaideb 教授、教务长 Marilin Roberts 博士出席了庆典。中国中央电视台、阿联酋电视台、《阿布扎比周刊》、扎耶德大学新闻处等多家媒体对庆典进行了采访。当地时间 9 月 27 日—10 月 1 日，扎耶德大学孔子学院在阿莱因布莱顿中学教学点举办语言周中文活动。9 月 30 日，扎耶德大学孔子学院为王储基金青年大使汉语班的学员们举办"专业写作"（Business Writing）系列讲座第二讲"采访与问卷设计的原则与技巧"。北京首都医科大学教授段平向学生们介绍了科学研究中常用的两种信息收集方式：采访和问卷调查。10 月 18 日，扎耶德大学孔子学院为王储基金青年大使汉语班的学员们举办了一场中国书法讲座。11 月 16 日，扎耶德大学孔子学院应大学俱乐部的邀请，在该校男生校区举办中国文化日活动，吸引了 200 余名师生到场参与。当地时间 11 月 25 日，扎耶德大学孔子学院利用庆祝阿联酋国庆节的机会，在各教学点组织了丰富多彩的中国文化节目，有舞蹈、歌曲、武术等，既丰富了庆典活动的内容，又宣传了中国文化。2016 年 2 月 12 日，扎耶德大学孔子学院在阿布扎比海滨公园举办中阿春节联欢会，吸引了扎耶德大学师生和当地市民 2000 余人到场观看。孔子学院在活动场地布置了汉语、阿语和英语的横幅，横幅内容为"孔子学院"和"中阿春节联欢会"。孔院青年大使汉语班的 Shamasa 和扎耶德大学汉语班的 Khalifa 担任主持。林亚多参赞在致辞中盛赞中阿两国近年来在经济和文化交流方面取得的成绩，并预祝联欢会圆满成功。孔院代表王娜向观众介绍了孔子学院和中国春节的文化习俗。此次活动是扎耶德大学孔子学院首次走出校门，在市区举办的大型中国文化活动，得到了阿布扎比市政府和扎耶德大学的大力支持。2016 年 2 月 24 日，扎耶德大学孔子学院的段平教授为该校商学院四年级学生举办了题为《京剧欣赏》的讲座，这是扎耶德大学孔子学院首次为该校其他院系的学生举办讲座，是孔院融入所在高校、开展与各院系合作交流的良好开端。2016 年 9 月 21 日和 25 日，阿联酋扎伊德大学在男生和女生校区分别举办新学年俱乐部招新活动。扎伊德大学孔子学院也参与了此项活动，开设的汉语俱乐部展位尤其引人注目。

各类中国文化小饰品吸引了学生们的目光，女生们对中国美食和各类手工编织品兴趣浓厚，男生则对中国围棋情有独钟。活动结束后，有40余名新生成为汉语俱乐部的成员。

扎耶德大学孔子学院自成立以来，除了积极开展汉语教学，举办中国特色文化活动外，还举办夏令营，开展各种比赛等，以提高埃及民众的汉语水平。暑期来华夏令营活动是扎耶德大学孔子学院2013年以来开展的一项常规活动。2013年6月25日至7月5日，扎耶德大学孔子学院来华夏令营在京举办，共有13名阿联酋学生参加。这是该孔子学院第一次组织本土学生来华。活动期间，营员们在孔子学院中方合作院校北京外国语大学聆听了蒋传瑛教授的精彩讲座，和阿语系师生进行互动交流，并开展了共同编织中国结活动。北京外国语大学还根据孔子学院学生的具体情况，定制了适合夏令营营员水平的汉语课程、语言实践及文化考察活动，以增进阿联酋学生对中国的了解，提高他们的汉语水平。2015年8月20日，为期13天的扎耶德大学孔子学院北京夏令营结束，这是国家汉办和北京外国语大学特为伊斯兰国家学生组织的夏令营。来自扎耶德大学、石油学院和布莱顿学校的14名学生参加了此次北京之旅。活动期间，学生们参加了汉语强化课程，体验了面塑、剪纸、国画和民歌等中国传统文化项目，观看了杂技表演，参观了故宫长城等名胜古迹，拜访了中国的穆斯林家庭，还参加了HSK。2015年12月16日，扎耶德大学孔子学院主办的"我眼中的中国"作文竞赛在扎耶德大学落下帷幕。

扎耶德大学孔子学院还举办了中阿学生文化交流会，参加了"中国—阿拉伯国家妇女论坛"，为增进中阿人民之间的相互了解和友谊做出了积极贡献。2015年3月24日，扎耶德大学孔子学院举办中阿学生文化交流会。来自青年大使汉语班的学生和来自石油学院的中国留学生共30余人参加。2015年4月28日，首届"中国—阿拉伯国家妇女论坛"在阿联酋长国首都阿布扎比举行，扎耶德大学孔子学院受邀参加。此次论坛以"携手同行、共促发展"为主题，中国和阿拉伯国

家妇女界领导人、女企业家、女手工艺者、地方妇女代表和学生共
200 余人参会。联合国秘书长潘基文发表视频致辞，指出论坛的举办
充分体现了中国与阿拉伯国家，尤其是中国与阿联酋之间历史悠久的
密切关系。中阿关系早已超越了贸易关系，深入到妇女和家庭等社会
领域。中国全国妇联副主席、书记处书记崔郁在致辞中表示，中国妇
女愿与阿拉伯国家妇女一道，秉承丝绸之路承载的"和平合作、开放
包容、互学互鉴、互利共赢"的精神，把追求性别平等的梦想融入追
求幸福生活和民族复兴的梦想之中。论坛中，大家围绕"阿中妇女与
可持续发展"等专题进行热烈的交流。

（二）迪拜大学孔子学院的汉语教学

迪拜是阿联酋 7 个酋长国之一，也是中东地区重要的贸易枢纽和
中转站，发达的经济吸引了世界各国的民众前去学习、工作。随着近
年来宁夏与阿拉伯国家经贸交流的频繁，加之丝绸之路的历史文化渊
源，让宁夏得到了一个与迪拜大学合办孔子学院的机缘。迪拜大学孔
子学院是宁夏大学与迪拜大学合作建立的，是阿联酋的第一所孔子学
院，也是海湾地区第一所孔子学院，它对满足海湾地区日益增长的汉
语学习需求、推动中阿文化交流意义重大。孔子学院的学生不仅有来
自西亚、北非的阿拉伯国家和地区的学生，同时也有部分南亚和欧美
国家的学生。

当地时间 2011 年 3 月 23 日下午，迪拜大学孔子学院揭牌庆典暨
迪拜中国文化节在迪拜文化科技礼堂隆重开幕，中国驻阿联酋大使馆
高育生大使、中国驻迪拜总领事馆詹京保总领事出席了开幕式，宁夏
回族自治区政府副主席郝林海率领宁夏教育厅厅长郭虎、宁夏大学书
记齐岳、宁夏财政厅副厅长马闽霞等一行专程前来祝贺，迪拜大学校
长哈夫尼博士、龙城管机构总裁阿卜杜拉·鲁塔、侨联第一副主席陈
志远、迪拜大学孔子学院院长马学忠博士及嘉宾沈田义先生在主席台
就座。高育生大使与郝林海副主席共同为迪拜大学孔子学院揭牌。

自揭牌成立以来，迪拜大学孔子学院开设了各种汉语课程和中

国文化课程。当地时间 2012 年 5 月 31 日，迪拜大学孔子学院在迪拜警察学院举行了迪拜警察学院第四期汉语课程结业仪式。迪拜警察学院五名教官出席了结业仪式并致辞，迪拜大学孔子学院中外方院长、中方教师及警察学院汉语班全体学员参加了结业仪式。目前，迪拜大学孔子学院在迪拜警察学院已经完成了四期汉语培训。本期汉语班共有 16 名学员，全部来自迪拜警务工作的第一线。2014 年新春伊始，迪拜大学孔子学院迪拜大学教学点举办了中国书法体验课。体验课由迪拜大学孔子学院中方院长马军主讲，迪拜大学孔院老师杨晓丽助讲。上课之前，杨老师给学生讲解了中国春节文化及春联知识，之后马老师给孔院学生展示了一幅亲笔书写的隶书，学生们对中国书法产生了浓厚的兴趣。2015 年 3 月 18 日，迪拜大学孔子学院核心课程 "基础汉语教程" 已通过阿联酋人力资源部 MAAREF（政府人力资源培训）项目评估，将正式纳入阿联酋政府人力资源培训计划项目序列。孔院成为 "阿联酋政府部门首选合作伙伴"（Pre-ferred Training Partners for UAE Federal Government），合作期限为 2 年。这也是全球首个华语课程入选阿联酋国家级人力资源培训课程体系。此项目的跟进和落实，是继孔子学院和迪拜警察局、迪拜经济部等政府部门合作之后的又一个成功和标志性范例。2016 年，由总领馆牵头，迪拜大学孔子学院参与举办了迪拜移民局官员中文培训班。经过语言培训、来华实地研修等教学环节后，6 月 29 日，迪拜大学孔子学院迪拜移民局首期中文培训班举行了结业典礼。中国驻迪拜总领事李凌冰与迪拜居留与外国人事务总局（移民局）局长迈利少将，马旭亮副总领事、领事部主任徐海风参加了结业典礼。迪拜移民局汉语中文培训班首期学员 10 名，由来自机场一线的移民局官员参加。从零起点开始，为期 4 个月，100 学时，学员均达到 HSK（一级）水平，听力达到 HSK（二级）水平。①

---

① 宁夏大学官网：《我校孔子学院举办第二届全球孔子学院日暨孔子学院成立 11 周年庆祝活动》，http：//hzjl. nxu. edu. cn/info/1012/2068. htm，2016 年 8 月 6 日。

迪拜大学孔子学院不仅进行各种汉语和中国文化课程的教学，还举办了各种类型的中国文化的推介活动，如开展中国文化周（日）、举办中国语言文化讲座、开展庆祝中国传统节日文化等活动，以帮助当地人士认识中国，多方面了解中国，还吸引了众多师生参加。2011 年 12 月底，迪拜大学孔子学院"中国文化阿联酋高校之旅"活动正式拉开序幕。此次"中国文化阿联酋高校之旅"活动是迪拜大学孔子学院精心策划、重点推出的特色鲜明的文化传播活动，其目的在于面向阿联酋高校师生这一精英群体传播中国文化。迪拜大学孔子学院中方院长王辉博士应邀在迪拜大学和阿联酋国立大学分别举行了"中国文化中的商务礼仪与习俗"和"中国的语言规划：当前状况与未来走向"两场中国语言文化讲座，受到两校师生的欢迎和好评。当地时间 2012 年 10 月 20 日和 21 日，迪拜大学孔子学院精心策划和筹备的"中国文化周"系列活动在迪拜苏尔坦·本·阿里·阿拉维斯文化中心拉开了序幕。此次"中国文化周"活动内容包括文化周开幕仪式、两场文艺演出、中国文化元素展示和中国文化影像播放等。当地时间 2013 年 1 月 31 日上午 11 点，迪拜大学孔子学院在迪拜卡梅尔中学活动中心成功举办了中国文化日活动。卡梅尔学校校长阿丽娅·阿布·尤尼斯女士、该校 15 名教师和来自三个年级的 50 名女生参加了这一文化体验活动。2014 年 3 月 13 日，迪拜大学孔子学院的马军、张继超等应阿联酋沙迦大学学生工作办公室和沙迦大学学生联合会邀请，共同举办了为期两天的"全球日"文化活动。活动前，共有来自超过 20 个国家的学生团体搭建了富有本国特色的展馆，其中有 22 个阿拉伯国家以及中国、韩国、日本和非洲等国家的展馆。孔子学院为本次中国馆的搭建提供了国旗、中国结等全部装饰材料和中国文化系列展板，内容包括中国少数民族服饰、中国旅游景点、历史文化名人和孔子游学图等。6 月 2 日，迪拜大学校孔子学院在迪拜大学隆重举行以庆祝端午节为主题的特色汉语角文化活动。活动当天吸引了众多包括孔子学院学生和迪拜大学教职员工以及各界汉语爱好者前来参加，他们与孔子学院师生一起共度佳节，体验中国文化。活动分为端午节文化知识讲座、中国诗歌朗诵比赛、趣味游戏、师生座谈和自由讨论等环节。本次汉语角中国文化活动极大调动了学生们对汉语和汉文化的兴趣，彰显了孔子学院作为中国文化名片的品牌效应，在迪拜大学受到了广泛的欢迎，达到了吸引更多迪拜人来了解中国、学习汉语的目的。11月12日，迪拜大学孔子学院举行了主题为"重返丝绸之路"的特色汉语角文化活动。活动以介绍中国和阿拉伯国家丝绸之路背景知识专题讲座开始，又以文化视角解读了中国向西开放策略和建设"一带"（丝绸之路经济带）"一路"（21世纪海上丝绸之路）的构想。来宾与孔院师生还进行了座谈会，共同交流汉语学习经验。此次汉语角活动的举办，为汉语学习者提供了交流和沟通的有效途径。当地时间2015年10月7日，阿联酋迪拜大学孔子学院举行了第二届"全球孔子学院日"暨孔院成立11周年庆祝活动。200余名师生和民众参加了活动。文艺演出精彩纷呈，包括《狮舞》《中华武术》《中国鼓》等，书法和茶艺体验活动也吸引了众多观众。当地时间2016年2月10日，中国驻迪拜总领事李凌冰首次到访迪拜大学孔子学院，参加了孔子学院组织的"迪拜大学中国新年午餐会"，与迪拜大学师生共同欢度春节。9月29日，迪拜大学孔子学院师生在迪拜大学新校区会议中心欢庆"孔子学院日"，迪拜大学校长兼孔子学院迪方院长艾萨·穆罕默德·巴斯塔基博士表示，迪拜大学希望吸收优秀的中国文化及其教学元素，推动中阿文化互动交流。

四　语言培训机构的汉语教学

除了以上这些汉语教学活动之外，阿联酋还有一些私立培训中心（学校）教授汉语，它们主要是当地人或者印巴人所办的营利性学校。这类培训中心（学校）所授课程不仅限于语言，还广泛涉及计算机、财会、企业管理等课程。这类学校廉价聘请会讲英语的相关语种人员，对学员进行单独的语言教学。据了解，曾有一家教授汉语的培训中心请的"汉语教师"是中国城里一家小店的老板。不过，这种学校里的语言学生都很少。①

第四节　汉语师资和教法

一　师资状况

阿联酋的汉语教学起步比较晚，2003 年 5 月，汉语教学正式进入阿联酋。2004 年，阿联酋掀起了"中国热"。当地人或者印巴人开办营利性学校、私立培训中心教授汉语。这类学校廉价聘请会讲英语的相关语种人员充当"汉语教师"②。

2006 年 9 月，阿联酋成立的阿布扎比中文学校的中文教师全部来自中国，他们除了教授孩子们学习汉语外，还根据学校的教学计划为孩子们安排丰富多彩、带有浓郁中国文化特色的文体活动。截至 2015 年 10 月，该校教职员工百余名，其中中国教师 15 名③。

2014 年，京师环宇外派黄笑云和宋英桥两位教师到迪拜从事汉语教学。目前，京师环宇已经成为除国家汉办孔子学院之外的中国国内最大的汉语教师输出机构。2016 年 4 月、9 月，迪拜大学孔子学院分别迎来了四位志愿者教师加入，他们分别是宁夏大学经济管理学院 2015 届本科毕业生李无辞，志愿者教师 2014 届本科毕业生顾思远、华中师范大学汉语国际教育专业硕研 2015 级张典典和华中师范大学英语学科教学专业硕研 2015 级蔡蔷。

---

① 赵周宽：《迪拜汉语教学环境调查研究》，《云南师范大学学报》（对外汉语教学与研究版）2007 年第 3 期。
② 同上。
③ 安江、马锡平：《中国驻阿联酋大使馆"中国文化角"捐设仪式在阿布扎比中文学校举行》，http：//news. xinhuanet. com/world/2015 - 12/10/c_ 128517061. htm，2016 年 6 月 5 日。

总之，阿联酋的汉语教学师资力量较为薄弱。

二 教学法

扎耶德大学孔子学院在布莱顿教学点的汉语教师宋丽在给二年级的学生上"国家和国籍"一课时使用了"手势法""卡片学词法"和"游戏法"①。

宋老师首先采用"手势法"带领学生复习上一周的内容——数字，一边领读，一边让学生跟着她做数字手势，接着她用手势示意，让学生说出对应的汉语数字。学生们的注意力都集中到她的手势上，都能很快说出十以内的汉语数字。带领学生学习新课时，她采用了"卡片学词法"，把学生分为5组，分别学习5个国家名——中国、韩国、英国、法国和阿联酋。每组学生拿一个国家名的卡片，一人说出这个卡片上的国家名后把卡片传给本组下一个人，看哪一组最先学会，以激发学生的积极性和集体精神。学完一张卡片后，5组之间互换卡片，直到全部完成5个国家名的学习。这是采用"游戏法"复习巩固所学知识。"游戏法"还可以借助"悄悄话"游戏开展。她让学生们围成一圈，由老师说一个国家或国籍，然后用说悄悄话的方式传给第一个同学，依次传下去，到最后一个说出他（她）听到的词。这需要学生在游戏时要听得正确、说得准确。这个活动不但锻炼了学生听的能力，而且锻炼了他们说的能力。

为了提高汉语培训质量，迪拜大学孔子学院在教材及教学方法方面都做出了积极调整，使汉语教学更具针对性。孔子学院选用国家汉办推荐教材，并针对警察的工作性质，增加了工作用语的教学内容、运用场景模拟的教学方法，促使学员将汉语学习与工作环境紧密结合，取得了很好的教学效果。

---

① 孔子学院总部/国家汉办官网：《扎耶德大学孔子学院布莱顿教学点举办观摩教学课》，ht-tp：//www.hanban.org/article/2015 - 10/30/content_ 620815.htm，2016 年 6 月 7 日。

本章主要参考文献

黄振：《列国志：阿拉伯联合酋长国》，社会科学文献出版社 2010 年版。

王辉：《"一带一路"国家语言状况与语言政策》第一卷，社会科学文献出版社 2015
年版。

赵周宽：《迪拜汉语教学环境调查研究》，《云南师范大学学报》（对外汉语教学与研
究版）2007 年第 3 期。

[英] 克·格·芬内隆：《阿拉伯联合酋长国——经济和社会概述》，北京大学地质地
理系译，人民出版社 1978 年版。

第三章　巴林的汉语教学

第一节　国家概况[①]

一　自然地理

巴林全称巴林王国（阿拉伯语：مملكة البحـــرين，英语：The King-dom of Bahrain）。阿拉伯语中"巴林"的意思是"两海"，据说以前巴林岛两侧的海水因深浅不同而呈两种颜色，巴林岛位于颜色不同的两海之间，故名"两海之国"，另一说法是，巴林岛附近有淡水从海底冒出，岛周边的海水分淡水和咸水，故得名"两海"。巴林位于北纬25.3度和北纬26.2度之间，东经50.2度和东经50.5度之间，是位于波斯湾西南部岛国，界于卡塔尔和沙特阿拉伯之间西部与沙特阿拉伯相邻，距沙特阿拉伯海岸约25公里，并可经由法赫德国王大桥连接，巴林湾东南侧是卡塔尔半岛，距卡塔尔约30公里。巴林是波斯湾中的一个美丽国家，国土总面积767平方公里，但地理位置重要，地处"一带一路"的交汇点，被誉为"中东的香港"，是进入中东和北非市

[①]　中华人民共和国外交部官网：《巴林国家概况》，2016年7月，http：// www.fmprc.gov.cn/web/ gjhdq_ 676201/gj_ 676203/yz_ 676205/1206_ 676356/1206x0_ 676358/，2016年8月6日。

场的最优商业集散地，成为东西来往的水供应地，它还拥有良好的海军和空军基地，如朱菲尔海军基地和穆哈拉克空军基地。如今，巴林已成为中东的金融和航运中心①。巴林全国可分为 5 个省，分别是首都省、穆哈拉克省、北方省、中部省和南方省，首都麦纳麦（Manama）。

巴林属热带沙漠气候，夏季炎热、潮湿，7 月至 9 月平均气温为 35℃，8 月体感温度最高可达近 50℃；冬季温和宜人，11 月至次年 4 月气温在 15—24℃。巴林晴朗少雨，年平均降水量 77 毫米。

二　历史政治

巴林王国享有"海湾明珠"之美誉，处在中东走廊的要冲，历史悠久，有 5000 多年的历史，是"迪尔蒙"文明发迹之处，是海上"丝绸之路"的必经之地。公元前 3000 年即建有城市，在两河流域古代文献中被称为"迪尔蒙"（"迪尔蒙"被认为是"太阳升起的地方""永生之地"）。公元前 1000 年，腓尼基人到此地定居。公元 7 世纪，成为阿拉伯帝国的一部分，隶属巴士拉省。1507—1602 年，被葡萄牙人占领。1602—1782 年，处于波斯帝国的统治之下。1783 年，宣告独立。1820 年，英国入侵巴林，强迫其签订《波斯湾和平条约》。1880 年，沦为英国保护国。1971 年 3 月，英国宣布其同波斯湾诸酋长国签订的所有条约在同年年底终止。1971 年 8 月 15 日，巴林宣告独立并建立巴林国。2002 年 2 月 14 日，更改国名为巴林王国。

巴林是君主世袭制王国。国家元首由哈利法家族世袭，掌握政治、经济和军事大权。1972 年，选出制宪议会。巴林独立后的第一部宪法于 1973 年 6 月 2 日颁布，同年 12 月开始生效。1973 年，成立国民议会，1975 年，被解散。1999 年，哈马德继任埃米尔。2001 年 2 月，巴林举行全国投票，以 98.4% 的支持率通过了《民族行动宪章》。2002 年 2 月 14 日，颁布新宪法，改国体为王国制，修改国旗，确定新国歌，埃米尔改称国王。同年 10 月，根据新宪法成立由众议院和协商会

---

① 《中国地名》杂志：《石油之国——巴林》，《中国地名》2008 年第 11 期。

议组成的两院制国民议会，两院享有同等立法监督权，通过的法律草案须呈国王批准。众议院由 40 名直选议员组成，众议长由议员选出。协商会议由国王任命的 40 名议员组成，主席由国王任命。两院议员任期均为 4 年，可连任。2011 年 2 月，受西亚北非地区部分国家政局突变影响，巴林爆发大规模反政府抗议活动，要求国王解散政府、改善民生、促进民主。应巴林政府要求，海合会军队进驻巴林协助维持秩序。2012 年 8 月，巴林修改宪法，进一步扩大国民议会中众议院权力。2012 年以来，巴林小规模示威游行和街头暴力仍时有发生，但动荡幅度已经大大减小，巴林社会总体保持平稳。

三 人口经济

巴林人口有 123.5 万（2016 年），本土人多数是阿拉伯人的后裔，外籍人占 51%，主要为印度、巴基斯坦、孟加拉国、伊朗、菲律宾和阿曼人的后裔，也有少数人是波斯人和犹太人的后裔。全国人口接近一半居住在首都麦纳麦，巴林华人约 2000 人，主要居住在首都和朱费尔区及迪亚尔—穆哈拉克巴林龙城附近区域①。巴林 85% 的居民信奉伊斯兰教，其中什叶派占 70%，逊尼派占 30%，其余信奉基督教、犹太教。② 巴林的什叶派穆斯林中最大一部分人属于十二伊玛目派，大多是在巴林的伊朗人，还有少数居民信奉赛希特派教义。而逊尼派信徒主要是居住在城市和沿海的居民、从阿拉伯半岛迁移来此的居民、非洲人，来自东非各国、近东阿拉伯国家、印度、孟加拉国、巴基斯坦各地的人。逊尼派穆斯林多数属于马立克教法学派，少数属于罕百里派。瓦哈比派信徒有几千人，大多数巴林上层人物（谢赫、封建主、高级官员）及统治家族都属于瓦哈比派③。

---

① 中国驻巴林大使馆经济商务参赞处：《对外投资合作国别（地区）指南——巴林》，商务部 2016 年发布，http://fec.mofcom.gov.cn/article/gbdqzn/，2017 年 1 月 6 日，第 3 页。
② 中华人民共和国外交部官网：《巴林国家概况》，2016 年 7 月，http://www.fmprc.gov.cn/web/gjhdq_676201/gj_676203/yz_676205/1206_676356/1206x0_676358/，2016 年 8 月 6 日。
③ 余莘：《历史与现代文明的激荡巴林》，《中国宗教》2003 年第 9 期。

巴林是海湾地区商业贸易和金融中心，是很多跨国公司的地区总部所在地，也是经济发展较早的国家，当前经济形势基本稳定。1932 年，巴林打下海湾地区也是中东地区的第一口油井，标志着巴林成为石油先驱。巴林是海湾地区第一个向多元化经济转型的国家，从 20 世纪六七十年代开始，一直致力于经济的多元化发展。近年来，巴林建立了炼油、石化及铝制品工业，大力发展金融业，成为海湾地区银行和金融中心。金融业发达是其经济的显著特点。2013 年，巴林金融业产值占国内生产总值的 16.7%，是巴林第二大产业。有 400 多家地区和国际金融服务机构在巴设立办事处，各国银行在巴总资产达 855 亿美元。2013 年，弗雷泽研究所出版的《2013 年度全球经济自由度指数》中，巴林的经济自由度居世界第八位。而据美国传统基金会 2014 年发布的《2014 年度全球经济自由度指数》，巴林的经济自由度指数榜当中，巴林排在全球第 13 位，在中东和北非国家中位列第一。2014 年，巴林 GDP 总计 340 亿美元，人均 GDP 3.3 万美元。2015 年，巴林 GDP 实际增长率 2.9%，财政预算收入 55.7 亿美元，预算支出 95.6 亿美元。截至 2015 年底，巴林外汇和黄金储备约为 50.51 亿美元①。

中巴两国从 20 世纪 50 年代起建立了贸易关系。作为海湾地区经济开放程度最高的较发达国家，巴林的投资环境良好，海陆空交通发达，与海湾合作委员会的其他成员国出入境便捷，拥有本地区最高素质劳动力，还拥有久经考验的法律和监管制度，是海湾地区外国资产限制最小、生产成本最低的国家②，因此，巴林是中国打开海湾地区市场乃至通向非洲的重要门户。2014 年 6 月，耗资 1 亿美元打造的巴林"龙城"项目正式启动。2014 年 10 月 23 日，巴林交通部长兼经济发展委员会代理首席执行官卡马尔·艾哈迈德表示，巴林坚定支持中

---

① 驻巴林使馆经商参处：《巴林最新经济数据（2015）》，http：//bh. mofcom. gov. cn/article/ddgk/201608/20160801374802. shtml，2016 年 9 月 1 日。

② 刘敏：《巴林：〈流域的世界贸易中心〉》，《国际市场》2014 年第 5 期。

国提出的"一带一路"倡议构想，愿意推动阿拉伯世界与中国建立利
益共同体，为中国企业进入快速发展的海湾市场提供便利①。巴林龙
城已于 2015 年 9 月开业，城内建有一个 12 万平方米的中国主题商场，
容纳了约 500 家中国企业②。数据显示，目前海湾市场交易额已达到
1.6 万亿美元③。2016 年 8 月 10 日，"一带一路"沿线国家投资政策
说明会暨中国—巴林王国经济合作研讨会在北京鹏润大厦成功举办。
目前，中国与巴林两国关系正处于机遇期，中国"一带一路"倡议的
提出与巴林政府全面加强基础设施建设的计划相契合，两国在金融、
旅游、通信等众多领域合作前景广阔④。

四　语言政策

巴林的官方语言是阿拉伯语，通用英语，英语在商务活动领域应
用广泛，还有一部分人使用波斯语和乌尔都语。

第二节　汉语教学简史

巴林与中国于 1989 年 4 月 18 日正式建交。建交后，两国关系发
展顺利。但巴林的汉语教育起步比较晚。2008 年 11 月 3 日，由中国阿
拉伯交流协会为阿拉伯驻华使节专门开设的免费汉语学习首次开班，
巴林驻华大使馆一等秘书穆罕默德·萨利赫报名参加学习并获得结业
证书。在"一带一路"外交政策的推动下，今天的巴林已经掀起了学

---

① 蒋洁：《巴林支持中国"一带一路"倡议构想》，http：//news. xinhuanet. com/world/2014 -
10/23/c_ 1112954433. htm，2016 年 7 月 2 日。
② 康淼、刘姝君：《林经济发展委员会首席执行官：巴林将在"一带一路"倡议中发挥独特作
用》，http：//news. xinhuanet. com/world/2015 -09/09/c_ 128213189. htm，2016 年 7 月 4 日。
③ 潘晓亮：《巴林年底建成中国"龙城"积极融入"一带一路"倡议》，http：//finance. takung-
pao. com/dujia/2015 -09/3161687. html，2016 年 7 月 5 日。
④ 张华、白荷菲：《"一带一路"投资政治风险研究之巴林》，http：//opinion. china. com. cn/o-
pinion_ 62_ 129962. html，2016 年 7 月 5 日。

习汉语的热潮。2014 年 4 月 15 日，巴林大学孔子学院成立，中国主要派遣汉语教师通过孔子学院进行汉语教学。截至 2015 年年底，巴林注册学员 412 人。

第三节　汉语教学的环境和对象

本部分主要是对巴林大学孔子学院的汉语教学、汉文化传播活动进行介绍。

巴林大学孔子学院的汉语教学①

随着中国经济的不断发展，越来越多的巴林人希望有机会了解中国。2014 年 4 月 15 日，巴林大学孔子学院的揭牌仪式在巴林大学隆重举行，巴林大学孔子学院是由上海大学与巴林大学合作创办的，是巴林王国成立的首家孔子学院，是中东地区的第二所孔子学院，也是中国在全球开办的第 431 家孔子学院，学生主要来自巴林大学，中文是他们的外文选修课，可计入学分。8 月 23 日，由中国国家汉办选拔和派出的第一任赴巴林大学孔子学院任教的汉语教师张冬林和汉语教师志愿者王美璐抵达巴林王国。9 月 14 日，巴林大学开学，巴林大学孔子学院开设的汉语学分课正式开课，共有 4 个班，38 名学生，从星期日到星期四每天都有汉语课。截至 2016 年 4 月，孔院 3 个巴林政府汉语培训班和 9 个大学班反响良好，在孔子学院总部和巴林大学的支持下，汉语语音实验室开始建设，夏令营项目、奖学金项目和 3S 项目也已经正式启动。巴林大学孔子学院成立以来为巴林人民打开了一扇了解中国的窗户，不但在教学方面发挥所长，吸引了数以千计的学生学习汉语，在文化活动方面的成果更是有目共睹，对巴林社会产生了积极而深远的影响。

巴林大学孔子学院虽然刚成立两年多，但所举办的讲座、文化周、

---

① 孔子学院总部/国家汉办官网：http://www.hanban.org/，2016 年 11 月 20 日。

画展、食品节、电影节等系列文化传播活动受到孔子学院师生及巴林民众的喜爱，在当地掀起了汉语热，展示了孔院作为公共外交在促进中国与各国友好关系方面作出的积极贡献。2014 年 5 月 15 日，巴林大学孔院特别邀请了巴林阿哈利大学教育技术学副教授亚斯先生作了《浅谈中国——中文学习入门》的专题讲座。2014 年 9 月 25 日举办了孔院十周年庆祝活动，这是巴林大学孔院首次举办大型中华文化活动，活动包括文化视频展播、剪纸艺术欣赏、书法文化展示、中国文化图书展、中国饮食品尝体验和中国音乐欣赏。2014 年 12 月 10 日至 11 日，巴林大学举办了以中国语言和文化为主题的迎接巴林王国国庆 43 周年的大型展会。展会上挂着红灯笼，摆放着中国味十足的彩色中国结、生动形象的脸谱摆件、绘有中国画的扇子、屏风、国宝熊猫玩偶和中国文化书籍，展会上还开展了茶艺、剪纸、吹葫芦丝和打太极拳等活动，组织了筷子传递乒乓球、跳房子等具有中国特色的游戏。2015 年 4 月 5 日，巴林大学孔子学院师生搭建的"中国角"亮相巴林大学"LADIES GETAWAY"活动，与盛装打扮的当地女性共同欢庆巴林王国妇女日，吸引海湾地区近千人参与。中国角以"中国红"剪纸风格装饰，以"Chinese Beauty"为主题，主要有：中国女性服饰（展示了汉服、民国服、旗袍、民族风长裙）、礼仪（中国古代女子的成人礼与见面礼）、中国茶艺、美食（中式春卷、饺子），以及女性健康与保健（展示了传统中医艾灸疗法用到的艾草、针、气罐等器材，并讲解以草药三七为代表的中国药材的功效）。除此之外，中国角还有书法展示、筷子夹物比赛、编中国结等活动。同年 4 月 28 日至 30 日，巴林王国召开了海湾地区第四届青年国际论坛，巴林大学孔子学院以中国书法名帖为背景，现场为参会嘉宾书写中国名字，介绍中国书法，展示博大精深的中国文化，孔院教师为现场来宾写了 2000 多张书法名字。30 日，第四届青年国际论坛举行闭幕式，巴林王国王子殿下纳赛尔·本·哈马德来到巴林大学孔子学院展区问候孔院院长和老师们，看到志愿者教师现场为自己书写汉语名字，王子殿下表示他非常喜欢

这个中国礼物，希望巴林大学孔子学院能办成海湾地区的典范。12 月
16 日，巴林大学举行巴林王国国庆日庆祝活动，巴林大学孔子学院应
邀参加。展台前，身着旗袍的孔子学院教师为大家带来了具有浓郁中
国特色的文化活动。参加此次活动的人数六千有余，是巴林大学孔子
学院自揭牌以来最为声势浩大的一次中国文化传播活动，被巴林当地
多家新闻媒体争相报道，在巴林大学和巴林社会界也反响巨大。2016
年 4 月 19 日至 27 日，巴林大学孔子学院开展了 "品中华美食文化活
动周"，来自巴林内政部、国防部的政府班学员参与了此次活动。此
次活动以美食为媒介，使当地学生感受到了中国传统文化的魅力和学
习汉语的乐趣，还促进了师生之间的交流。5 月 8 日至 12 日，巴林大
学孔子学院中国文化周活动在巴林大学行政楼大厅举行，是巴林大学
孔子学院自 2014 年建立以来首次举办中国文化周活动。活动包括展示
介绍中国国画、书法、茶道、武术、美食和龙文化等内容。为弘扬中
医文化，孔子学院还特邀鼎翰中医门诊医生张芳慈为巴林大学师生带
来题为 "中医与健康" 的讲座，向师生展示了传统中医在养生和疾病
治疗方面的神奇效果。此次巴林大学孔子学院举办的中国文化周活动，
在巴林大学和巴林社会产生了巨大影响，巴林民众、当地华人华侨反
响热烈，新华网、巴林当地主流媒体、巴林大学官方微博纷纷进行了
报道，在海湾地区颇具影响的英文报纸《海湾日报》也首次对巴林大
学孔子学院的活动进行了报道。此次活动，以文化为媒介，向巴林民
众展示了中国传统艺术，让他们对汉语、汉文化的认识更进了一步，
进一步提升了巴林大学孔子学院的影响力和知名度，增进了中巴两国
的文化交流，为巴林的汉语国际教育的发展打下了坚实的基础。2016
年 10 月 1 日，由巴林龙城主办的中巴国际油画艺术交流展在巴林国家
艺术中心举行。中国驻巴林大使戚振宏和巴林文化署署长谢赫哈兰受
邀出席。同时，巴林大学孔子学院受邀为此次文化展进行开场演出。
12 月 18 日至 19 日，巴林大学孔子学院开展了中国美食文化体验课。
在孔子学院教师与当地华人的帮助下，学生们一起制作、品尝美食，

感受"舌尖上的中国"。体验式汉语课堂不仅让学员们感受到了中国
美食的魅力,更激发了他们学习汉语、了解中国文化的热情。12月27
日,巴林大学孔子学院在孔院大厅举办了首届中国电影节开幕式,吸
引了逾百名巴林大学师生参加。此次电影节持续一个月,孔院还不定
期播放一系列中国纪录片和电影。活动期间,孔院还为参加者们提供
了中国传统美食。大家一边分享美食,一边讨论影片。此次活动中,
孔院以中国电影为媒介,多方位推介中国文化,提高了学生们对中国
文化的兴趣。

　　巴林大学孔子学院成立后,每年还参加和举办了迎新春联欢活动。
2015年2月11日,巴林大学孔子学院师生应邀参加了中国驻巴林使
馆2015年迎新春联欢晚会,晚会有歌曲演唱和二胡表演。之后,从小
年夜开始一直持续到正月初九,巴林大学孔子学院还组织了春节系列
活动,几乎每天都要讲2—3次春节文化,活动有发红包、抱拳礼、放
鞭炮、贴年画、写福字和包饺子等。2016年1月19日,巴林大学孔子
学院携手巴林大学政府班汉语学员代表参加中国驻巴林大使馆2016新
春联欢会。1月26日,巴林大学孔子学院组织该校28名学生代表参
加中国新年体验活动,带领学生一起赏中国新年习俗,品中华美食,
参观巴林龙城中国商场,体验多姿多彩的中国新年文化。2月12日,
巴林大学孔子学院与位于巴林首都麦纳麦的中国龙城共同举办新春庆
祝活动,吸引了400余名巴林人到场参与。此次活动在龙城举行,包
括文艺表演、书法展示、新年纪念品和生肖卡片赠送等环节。文艺表
演有舞龙舞狮、打鼓、舞剑舞棍、变脸、唐装和旗袍展示。书法展示
使当地民众领略到了中国文字艺术的独特魅力。

　　巴林大学孔子学院自成立以来,一直致力于打造优质汉语课程,
不断扩大影响,担负着巴林大学中文课程的教学任务,还举办了各种
政府短期汉语培训班,在汉语教学广方面得到了巴林民众和官方的一
致肯定。2014年9月21日和22日,应巴林政府的要求,巴林大学孔
子学院举办的"巴林王国内政部汉语培训班"和"巴林王国外交部、

国防军总司令部汉语培训班"正式开班。培训班学员均为巴林王国内政部、外交部和国防部官员，培训为期 16 周，每周 3 小时。2015 年 1 月 20 日，巴林大学孔子学院政府汉语培训班举行结业典礼，40 多名巴林外交部、国防部和内政部官员顺利完成了对基础汉语和中国文化的学习和了解。2015 年 6 月 15 日，巴林大学孔子学院举办一周年生日庆典暨首届政府中级汉语班、第二期政府初级汉语班和巴林大学教职工汉语培训班学员结业典礼，来自巴林大学的教职员工、汉语培训班的学员和孔子学院的教师一起演唱了《茉莉花》。2016 年 1 月 6 日，巴林大学孔子学院举行了第三届政府汉语培训班结业典礼。驻巴林大使戚振宏应邀出席了结业典礼，并与巴林教育大臣马吉德博士一起为来自内政部、国防部的 37 名学员颁发了结业证书。巴林政府部门高级官员以及巴林大学领导的重视和参与，对汉语和汉文化在巴林的传播有深远影响，对汉语在海湾地区的传播有非常大的促进作用。2016 年 6 月 5 日，第四届巴林政府汉语培训班结业典礼暨巴林大学孔子学院成立两周年庆典在巴林大学举行，目前为止，巴林大学孔子学院为巴林政府各部门培训官员 150 余人，正日益成为增进中巴教育合作和人文交流的重要平台和纽带。2016 年 10 月 19 日，巴林大学孔子学院举行巴林教育部班开班仪式，该班的学生均是巴林教育部选拔的具有赴华政府奖学金资质的学生。此培训班是巴林大学孔子学院第一次受巴林教育部委托为赴华奖学金项目的学生开设的汉语培训班，目的在于帮助学员们尽快熟悉汉语，了解中国文化，在去中国的时候能够更好更快地适应环境。此培训班的开班也意味着中巴两国在教育方面的合作进一步加强。

　　巴林大学孔子学院自成立以来和国内外联系密切，为巴林大学孔子学院的进一步建设提供了思路，为双方今后的合作、扩大优质资源的互通共享创建了良好的开端，也为中巴友谊的搭起了桥梁。2015 年 9 月 30 日—10 月 3 日，上海大学四国巡演艺术团分别在中国驻巴林大使馆、巴林大学和巴林国家文化宫进行了三场文艺会演。2016 年 4 月

27 日，韩国驻巴林使馆参赞朴恩卿、韩国外交部海外教育处处长金奉燮一行 4 人赴巴林大学孔子学院进行参观访问，受到孔子学院中方院长吴雪颖等人的热烈欢迎。双方就如何在巴林当地开展与阿拉伯学生相适宜的语言教学进行了深入研究和探讨。此次会谈还促进了中韩双方就海外办学项目的深入交流，增进了相互了解，为中韩双方在巴林当地的海外教学搭建了合作平台，为深化双方进一步合作、促进合作共赢打下了基础。2016 年 7 月 18 日，巴林大学孔子学院组织的首支政府官员访华团抵达上海大学，开展了为期 16 天的访华之行。此次访华团成员主要来自巴林大学，内政部移民局、警察局、交通局及教育部等部门，他们对学习汉语及中国文化有着浓厚的兴趣。双方就大学组织机构、教学质量监督及孔子学院的发展等方面进行了交流。上海大学孔子学院办公室为访华团安排了丰富多样的活动，该访华团听取了中国国情与教育体系、中国历史讲座，参加了上海大学及附属中学的课堂教学观摩活动，体验了书法和绘画才艺。这是巴林孔子学院成立以来首次组织访华团。活动有利于增进访华团成员们对中国语言和中华文化的了解，推动巴林汉语教学的发展，促进两校的交流，为双方未来进一步合作打下了基础。2016 年 9 月 21 日，在巴林大学孔子学院的积极推动下，上海大学管理学院邹宗峰博士受邀作为主题发言人参加了由巴林大学主办的网络信息安全研讨会。这是巴林孔院成立以来两校间的首次学术交流，约 300 人参与了本次研讨会。邹宗峰博士在会上进行了题为《基于模糊层次分析法的互联网系统安全评估》（E-valuation on Security System of Internet of Things Based on Fuzzy-AHP Method）的主旨发言，报告内容引起了国际同行的关注和兴趣，并得到了与会者的高度评价。巴林大学官方媒体、《巴林天天报》等媒体对此次研讨会进行了专题报道。此次学术交流是巴林孔院深化内涵建设，积极融入大学社区的重要举措之一，为两校今后的交流和合作打开了新局面，也为巴林孔院在当地推广国际汉语文化事业获得了更多校方支持。9 月 22 日，邹宗峰博士还举办了以"茶与健康"为主题的茶文化讲座，增进了巴林师生对中国文化的了解，激发了他们学习汉语的兴趣。2016 年 9 月 26 日至 28 日，巴林大学校长瑞雅德教授应邀出席了在约旦扎尔卡大学召开的第四届中阿大学校长论坛。来自中国 32 所大学的近 300 名代表和来自 13 个阿拉伯国家的 50 余所高校代表出席了论坛开幕式，共同讨论了中阿高等教育合作的问题。此次会议是中阿大学校长论坛自 2011 年举办以来首次在阿拉伯国家举办。这对促进中阿友好关系，推动中阿双方在学术领域的进一步合作有着重大意义。此次活动也受到了各新闻媒体的关注。2016 年 10 月 22 日，巴林大学孔子学院应邀访问巴林法语联盟。巴林法语联盟主任克里斯托夫介绍了法语联盟的基本情况、办学理念及教学模式，同时，他还为如何在巴林这样的伊斯兰国家通过影视作品传播文化介绍了宝贵经验。孔子学院中方院长吴雪颖博士介绍了巴林大学孔子学院的生源及课程设置情况。双方还就场地借用、共办文化活动事宜进行了初步商谈。

　　巴林大学孔子学院除了积极开展汉语教学、汉文化传播、与国内外高校、机构联系密切之外，还举办了赴华夏令营活动，使学生亲身体验汉语、汉文化，以进一步提高学生的汉语水平。2015 年 9 月 7 日，巴林大学孔子学院的第一批学生参加了为期 20 天的赴华夏令营活动。无锡之行是整个夏令营的第一站，太湖岸边的三国城影视基地成了学生们心中的至爱；七里山塘串起了学生们的苏州情，苏州园林甲江南，泛舟耦园让学生们真切地感受到了人在画中游的乐趣；乌镇使学生们近距离地接触中国古代市井生活的墙内风光；登高雷峰塔，俯瞰西湖，迎面吹来徐徐的带着雨丝的风润化了学生们的心。此次巴林大学孔子学院赴华夏令营重中之重的任务就是提高学生的汉语水平。参加夏令营的学生们在到超市、银行和旅游景点时，都尝试着用学过的词句进行对话，还认真学习了太极拳、书法和中国歌曲。

　　2016 年 4 月 15 日，巴林大学孔子学院中方院长吴雪颖一行十余人赴巴林龙城中国商场，就共建孔院汉语实习基地事宜与总经理孔军展开会谈。孔子学院龙城汉语实习基地的建立，将进一步强化巴林大学孔子学院的办学特色，帮助学生更好地将自己的职业规划与汉语学习紧密结合，同时也为巴林大学孔院走向巴林社会，服务巴林社会，促进人才培养和提高影响力开辟了新的道路。

2016 年 6 月 1 日，巴林大学孔子学院举办了首届开放日暨汉语知识大赛活动，孔子学院师生及当地汉语爱好者参加了本次活动。比赛中，孔子学院汉语教师在题目的设置上以基础型、普及性为主，题型上注重多样性，设计了抢答题、模仿秀环节，以提高学生兴趣，促进他们对汉语知识和中国文化常识的了解。

2016 年 11 月 14 日，为了帮助即将赴中国留学的教育部班学生更好地学习中文，了解中国文化，巴林大学孔子学院特别邀请了科威特银行客户经理穆罕默德（中文名：沙漠）为学员们做了一场关于留学中国的讲座，12 名学生参与了此次讲座。沙漠毕业于上海华东师范大学，有 6 年的中国留学经历。讲座中，沙漠结合自己在中国学习的经历，深入浅出地介绍了自己学习中文的心得体会。他介绍了自己是如何克服阿拉伯人学汉语的最大障碍——声调，并建议学员们多和中国人交谈，仔细模仿。他还与学员们分享了对当今国际形势的看法，随着巴林与中国友好关系的日益发展和深化，两国间在贸易、文化等领域的交往日益密切，学习好汉语对巴林人显得尤为重要。这次讲座进一步提高了教育部班学员学习汉语的兴趣和信心，增进了他们对汉语与中国文化的了解和认识，促进了汉语教学和文化传播。

第四节　汉语师资

由于巴林的汉语教育起步晚，因此汉语师资薄弱。

2014 年 8 月 23 日，由中国国家汉办选拔和派出的第一任赴巴林大学孔子学院任教的汉语教师张冬林和汉语教师志愿者王美璐抵达巴林王国。2016 年 8 月 25 日，巴林大学校长 Riyadh 教授会见孔子学院的 4 位新任志愿者，并举行了座谈会。副校长兼巴林大学孔子学院外方院长 Waheeb 教授与中方院长吴雪颖博士进行了会晤，这是巴林大学校长首次会见孔子学院志愿者①。

本章主要参考文献

崔文霞：《巴林的课程改革》，《世界教育信息》2003 年第 3 期。

刘敏：《巴林：两河流域的世界贸易中心》，《国际市场》2014 年第 5 期。

王猛：《巴林经济转型的回顾与反思》，《山西师范大学学报》（社会科学版）2009 年第 6 期。

徐伟：《蓬勃发展的巴林经济》，《阿拉伯世界》1991 年第 4 期。

［巴］亚斯：《巴林王国的教育概况》，《外国中小学教育》2006 年第 1 期。

余葶：《历史与现代文明的激荡巴林》，《中国宗教》2003 年第 9 期。

---

① 孔子学院总部/国家汉办官网：《巴林大学校长首次会见孔子学院志愿者》，http：//www. hanban. edu. cn/article/2016 - 09/08/content_ 655586. htm，2016 年 9 月 15 日。

第四章　黎巴嫩的汉语教学

第一节　国家概况[①]

一　自然地理

黎巴嫩全称黎巴嫩共和国（阿拉伯语：لبنان，英语：The Republic of Lebanon）。黎巴嫩，习惯上被称为中东国家，位于亚洲西南部，地中海东岸，东、北部邻叙利亚，南部与巴勒斯坦、以色列接壤，西濒地中海。黎巴嫩面积 10452 平方公里，海岸线长 220 公里，全国分 8 个省。黎巴嫩全境按地形可分为沿海平原、沿海平原东侧的黎巴嫩山地、黎巴嫩山东侧的贝卡谷地和东部的安提黎巴嫩山。黎巴嫩山纵贯全境，库尔内特·萨乌达山海拔 3083 米，为最高峰。河流众多，向西注入地中海，利塔尼河是全国最长的河流[②]。

黎巴嫩属热带地中海型气候，气候宜人。年平均气温 21℃。每年

---

① 中华人民共和国外交部官网：《黎巴嫩国家概况》，2017 年 2 月，http：//www. fmprc. gov. cn/web/gjhdq_ 676201/gj_ 676203/yz_ 676205/1206_ 676668/1206x0_ 676670/，2017 年 3 月 1 日。

② 中国驻黎巴嫩大使馆经济商务参赞处：《对外投资合作国别（地区）指南——黎巴嫩》，商务部 2014 年发布，http：//fec. mofcom. gov. cn/article/gbdqzn/，2016 年 8 月 6 日，第 3 页。

5—9 月为旱季，次年 4 月为雨季，年降雨量 750—1000 毫米，山区高海拔区可达 1500 毫米。沿海一带夏季气候炎热干燥，7 月平均最高气温为 32℃；冬季温暖多雨，11 月平均最低气温为 11℃。①

二　历史政治

黎巴嫩历史悠久，公元前 2000 年，为腓尼基的一部分，以后相继受埃及、亚述、巴比伦、波斯和罗马统治。7—16 世纪初并入阿拉伯帝国。1517 年，被奥斯曼帝国占领。第一次世界大战后，沦为法国委任统治地。1940 年 6 月，法向纳粹德国投降后，黎被德、意轴心国控制。1941 年 6 月，英军在自由法国部队协助下占领黎巴嫩。同年 11 月，自由法国部队宣布结束对黎的委任统治。1943 年 11 月 22 日，黎宣布独立，成立黎巴嫩共和国。1946 年 12 月，英、法军全部撤离黎巴嫩。1975 年 4 月，黎巴嫩基督教和伊斯兰教两派因国家权力分配产生的矛盾激化，内战爆发。1978 年 3 月，以色列入侵黎巴嫩后，联合国向黎派驻多国维和部队，并执行任务至今，以监督以色列从黎巴嫩境内撤军，恢复国际和平与安全，并协助黎政府有效管辖以色列撤出的南部地区。1989 年 10 月，伊、基两派议员达成《塔伊夫协议》，重新分配政治权力。1990 年，黎内战结束。2006 年 7 月 12 日，以色列与黎巴嫩真主党爆发冲突，8 月 14 日，双方停火。

黎巴嫩是议会民主共和国。议会实行一院制，现有 128 个议席，基督教和伊斯兰教议员各占一半。黎党派林立，但力量分散，目前无一党占绝对优势。2007 年 11 月，拉胡德总统任满离职，议会多数派和反对派在总统选举问题上严重对立，选举被推迟 19 次，总统职位一直空缺。在阿盟和卡塔尔等八国外长组成的阿国调解委员会共同斡旋下，黎各派达成《多哈协议》，2008 年 5 月，选举黎前武装部队总司令米歇尔·苏莱曼为总统，任期至 2014 年 5 月。2009 年 6 月，"未来

---

① 中国驻黎巴嫩大使馆经济商务参赞处：《对外投资合作国别（地区）指南——黎巴嫩》，商务部 2014 年发布，http://fec.mofcom.gov.cn/article/gbdqzn/，2016 年 8 月 6 日，第 5 页。

阵线"领衔的多数派在议会选举中胜选，苏莱曼总统授权多数派领袖萨阿德·哈里里（Saad Hariri）组阁。11 月，联合政府成立。2011 年 1 月，联合政府因以真主党为主导的"3·8"联盟 11 名部长集体辞职而解散。苏莱曼总统授命前总理纳吉布·米卡提（Najib Mikati）出任总理并组阁，6 月新政府成立。2013 年 3 月 22 日，因内阁未能就成立黎议会选举监督机构和延长黎治安部队司令任期达成一致，米卡提总理宣布辞职。4 月 6 日，苏莱曼总统授命塔马姆·萨拉姆（Tamam Salam）出任总理。2014 年 2 月，完成组建新内阁。苏莱曼总统的任期于 2014 年 5 月 25 日结束。2016 年 10 月 31 日，黎议会举行总统选举，米歇尔·奥恩（Michel Aoun）当选黎总统并就职。11 月 3 日，奥恩任命萨阿德·哈里里为总理并组阁。12 月 18 日，组阁成功。

三 人口经济

黎巴嫩人口约 462 万（2015 年），绝大多数为阿拉伯人。由于民族特性和多年内战，黎巴嫩是世界上鲜有的国外黎巴嫩裔人口多于国内人口的国家，世界各地的黎巴嫩裔人约 1500 万，主要分布在美洲、欧洲、非洲和海湾地区，在黎巴嫩的华人极少①。黎巴嫩居民 54% 信奉伊斯兰教，主要是什叶派、逊尼派和德鲁兹派；46% 信奉基督教，主要有马龙派、希腊东正教、罗马天主教和亚美尼亚东正教等。黎巴嫩总统由马龙派担任，总理由逊尼派担任，议长由什叶派担任。黎教派众多，各教派重要节日均为国家法定节日。

黎巴嫩工业基础相对薄弱，以加工业为主，主要行业有非金属制造、金属制造、家具、服装和木材加工等，从业人数约 20 万，占黎劳动力的 7%，是仅次于商业和非金融服务业的第三大产业。黎实行自由、开放的市场经济，私营经济占主导地位。黎内战前曾享有中、近东金融、贸易、交通和旅游中心的盛名，但 16 年内战加之以色列入

---

① 中国驻黎巴嫩大使馆经济商务参赞处：《对外投资合作国别（地区）指南——黎巴嫩》，商务部 2016 年发布，http://fec.mofcom.gov.cn/article/gbdqzn/，2017 年 1 月 7 日，第 5 页。

侵，造成其直接和间接经济损失约 1650 亿美元。1991 年，中东和平进程启动后，黎预期经济良好，大兴土木，后由于地区形势持续动荡，其经济复苏计划受挫，背上了沉重的债务包袱。20 世纪 90 年代后期，黎经济形势渐入困境，财政赤字居高不下，债务攀升。2006 年，长达月余的黎以冲突造成黎大量基础设施被毁，直接经济损失达 32 亿美元，间接损失超过 70 亿美元，使黎经济发展陷入停顿，债务负担加重，战后重建任务艰巨。冲突结束后，黎获得逾 100 亿美元援助承诺。2008 年底，国际金融危机爆发以来，由于黎国内金融体系与国际经济联系较弱，且黎中央银行灵活运用外汇和黄金储备应对得当，黎平稳渡过危机，经济逆势增长。2014 年，GDP 总计 499.2 亿美元（国际汇率），人均 GDP 10230 美元（国际汇率）。

黎巴嫩经济地理位置优越，扼守亚非欧战略要道，是东西方的交会点，处于丝绸之路经济带的核心位置，可以在"一带一路"建设中发挥积极作用，在经贸、工业和金融等领域与中国开展合作。中方对黎出口的商品主要是机电类产品、纺织品、电子设备、汽车类和家具等，中方从黎进口商品主要是废金属产品。在双边贸易方面，2014 年中黎双边贸易总额再创新高，达 24.96 亿美元，同比增长 8%，中国也因此继续保持黎巴嫩的第一大贸易伙伴地位①。

四　语言政策

黎巴嫩地处地中海东岸，虽然是个小国，但它拥有其他中东国家所不能比拟的良好的教育环境，人们对学习语言有着特殊的热情和天赋。黎巴嫩的主要口头语言是黎巴嫩语，是黎凡特阿拉伯语（اللهجاتالشامية أو لهجاتسوريةالكبرى）的一种。深受其他中东及欧洲语言的影响，加之黎巴嫩的多元文化和多种语言环境，黎巴嫩阿拉伯语在一定程度上不同于其他地区的阿拉伯语。黎巴嫩阿拉伯语属于

---

① 驻黎巴嫩经商参处：《2014 年中国继续保持黎巴嫩第一大贸易伙伴地位》，http://lb. mof-com. gov. cn/article/jmxw/201502/20150200885671. shtml，2016 年 6 月 1 日。

北黎凡特阿拉伯语的中北黎凡特阿拉伯语。民族语网站为北黎凡特阿拉伯语设定的代号是 apc。

黎巴嫩的国语为阿拉伯语，通用法语（FL1）和英语（FL2）。由于黎巴嫩曾被法国行使委任统治，现在又是"pays francophone"（法语国家）之一，因此，人们的法语基础非常好，中、小学的大部分课程都是用法语教授的，城乡各地的路、街公示语大多是法阿双语的，琳琅满目的商业广告及各类商店名称十有八九只用法语或英语。相比之下，英语的应用深度和广度稍逊于法语，但由于英语在国际交流中的重要作用，加上近十几年来各级各类学校，尤其是高校无论是在课程设置上还是在具体教学上都对英语十分重视，目前英语的整体水平也颇高，通用程度也已接近法语①。

第二节　汉语教学简史

黎巴嫩的汉语教学起步较晚，从起初的几位华侨在一些语言中心教授汉语和给个别华人后裔提供汉语家教课，到十几所大学、中小学和成人培训机构长期或者短期开设汉语课程，黎巴嫩的汉语教学呈现持续蓬勃增长趋势。

黎巴嫩的汉语教学正式开始于 2007 年初，阿拉伯国家首所孔子学院圣约瑟夫大学孔子学院在黎巴嫩落户开课。此外，在首都及其他城市另有数所大学正式开设了汉语课程。2010 年，先后有近千人次接受了不同层次的汉语学习和培训，学生除了普通大学生外，还有来自各行各业的校外学员②。

---

① 李增垠：《语音对比在黎巴嫩对外汉语教学中的应用》，《青海师范大学学报》（哲学社会科学版）2010 年第 3 期。

② 同上。

第三节 汉语教学的环境和对象①

一 高等院校的汉语教学

据中阿文化商贸交流促进会会长赵颖在其博客《黎巴嫩的汉语教学——黎巴嫩生活工作随想之二》中介绍，截至 2014 年，黎巴嫩四所大学（AUB、USJ、LAU、AUST）长期开设汉语课程，五所大学（NDU、USKE、Jinan University、Balamond、Haigazian）曾经短期开设。

（一）基南大学的汉语教学

位于黎巴嫩首都贝鲁特（Beirut）以北约 80 公里的黎第二大城市的黎波里（Tripoli）市郊的基南大学是一所私立大学。2007 年 3 月 1 日，该校的汉语教学正式开始。基南大学是的黎波里市第一个也是唯一一个开设汉语课程的大学，该校的汉语课程主要是人文系翻译专业二年级、三年级学生的汉语选修课和面向社会人员开设的培训课程。基南大学是的黎波里市第一个，也是唯一一个开设汉语课程的大学，对黎巴嫩北部的汉语教学具有开拓性意义。

（二）贝鲁特美国大学的汉语教学

此外，在首都及其他城市另有数所大学也正式开设了汉语课程。被誉为中东地区精英大学的贝鲁特美国大学（The American University of Beirut）（AUB）从 2007 年 9 月开始首次开设汉语课程。近年来，其汉语课程的教学效果和学生的学习效率在世界所有大学开设的国际汉语教学课程中一直都名列前茅。2015 年 5 月 23 日，该大学的玛利亚在第十四届"汉语桥"世界大学生中文比赛黎巴嫩赛区选拔赛中获得第二名的好成绩。2016 年 5 月 14 日，该大学的阿丽莎获得了第十五届"汉语桥"世界大学中文比赛黎巴嫩赛区预选赛的第一名，她代表黎

---

① 孔子学院总部/国家汉办官网：http://www.hanban.org/，2016 年 11 月 2 日。

巴嫩赴中国参加"汉语桥"比赛的复赛和决赛。

（三）黎巴嫩大学的汉语教学

黎巴嫩大学从 2014 年开始开设了汉语选修课，2015 年 10 月，又开设了黎巴嫩的第一个汉语本科专业。黎巴嫩大学的学生非常踊跃报名参加第十五届"汉语桥"世界大学中文比赛。最终，2016 年 5 月 14 日，该大学的葛霞获得第十五届"汉语桥"世界大学中文比赛黎巴嫩赛区预选赛的第三名。

（四）圣约瑟夫大学的汉语教学

截至 2014 年，CIUSJ（Confucius Inctitute at Saint-Joseph University-Lebanon）（黎巴嫩圣约瑟夫大学孔子学院）汉语教学已经融入圣约瑟夫大学教学体系，是该大学的学分选修课，每年越来越多的大学生选修汉语，每学期圣约瑟夫大学孔子学院还在圣约瑟夫大学其他校区开设教学点。

2016 年 3 月，本学期圣约瑟夫大学贝鲁特主校区招生人数已超过 100 人，并在 Tripoli 和 Saida 设立两个教学点。2016 年 5 月 14 日，该大学的罗英获得第十五届"汉语桥"世界大学中文比赛黎巴嫩赛区预选赛的第二名，她将赴华观摩"汉语桥"决赛。2016 年 6 月，圣约瑟夫大学孔子学院的汉语课已经纳入圣约瑟夫大学的学分课课程。

二 中小学的汉语教学

黎巴嫩不仅大学生学习汉语，而且越来越多的中学生和小学生也开始学习汉语。黎巴嫩两所中小学长期和短期开设汉语课程。圣约瑟夫大学孔子学院对少儿汉语教学的积极探索也已初见成效，2010 年，在该院举办的第一届中小学学生汉语考试过级率为 100%，这极大鼓舞了中小学汉语学习者的信心。黎巴嫩圣约瑟夫大学孔子学院充分借助了中小学学生汉语考试这个助推器，正逐步将黎巴嫩中小学的汉语教学推向更高的平台。2011 年 11 月 12 日，黎巴嫩圣约瑟夫大学孔子学院在贝鲁特举行阿拉伯地区第二届中小学学生汉语考试，来自黎巴嫩、法国等国的 9 名中小学汉语学习者参加了考试①。

三　孔子学院的汉语教学

圣约瑟夫大学是黎巴嫩最好的法语大学，2006 年 11 月 10 日，圣约瑟夫大学与汉办签订合作协议，沈阳师范大学与该校合作创办黎巴嫩圣约瑟夫大学孔子学院。2007 年 2 月 27 日，孔子学院揭牌并开课，是中东地区的首家孔子学院，是阿拉伯国家第一所孔子学院，截至 2009 年 12 月，有 800 多人次参加了不同级别的汉语课程。目前，圣约瑟夫大学孔子学院已有 6 个教学点，教学点覆盖首都贝鲁特、北方省省会的黎波里、南方省省会塞义达和贝卡省省会扎哈里，在黎巴嫩的影响也越来越大。

2009 年 12 月 13 日，圣约瑟夫大学孔子学院成功举办第一届汉语水平考试，来自黎巴嫩、法国、加拿大、伊拉克和巴勒斯坦五个国家的 46 名考生分别参加了两个级别的考试，其中 HSK 一级有 27 名考生，二级有 19 名考生。

2012 年 1 月 23—26 日，由国家汉办主办，圣约瑟夫大学孔子学院承办了"孔子学院大春晚"春节系列庆祝活动。圣约瑟夫大学孔子学院在黎巴嫩首都贝鲁特、北部最大的城市的黎波里以及南部最大城市塞义达分别举行了四场别开生面的中国春节庆祝晚会，近两千人参加了此次春节庆祝活动。活动受到了当地民众的广泛关注，并有多家当地媒体在黄金时段对此次活动进行了报道。参加本次演出活动的演员全部来自孔子学院中方合作院校沈阳师范大学艺术团，他们为黎巴嫩带来了中国的传统民乐，表演了一场独具中国特色的新年晚会。节目选曲主要来源于中国家喻户晓的永恒经典和黎巴嫩当地的名曲，使中国传统的表演艺术和黎巴嫩当地的名曲和谐共融。有古筝和竹笛合奏

---

① 刘顺：《黎巴嫩中小学汉语教学方兴未艾》，http://news.xinhuanet.com/world/2011-11/12/c_122271114.htm，2016 年 5 月 8 日。

的《浏阳河》，锯琴、竹笛和葫芦丝合奏的《山歌好比春江水》，黎巴嫩当地名曲《吹起喇叭唱起歌》。此后，黎巴嫩圣约瑟夫大学孔子学院还多次参加、举办了迎春会（春节招待会）。这些活动使黎巴嫩人民更真切地感受到中国风情，增加了对中国传统文化的了解。

2012 年 9 月 18 日，圣约瑟夫大学孔子学院举行中国花园落成典礼。国家汉办主任许琳、黎巴嫩文化部部长哈桑迪亚卜、中国驻黎巴嫩大使吴泽献、圣约瑟夫大学校长米歇尔·朔伊尔共同为中国花园剪彩。中国花园是圣约瑟夫大学孔院为了在黎巴嫩营造中国文化氛围，增加黎巴嫩人民对中国文化的了解而建造的。花园外绿树成荫，花园里流水潺潺，水面上莲花点点，孔子圣像矗立在茵茵绿草之中，在中国大红灯笼的点缀之下，尽显浓浓的中国氛围。孔院学生在典礼上演唱了动听的中国歌曲《茉莉花》，表演了中国太极，赢得了来宾的阵阵掌声。来宾们还观看了孔院学生的茶艺表演，品尝了中国茶。许琳主任在落成仪式上表示，黎巴嫩和中国的距离虽然很远，但中国花园的落成拉近了中黎人民的距离，能够让黎巴嫩人民更真切地感受到中国风情。

2014 年 9 月 29 日，为巩固和拓展孔子学院的汉语教学和文化活动，圣约瑟夫大学"孔子学院日"组织了两天的"孔子学院日"庆祝活动。内容主要包括体验汉语课、书法和茶艺三项活动。之后，又开展了持续一学期的孔子学院"中国电影节"，共精心准备了 12 部题材涵盖中国历史、文化、功夫和现代生活的中国优秀影片，为学生展现了一幅幅中国画卷，帮助学生全面了解中国，通过电影学习汉语。2015 年 9 月 28 日，圣约瑟夫大学孔子学院举办第二届"全球孔子学院日"庆祝活动。2016 年 6 月 1 日，圣约瑟夫大学孔子学院应邀参加了贝鲁特家居艺术馆（Boutique Du Monde）开业典礼。此次活动是孔院第二次走进社区，与当地市民接触，宣传和推广孔院的汉语教学和文化活动。

2015 年 5 月 23 日，第十四届"汉语桥"世界大学生中文比赛黎巴嫩赛区选拔赛在圣约瑟夫大学孔子学院举行，这是在黎巴嫩首次举行的"汉语桥"比赛。来自圣约瑟夫大学孔子学院、黎巴嫩美国大学、黎巴嫩大学、贝鲁特美国大学和安东尼大学的 12 名选手参加比赛。本次比赛以"我的中国梦"为主题,分为汉语演讲、中国文化知识问答和才艺展示三个环节。获得第三名的希雅来自孔子学院。黎巴嫩国家电视台、中国中央电视台和新华社等多家媒体对此次赛事进行了现场报道。2016 年 5 月 14 日,第十五届"汉语桥"世界大学生中文比赛黎巴嫩赛区的预选赛在贝鲁特举行。比赛由中国驻黎巴嫩大使馆主办,圣约瑟夫大学孔子学院承办。来自圣约瑟夫大学、黎巴嫩大学、贝鲁特美国大学、黎巴嫩美国大学、圣母大学、圣灵大学六所高校的 15 名选手参赛。最终,来自贝鲁特美国大学的阿丽莎获得第一名,圣约瑟夫大学的罗英和黎巴嫩大学的葛霞分获第二、第三名。获得第一名的阿丽莎代表黎巴嫩赴中国参加"汉语桥"比赛的复赛和决赛,第二名罗英赴华观摩汉语桥决赛。此次是黎巴嫩第二次举办"汉语桥"中文比赛。2015 年首届比赛中,共有 12 名选手参赛。本届比赛无论是参赛选手的数量还是推荐学校数量都比上届有所增加。

圣约瑟夫大学孔子学院自 2007 年 2 月初揭牌以来,文化活动异彩纷呈,除了开展、参加以上活动外,孔院老师每学期还举办中国哲学、历史和文化讲座,邀请国内专家做中国经济与外贸政策讲座(2012 年 11 月 27 日),积极开展留学中国交流会(2013 年 2 月 19 日),举办文化讲座(2015 年 5 月 4—5 日)和"中国旅游文化周——美丽中国图片展"(2014 年 5 月 5 日)等活动,这些活动涉及了中医、中国的书法、茶艺、剪纸、折纸、电影、太极拳、象棋和按摩等各项语言文化体验活动,致力于介绍中国文化,促进中黎两国之间的沟通交流。这些活动为黎巴嫩人了解中国文化展现了一幅丰富多彩的画卷,也激发了当地民众学习汉语的热情。圣约瑟夫大学孔子学院不仅满足了黎巴嫩人民学习汉语、了解中国的需要,更在中黎两国人民之间架起了一座心心相印的友谊之桥。

四 语言培训机构的汉语教学

除了高等院校、中小学和圣约瑟夫大学孔子学院进行汉语教学之外，黎巴嫩还有近十个语言中心有足够的学生就会随时开班上课。同时，各种私人家教课遍布黎巴嫩从北到南、从东到西的各个主要城市①。

第四节　汉语师资、教材及教法②

一　师资状况

黎巴嫩的汉语教学正式开始于 2007 年初，阿拉伯国家首所孔子学院圣约瑟夫大学孔子学院揭牌开课，金伟是第一位在孔子学院教汉语的教师。2008 年，贝鲁特美国大学只有一名国家公派汉语教师，基南大学也只有中国国家汉办公派的一名教师承担所有的汉语教学任务。如今，黎巴嫩的汉语教学已走上了从薄弱到渐强的发展道路，但随着汉语教学规模的逐步扩大，教师的缺乏是不可回避的问题，黎巴嫩的汉语教学尤为缺乏本土汉语教师。③

二　教材的选用和开发

黎巴嫩应用范围较广的成人汉语教材是《新实用汉语课本》，中学汉语教材是《跟我学汉语》。

2008 年，基南大学曾经使用过北京语言大学出版社出版的《汉语会话 301 句》（康玉华等编著）和《初级汉语课本》（鲁健骥主编）教材，教辅材料都是根据所学内容和学生及生活实际自行编写一些小段落做听力和巩固练习用，而贝鲁特美国大学当时使用了《新实用汉语》课本及其配套的 CD。教学设备比较陈旧，虽然能使用 CD、DVD等，但是效果不太好。

---

① 赵颖：《黎巴嫩的汉语教学——黎巴嫩生活工作随想之二》，2014 年 7 月 15 日，http：//blog. sina. com. cn/s/blog_ 4a36a5370102ux6j. html，2016 年 5 月 10 日。

② 孔子学院总部/国家汉办官网：http：//www. hanban. org/，2016 年 11 月 2 日。

③ 邢蜜蜜、梁克俊：《论海外孔子学院教学现状——以黎巴嫩圣约瑟夫大学孔子学院为例》，《沈阳师范大学学报》（社会科学版）2011 年第 2 期。

　　圣约瑟夫大学孔子学院汉语教材的阿拉伯语版本都是通用型教材的阿拉伯语翻译，并没有专门针对阿拉伯人设计出版的教材。零起点班使用北京大学出版社出版的短期培训教材《问与答》的前六课，之后，使用北京语言大学出版社出版的《新实用汉语课本》。圣约瑟夫大学孔子学院现有的很多教材，内容缺乏针对黎巴嫩社会生活的鲜活的语言素材和真实情景，不利于教师结合当地的风土人情进行实用性教学，不符合阿拉伯学生学习的思维习惯，教材的内容容量太大，不适合学习时间短、无多余的课后时间复习，只能通过课堂反复强化的形式学习的学员。经过黎巴嫩圣约瑟夫大学孔子学院的不懈努力，已经有越来越多的中小学校要求把汉语作为第二外语或者第三外语，以活动课程的形式引入到教学体系中，但是针对阿拉伯学生的这种活动课的汉语教材，目前市场上还很难找到，而现有的针对青少年的汉语教材趣味性尚显不足，有的教材要么过于幼稚，要么过于严肃，很难把汉语活动真正搞起来。①

　　为了解决以上教材的弊端，圣约瑟夫大学孔子学院开发了针对母语为阿拉伯语的商务汉语教材；针对学生学习汉字难的特点，开发了趣味性强、可识性强的初级汉字教材；针对部分在职学员学习时间短、精力不够的特点，开发了高重复性、多操练性的汉语初级综合课教材；针对学生因没有语言实践环境而导致口语提升较慢的特点，开发了初级口语教材。②

　　2012 年 3 月 24 日，圣约瑟夫大学孔子学院举行了首届黎巴嫩汉语教师教材培训会，中国驻黎巴嫩使馆文化参赞余明远出席了此次培训活动，来自黎巴嫩全国主要省市的大中小学及各教育机构的 22 名汉语教师接受了此次培训。培训是黎巴嫩汉语教学史上首次针对汉语教材专题而举行的全国规模的会议。这也代表着黎巴嫩的汉语教育事业

---

① 邢蜜蜜、梁克俊：《论海外孔子学院教学现状——以黎巴嫩圣约瑟夫大学孔子学院为例》，《沈阳师范大学学报》（社会科学版）2011 年第 2 期。
② 同上。

在国家汉办的支持下，在圣约瑟夫大学孔子学院的带动下迈出了更科学、更先进的重要一步。各位老师分别就各自使用的教材的优缺点进行了交流，并对黎巴嫩汉语学习者的学习特点进行了深入的研讨，大家对目前开发适合当地学生学习的黎巴嫩本土汉语教材提出了建设性意见。此后，2013 年 1 月 19 日，还举办了第二届黎巴嫩汉语教材培训会，使参加培训的教师深入地了解了最新的汉语教材和配套教辅材料，而且通过相互交流，学习到了很多宝贵的教学经验。

三 教学法

部分汉语教师使用的教学方法存在陈旧乏味、固化单一的问题。这些在很大程度上影响了教学的效果，为此，圣约瑟夫大学孔子学院提倡不断改进教法，使其具有：趣味性，保持并促进学员学习汉语的兴趣；灵活性，针对不同的课文内容采取不同教学方法；多样性，以满足不同学生、不同课型的需求。

2016 年 9 月 23 日，黎巴嫩汉语教学座谈会在中国驻黎巴嫩大使馆举行。来自圣约瑟夫大学孔子学院、黎巴嫩大学和黎巴嫩美国大学的汉语教师参加了座谈会。座谈会由王克俭大使主持，大使馆文化专员陈中林和政治处主任谭燕出席座谈会。圣约瑟夫大学孔子学院中方院长刘立、黎巴嫩大学汉语教师聂海燕和贝鲁特美国大学汉语教师陈池华汇报了各自教学单位的汉语教学情况。刘立院长主要汇报了孔子学院的汉语教学、文化活动和汉办的重点项目实施情况。聂海燕老师汇报了黎巴嫩大学汉语选修课和汉语专业的教学情况以及教学中存在的困难。孔院教师杜海宝、孙殿玲和金伟结合自身教学实践，踊跃发言，提出提高和改善教学的具体意见。

本章主要参考文献

李增垠：《语音对比在黎巴嫩对外汉语教学中的应用》，《青海师范大学学报》（哲学社会科学版）2010 年第 3 期。

吴瑛、葛起超：《中国文化对外传播效果调查——以日本、黎巴嫩孔子学院为例》，

《云南师范大学学报》（对外汉语教学与研究版）2011 年第 1 期。

邢蜜蜜、梁克俊：《论海外孔子学院教学现状——以黎巴嫩圣约瑟夫大学孔子学院为例》，《沈阳师范大学学报》（社会科学版）2011 年第 2 期。

徐博彦：《圣约瑟夫大学孔子学院从这里了解中国》，《今日辽宁》2010 年第 3 期。

赵蓓：《伊斯兰革命后伊朗的黎巴嫩政策探析（1979—2000）》，硕士学位论文，陕西师范大学，2010 年。

第五章　土耳其的汉语教学

第一节　国家概况[①]

一　自然地理

土耳其共和国（土耳其语：Türkiye Cumhuriyeti，英语：Republic of Turkey），简称土耳其。"土耳其"一词由"突厥"演变而来。在鞑靼语中，"突厥"是"勇敢"的意思，"土耳其"意即"勇敢人的国家"[②]。土耳其是一个横跨欧亚两洲的国家，地理位置和地缘政治战略意义极为重要，是连接欧亚的十字路口。土耳其北临黑海，南临地中海，东南与叙利亚、伊拉克接壤，西临爱琴海，并与希腊以及保加利亚接壤，东部与格鲁吉亚、亚美尼亚、阿塞拜疆和伊朗接壤。海岸线长 7200 公里，陆地边境线长 2648 公里。面积 78.36 万平方公里，其中 97% 位于亚洲的小亚细亚半岛，3% 位于欧洲的巴尔干半岛。土耳其行政区划等级为省、县、乡、村。全国共分为 81 个省。土耳其地形

① 中华人民共和国外交部官网：《土耳其国家概况》，2017 年 2 月，http：//www.fmprc.gov.cn/web/gjhdq_ 676201/gj_ 676203/yz_ 676205/1206_ 676956/1206x0_ 676958/，2017 年 3 月 1 日。
② 腾讯网：《勇敢人的国家——土耳其》，http：//2008.qq.com/a/20080730/001572.htm，2016 年 8 月 3 日。

复杂，从沿海平原到山区草场，从雪松林到绵延的大草原。这里是世界植物资源最丰富的地区之一。阿勒山（又译作"亚拉腊山"或"亚拉拉特山"）高达 5165 米，山顶终年积雪覆盖，景色最为壮观，吸引了众多游客。土耳其河流湖泊众多，底格里斯河和幼发拉底河都发源于土耳其。土耳其的首都原为伊斯坦布尔，1923 年 10 月 13 日，正式定安卡拉为共和国首都。

土耳其的气候类型变化很大。土耳其南部沿海地区属亚热带地中海式气候，内陆为大陆型气候。东南部较干旱，中部安纳托利亚高原比较凉爽。夏季长，气温高，降雨少；冬季寒冷，寒流带来了降雪和冷雨。安卡拉年最高气温 31℃，最低气温 -6℃。

二　历史政治

土耳其人史称突厥。奥斯曼一世在 1299 年建立奥斯曼帝国，1453 年 5 月 29 日，穆罕默德二世攻陷君士坦丁堡，灭拜占庭帝国，1914 年 8 月，奥斯曼帝国在第一次世界大战中加入同盟国作战，1918 年，战败。根据《色佛尔条约》，土耳其丧失了大片领土，土崩瓦解。1919 年，穆斯塔法·凯末尔（犹太人）发动土耳其独立战争，夺回了在战败后失去的东色雷斯和小亚细亚半岛，同时废除苏丹，奥斯曼帝国正式灭亡。1923 年 10 月 29 日，土耳其共和国正式成立。凯末尔成为土耳其第一任总统。1934 年 11 月 24 日，土耳其国会向凯末尔授予"土耳其人之父"的姓氏。

土耳其立法体系效仿欧洲模式。现行宪法于 1982 年 11 月 7 日生效，是土第三部宪法。宪法规定土为民族、民主、政教分离和实行法制的国家。议会全称为土耳其大国民议会，是土最高立法机构。2002 年 11 月至 2015 年 6 月，正义与发展党（以下简称"正发党"）在土连续单独执政，政绩较为突出，执政地位相对稳固。2015 年 6 月，土举行议会选举，正发党赢得 40.8% 的选票，连续第四次成为议会第一大党，但因议席未过半数，失去单独执政地位，该党主席达乌特奥卢组建跨党派联合政府失败。11 月，土再次举行议会选举，正发党以49.5% 的得票率成功获得过半议席，重新获得单独执政权。该党主席达乌特奥卢组建新内阁，并于 11 月 30 日顺利通过议会信任投票。2016 年 5 月 22 日，正发党召开特别大会，选举产生新任党主席耶尔德勒姆，总统埃尔多安授权耶尔德勒姆组阁。5 月 29 日，新内阁通过议会信任投票正式就任。

土耳其奉行在"普世价值"与国家利益之间寻求最大平衡的外交政策，联美、入欧、睦邻是其外交政策三大支柱，同时重视发展同包括中国、日本、韩国在内的亚太及中亚、巴尔干和非洲国家的关系，注重外交多元化。近年来，土凭借其日益增强的综合国力和地缘战略优势，外交上更加积极进取。西亚北非地区局势动荡以来，土耳其深度介入利比亚、叙利亚、伊核等地区热点问题，以提升自身对地区事务的影响力和塑造力。2015 年，土耳其成功主办二十国集团领导人峰会。

1971 年 8 月，中国和土耳其建交。20 世纪 80 年代以来，两国高层互访增多，双边关系发展较快。2015 年 7 月，土耳其总统埃尔多安对华进行国事访问。2015 年 11 月，习近平主席赴土出席二十国集团领导人安塔利亚峰会。其间，习近平主席同土总统埃尔多安会谈，就双边关系、国际和地区问题交换意见，并宣布建立两国外长磋商机制。

三 人口经济

土耳其人口 7981 万人（2017 年 2 月），安卡拉（Ankara）人口535 万人，土耳其族占 80% 以上，库尔德族约占 15%。土耳其人是现代土耳其共和国的主体民族，全部都是从 11 世纪以后由中亚迁入小亚细亚的，土耳其的库尔德人大多数是穆斯林，他们在语言、文化和家庭传统上与土耳其人大相径庭。土耳其 99% 的居民信奉伊斯兰教，其中 85% 属逊尼派，其余为伊斯兰教什叶派的一支——阿拉维派（Alevi），少数人信仰基督教和犹太教，此外还有人信奉亚美尼亚东正教、希腊东正教和天主教等。

土耳其自 2002 年正发党上台以来，经济建设取得较大成就。2003
年至 2015 年，土耳其人均国民收入从 4559 美元增至 9261 美元。根据
国际货币基金组织估计，2016 年土耳其国内生产总值 7357 亿美元，
同比增长 3.3%，人均国民生产总值 9316 美元。

四　语言政策

土耳其的官方语言是土耳其语，此外，土耳其还有库尔德语、扎
扎其语、阿塞拜疆语和卡巴尔达语等语言。

奥斯曼土耳其帝国时期的语言政策深受伊斯兰教文化传统的影响，
主要目标是学习《古兰经》上的语言，政府语言是奥斯曼土耳其语，学
校教授的外语是阿拉伯语和波斯语，阿拉伯语主要用于科学，波斯语主
要用于文学。1839 年至 1876 年，奥斯曼帝国各学校教授的第一语言是
法语，当时法语主要用于外交、哲学和科学等领域，是当时最重要的语
言。19 世纪 80 年代，英语语言教育被引入土耳其教育体制，第一所把
英语作为教学语言的教育机构是罗伯特学院。土耳其共和国时期，宏观
语言政策是确定并推广国家的官方语言，使之成为国家的共同语和标准
语，微观语言政策是对选定的共同语的要素进行发展、规划和管理等。

《1876 年宪章》提出将土耳其语作为官方语言。1928 年，土耳其
用拉丁字母替换阿拉伯语。1929 年起，土耳其开始重视土耳其语，一
直到 1953 年，土耳其语成为教学媒介语。1932 年，土耳其语言协会
成立，主要是负责监管土耳其民间词汇和民间习语的搜集和整理等工
作。这提高了土耳其语作为官方语言在民众中的接受程度。20 世纪 40
年代后期，出现了相当程度的抵制语言净化的倾向。1955 年，英语是
中学课程中最重要的外语课程。1965 年，除了土耳其语外，穆斯林使
用的语言有 13 种，非穆斯林使用的语言有 3 种。[①] 1984 年土耳其颁布
《高等教育法案》标志着高等教育层面英语教学宏观政策法规开始。

---

① 倪兰、高艺：《土耳其语言政策与现代化进程密切相关》，《中国社会科学报》2015 年 4 月 20
　日第 A07 版。

90 年代，伊斯兰教词语再度被引入土耳其口语中。1997 年，土耳其国家教育部联合高等教育委员会出台了"国家教育部发展项目"，目标是推进土耳其各教育机构的英语教学。①

21 世纪，土耳其民主化进程加速，反映在语言政策上即对"多语化"的认可。进入 21 世纪以后，这种语言政策才产生了较大影响。土耳其政府对于少数民族语言权利的态度也逐渐改变。1983 年，禁用非官方语言的法律被撤销。1991 年，以非官方语言出版图书不再受法律限制。2002 年，宪法允许电视台、广播使用当地语言和少数民族语言。2012 年，土耳其引进的宗教选修课程不仅与宗教而且与各种少数民族本族语有关，其中包括库尔德语与阿布哈西亚语。2013 年的民主化改革包含了允许私立学校使用宗教语言和少数民族语言来传授课程的政策。2013 年，阿塞拜疆语也被加入了选修课程。尽管土耳其国内少数民族对于各自语言的保护意识逐渐增强，但政府对于多语言的态度却常常摇摆不定，因此，语言问题导致的冲突也时有发生。另外，阿拉伯语和波斯语的借词又重新进入土耳其语中，而传统的突厥—伊斯坦词汇也再次出现，通过在语言中融入更多的突厥语成分，建立一种相应的身份定位成为土耳其当前语言政策的一种趋势。②

第二节 汉语教学简史③

虽然中国和土耳其两个国家 1971 年 8 月正式建交，建交时间不算早，但土耳其的汉语教学历史，可以追溯到 1935 年土耳其国父凯末尔成立安卡拉大学汉学系。汉学系是安卡拉大学最早成立的院系

---

① 王辉：《"一带一路"国家语言状况与语言政策》第一卷，社会科学文献出版社 2015 年版，第 146—152 页。
② 倪兰、高艺：《土耳其语言政策与现代化进程密切相关》，《中国社会科学报》2015 年 4 月 20 日第 A07 版。
③ 孔子学院总部/国家汉办官网：http://www.hanban.org/，2016 年 11 月 20 日。

之一。凯末尔成立汉学系的初衷是研究土耳其人的祖先，也就是古代突厥人的历史。在他们与汉族交往的过程中，一些汉族古籍中记载了突厥人的历史。因此，从 1935 年到 1978 年，安卡拉大学汉学系都是教授古代汉语，从 1979 年以后才开始教授现代汉语。继安卡拉大学之后，土耳其又相继有三所大学开设了汉语系，其中一所公立大学——埃尔吉耶斯大学于 1998 年在中国大使馆的帮助下创建了汉语系；私立大学伊斯坦布尔的法蒂赫大学和奥坎大学分别于 1996 年和 2005 年创建了汉语系。①

21 世纪以来，孔子学院总部和中国国家汉办采取了一系列切实有效的措施推动土耳其汉语教学的发展，中土高校共同建立孔子学院，中国为土耳其派遣公派教师和志愿者教师，用奖学金方式鼓励土耳其学生去中国学习汉语，为土耳其本土教师提供培训机会。

近年来，汉语在土耳其迅速流行。目前，土耳其多所大学、高中都开设汉语专业课，许多私立小学开始从基础教育培养学生学习汉语。土耳其安卡拉中东技术大学、伊斯坦布尔海峡大学、奥坎大学和畔迪特派大学先后开设了孔子学院。土耳其还成立了奥坎私立学校孔子课堂和佳蕾学校孔子课堂。

土耳其的汉语教学目前主要集中在首都安卡拉地区和最大城市伊斯坦布尔。这两个地方几乎占据了全国绝大部分的资源，包括汉语教学点、汉语教师和学生也因数量的庞大而具有代表性和典型性。② 截至 2016 年 10 月，土耳其首都安卡拉市有 8 个汉语教学点，正在学习汉语的人数多达 1200 人，仅今年刚建立的白杨溪中学教学点就有 220 人。③

---

① 黎海情：《土耳其汉语教学概况》，《世界汉语教学学会通讯》2011 年第 4 期。
② 贾昊：《土耳其安卡拉地区汉语教学"三教"（教师、教材、教法）问题调查研究》，硕士学位论文，云南大学，2013 年，第 12 页。
③ 厦门大学汉语国际推广南方基地·孔子学院办公室：《土耳其中东技术大学孔子学院成功举办 2016 "孔院日"活动》，http：//www.cnconfucius.com/news/confucius/4070.html，2016 年 10 月 20 日。

第三节　汉语教学的环境和对象[①]

一　高等院校的汉语教学

（一）安卡拉大学的汉语教学

安卡拉大学于 1935 年成立汉学系，是土耳其最早开设汉语必修课程的一所公立大学。作为中东技术大学孔子学院的校外教学点之一，安卡拉大学培养了大量汉语人才，为土耳其的汉语教学和中华文化传播事业做出了贡献。2008 年，安卡拉大学的汉语课程设置情况是：一年级开设了语音课、语法课、汉字和口语等课程；二年级开设了日常口语课、语法课、写作和会话等；三年级开设了写作课、日常口语课、中国文学和中国文化等；四年级开设了文件翻译课、口语翻译、中国哲学和写作等。

2016 年 4 月 27 日，安卡拉大学汉学系师生举办了中国文化节活动。活动以安卡拉大学汉学系学生们曼妙的中国服装秀开场，节目包括中国歌曲演唱、民族舞表演和诗朗诵等。安卡拉大学至今已举办过数十届中国文化节，举办中国文化节已成为安卡拉大学汉学系的优良传统。

（二）其他大学的汉语教学

继安卡拉大学之后，土耳其又相继有三所大学开设了汉语系，其中公立大学——埃尔吉耶斯大学于 1998 年在中国大使馆的帮助下创建了汉语系；伊斯坦布尔的私立大学法蒂赫大学和奥坎大学分别于 1996 年和 2005 年创建了汉语系。[②]

截至 2015 年 1 月，土耳其有 5 所大学开设中国语言文学系，中东技术大学（Middle East Technical University）、海峡大学（Bogazici University）、灰箭大学（University of Bozok）、寇敕大学（Koc University）、

---

① 孔子学院总部/国家汉办官网：http://www.hanban.org/，2016 年 11 月 20 日。

② 黎海情：《土耳其汉语教学概况》，《世界汉语教学学会通讯》2011 年第 4 期。

沙邦杰大学（Sanbanci University）、道乌斯大学（Dogus University）、5
月19日大学（Mary 19th University）等10所大学开设汉语教学课程①。

二　中小学的汉语教学

佳蕾学校从2008年9月开设汉语课，汉语是学前班、小学一年级
到三年级学生的必修课，是小学四年级到初中学生的选修课。目前，
在校学习汉语的学生有400多人。

截至2011年4月，圣本努瓦法语中学设置了汉语俱乐部，为学生
讲授初级汉语，介绍中国文化，海峡大学孔子学院的志愿者也参与了
俱乐部的部分课程。

安卡拉阿塔图尔克中学是土耳其的一所有名公立学校。截至2011
年6月，该中学开设汉语课已有5年，每年学习汉语的学生90人。

2011年，安卡拉英吉学校开设中文课。2013年，该校有10个班
开设中文课，有中文教师1名。2014年，安卡拉英吉学校有10个班级
近200名学生开设了汉语必修课。

2012年4月，雷贝里岛中学共有180余名土耳其学生，中文是所
有学生都必须学习的通选课程，每周都有超过6学时的汉语课程。

截至2012年5月，Doğuş学校（Özel Doğuş İlköğretim Okulu）已
多年来为小学五年级（包括五年级）以上的学生设置了包括中文在
内的7种外语选修课，每年都有学生通过参加VCT或HSK获得汉语
等级证书。

艾冉哲高中为土耳其首都安卡拉市最好的公立学校，该校是土耳
其历史上首所将汉语作为第一外语必修课的中学。该校自2013年成为
孔院教学点后，已有500余名学生学过汉语。2016年4月20日下午，
艾冉哲高中（Ayranci）的师生们参观访问了土耳其中东技术大学孔子
学院。在文化体验活动中，孔院展示了许多具有中国文化特色的物品，

① 贾昊：《土耳其安卡拉地区汉语教学"三教"（教师、教材、教法）问题调查研究》，硕士学
位论文，云南大学，2013年，第11页。

如脸谱、空竹、毽子、葫芦丝、象棋、折扇、竹简、汉服等。值得一提的是，学生们对书法非常感兴趣。6月3日，艾冉哲高中举办了"中国文化节"活动。安卡拉市教育局官员和当地多所高校和中学的师生、家长等100余人应邀参与此次活动。此次活动包括汉语比赛、文艺演出和文化体验几部分。

珍珠学校的中文教育为主要特色，2014年，全校所有班级都开设了汉语必修课程。

随着中国经济的迅速发展，土耳其许多私立小学开始从基础教育阶段培养学生学习汉语。奥努尔学校是安卡拉地区的一所知名学校，该校以汉语教学为特点，汉语也是该校所有学生除英语之外的必修语言课程之一。2015年秋季，该校正式成为中东技术大学的汉语教学点，汉语已被列为该校近400名学生的必修课程。

2016年5月11日上午，土耳其白杨溪中学（Kavaklidere Secondary School）举行了"土中友好电脑教室"启用仪式，该教室由中国大使馆捐建。据了解，中国驻土耳其大使馆于2016年初正式启动"白杨溪中学土中友好电脑教室"项目。项目将通过电脑及信息设备捐赠，协助该中学推出汉语课，加强中国文化传播力度，促进土中人文交流。9月5日，白杨溪中学校长Adnan Polat与土耳其中东技术大学孔子学院院长杜云共同签署了关于合作建设白杨溪中学汉语教学点的正式协议。据协议，孔院将与白杨溪中学建立长期、稳定、友好的合作关系，为其选派优秀汉语教师，提供汉语教学资源、开展土中语言文化交流等活动。该汉语教学点是中东技术大学孔子学院建立的第七个教学点。此次合作，进一步推动了土耳其汉语教学的发展，促进了中国文化在土耳其的传播。

三　孔子学院的汉语教学

（一）中东技术大学孔子学院的汉语教学[①]

中东技术大学1956年成立，是土耳其第一学府，是以新兴工科为

---

① 厦门大学官网：http://www.xmu.edu.cn/，2016年11月20日。

主的综合性大学，大学的重点科目为工程学与自然科学。学校分五个学院，共提供四十个本科课程，九十七个硕士学位与六十二个博士学位的课程。中东技术大学在 2014 年泰晤士全球高校排行榜上居第 85位，是土耳其唯一一所进入前 100 名的高校。中东技术大学在过去办学历程中创造了土耳其一系列第一，其中就包括与厦门大学合作建立土耳其第一所孔子学院。孔子学院 2008 年 11 月 28 日在中技大落成，并从此开设课程。

为了提高汉语教学水平，土耳其开放图书馆。2010 年 2 月 19 日，土耳其中东技术大学孔子学院中文图书馆正式对外开放，这是土耳其历史上首个中文图书馆。中东技术大学校方决定在新落成的"信息研究大楼"划出 130 平方米的专用场地作为孔子学院的办公区，专门开辟图书馆用地并出资配置了 11 个书架。

中东技术大学孔子学院成立以来，举办或参加各种与中国文化有关的节日、活动或讲座，借助这些活动以使土耳其人感悟中国传统文化，扩大中文的影响力，促进中土文化交流，增进两国人民的友谊。2010 年 5 月 21 日，由中东技术大学孔子学院老师任教的安卡拉阿塔图尔克中学举办了该校首届"中国文化节"。为了办好此次中国文化节，学校专门组织汉语班的学生表演了与中国文化有关的节目，并购买了唐装、旗袍及其他演出道具。在此次活动中表现优秀的部分学生将在当年暑期到北京参加由北京市教委国际教育交流中心举办的"国际汉语青年夏令营"，参观中国名胜古迹。10 月 20 日晚，中东技术大学国际关系学院举办了"感知中国·土耳其行"之中国美食节活动。此次活动除本校学生参加外，安卡拉著名的阿塔图尔克高中汉语班的学生和安卡拉大学中文系的部分师生也应邀参加。活动包括政治和经贸论坛、记者和作家交流会、电影电视周、美食节等。10 月 25 日，来自中国和土耳其的一些作家在中东技术大学孔子学院举办交流会，就全球化形势下的文学创作和中土民族文学进行了探讨。2011 年 2 月 2 日，中东技术大学孔子学院举行"2011 年新春招待会"。中东技术大学校长、学校各行政部门和教学单位领导、中国驻土耳其大使馆政务处和文化处参赞、土耳其教育部旅游贸易教育总署的官员、土中社会文化政治经济合作发展友好协会主席、安卡拉本土汉语教师和学习汉语的学生代表、中资机构代表、华人华侨代表、留学生代表等近90人应邀出席。中医学是中国文化的重要组成部分，为了让更多的土耳其人了解这一传统的中国文化，4月13日，中东技术大学孔子学院举办了一场中医养生保健讲座。此次讲座，特别邀请了山东中医药大学附属医院针灸科主任王锐教授主讲，讲座吸引了近百名土耳其师生和各界人士参加。4月14日至19日，王锐教授又分别在安卡拉大学、土中友好基金会和伊斯坦布尔的海峡大学孔子学院及中土文化教育中心共举行了4场中医养生保健讲座。2011年5月24日，中东技术大学孔子学院汉语教学点之一的安卡拉阿塔图尔克中学，成功举办了第二届中国文化节活动。本次的中国文化节与往年相比，阿塔图尔克中学汉语班的同学准备得更加充分，此次不仅参加演出的同学多，而且还带动学校的老师积极参与，并在节目中扮演角色。2012年12月12日，"2012年土耳其中国文化年"在土耳其首都安卡拉杰尔现代艺术博物馆隆重开幕。活动分为"彩绘丝路——中国当代著名美术家作品展"和"丝路新语"大型文艺表演两个部分。本次活动极大地提高了中东技术大学师生对中国文化的兴趣，并为"2012土耳其中国文化年"系列活动奏响了序曲。2012年5月4日，中东技术大学孔子学院中方院长及中文教师一行5人来到安卡拉YUCE学校参加"中国日"活动。活动展示了中国剪纸、旗袍、京剧剧照和中国结等中国文化物品，还组织学生进行踢毽子、下象棋、剪纸、用筷子夹豆子的游戏。本次活动是该校建校以来开展的第一次有关中国的活动，来自中东技术大学孔子学院的中方院长和中文教师是该校迎来的第一批中国人，无疑这次"中国日"活动给YUCE师生留下了深刻的印象。5月17日，第三届中国文化节在中东技术大学孔子学院汉语教学点之一的安卡拉阿塔图尔克中学拉开帷幕。近百名汉语课选修生为观众带来了彩带舞、话剧、歌曲和唐诗朗诵等节目。2012 年 9 月 28 日，中东技术大学孔子学院应安卡拉 YUCE 学校的邀请，成功地举办了"中国日"活动。2012 年 11 月 2 日，中东技术大学孔子学院应安卡拉泰德学校的邀请举办了"中国日活动"。活动包括"2012 汉语桥土耳其大、中学生夏令营和土耳其教育代表团中国行"图片展、中国介绍和传统文化体验活动三个部分。2013 年 1 月 24 日和 25 日，在中国传统节日——春节来临之际，中东技术大学孔子学院分别在安卡拉英吉学校和中东技术大学幼儿园成功举办了"岁末迎新春、饺子送祝福"活动。3 月 28 日，安卡拉英吉学校校长、教师及学生一行 30 余人来到孔子学院参加了在中东技术大学孔子学院举办的感知中国"英吉学校中国日"活动。4 月 10 日是中东技术大学的开放日，安卡拉英吉学校校长、教师及学生代表一行 40 多人来到孔子学院参观学习。此次来访是为了让学生能够对中国文化有更深刻的认识。为喜迎孔子学院成立十周年，土耳其中东技术大学孔子学院将推出"感知中国安卡拉行"系列中国文化推广活动。2014 年 4 月 1 日至 4 月 29 日，中东技术大学的校园再次迎来了中国电影展播活动。每周播出一部中国电影，为期五周，共播出了《一代宗师》《十二生肖》《失恋三十三天》等五部中国电影。此次播出的中国电影为了便于更多的土耳其学生和其他国家的留学生观看，全部配有英文字幕或土语字幕。学生们通过观看中国电影、感受光影世界里的中国故事，会更加有效地帮助他们认识和了解中国，从而进一步地激发他们学习汉语的兴趣。5 月 9 日，位于土耳其首都安卡拉的珍珠学校举办了"中国文化日"活动。此次中国文化日活动就是为了让更多的学生及学生家长们能够更好地了解中国，了解中国文化。孔子学院的老师们精心准备了一系列文化活动，有太极拳展示及体验、书法和中国结的展台、剪纸和中国文化知识问答环节。此次中国文化日活动，成功扩大了中东技术大学孔子学院在土耳其中小学的影响，也加深了土耳其学生和家长们对中国文化的了解与喜爱。2014 年 9 月 25 日，作为土耳其中东技术大学孔子学院策划的孔院十周年献礼系列活动之二，中国黑龙江省交响乐团在 METU College 的 Cultural Center 举行演奏会。音乐会曲目包括外国观众熟悉的培尔金特第一、第二组曲，《今夜无人入睡》等，另外，乐团还特别准备了男女高音独唱《在那遥远的地方》《茉莉花》等经典民歌，为土耳其观众带来了中国音符。这次活动，不仅仅是孔院十周年的一次庆典，更为土耳其民众打开了一扇通往中国文化的大门。除教学活动之外，中东技术大学孔院本年度已完成 10 余项中国文化传播活动，其中以庆祝孔子学院成立十周年为主题的"黑龙江交响乐团安卡拉演奏会""孔子学院十周年开放日"等活动吸引了数百名土耳其汉语及中国文化爱好者参加，反响强烈，中国国内新华网、人民网、国际在线等多家主流媒体及土耳其本土媒体都进行了报道。作为一项庆祝孔院十周年"孔子学院日"系列庆祝的活动，为期一周的"我的名字叫无锡"图片展 10 日在土耳其首都安卡拉中东技术大学文化活动中心拉开帷幕。共展出近 50 幅图片，分别为《城市风华篇》《山水清音篇》《吴韵流芳篇》和《幸福家园篇》4 个部分。11 月 14 日，土耳其中东技术大学在校文化会议中心举办了科技开放日活动，中东技术大学孔子学院受邀参加，许多师生前来观看体验。11 月 27 日上午，中东技术大学孔子学院教学点土耳其安卡拉大学汉学系举办"中国文化节"活动，来自土耳其多个学校的师生和社会汉语爱好者参加了此次活动。2015 年 2 月 16 日，中国驻土耳其大使馆在首都安卡拉举办 2015 年新春招待会。中东技术大学孔子学院老师应邀出席。3 月 10 日，中东技术大学孔子学院受邀参加土耳其中资企业"走出去"工作座谈会，共同交流在土的工作经验，学习国家"一带一路"倡议。此次座谈会由中国驻土耳其大使馆商务部参赞朱光耀主持。2016 年 2 月 26 日，中东技术大学孔子学院猴年新春文化活动在比尔坎特大学附属幼儿园举行。6 月 1 日，在中东技术大学孔子学院主办的"诗词歌舞话端午"活动中，来自首都安卡拉的 100 多名青少年以吟诗、唱歌、书法、舞蹈等形式欢度端午佳节，体会中国传统文化。参加者覆盖土耳其首都安卡拉市数个大、中、小学校，受到安卡拉各界人士的好评。2016年9月30日，土耳其中东技术大学孔子学院首次参加了安卡拉社会科学大学举办的"语言和文化日"活动。活动中，中东技术大学孔子学院开设了具有中国特色的文化展台，包括书法、茶艺展示等，吸引了数百名学生参观。安卡拉社会科学大学中文系主任巴亚塔（Nevfel Bayta）表示，希望孔子学院能在该校设立汉语教学点。9月30日，土耳其中东技术大学孔子学院举办"孔子学院日"文化活动，现场观众人数逾千。土耳其著名科学家、中东技术大学新任校长穆斯塔法·凡森·科尔克（Mustafa Versan Kok）到场参加并坦言"我爱中国"。此次活动在当地掀起一阵汉语热潮，上百个家庭带着孩子一同参加。

中东技术大学孔子学院和一些机构联合每年开展夏令营活动，以满足土耳其孩子学习汉语、了解中国文化的愿望。2011年6月26日至7月2日，中东技术大学孔子学院和华为公司合作，在土耳其首都安卡拉共同举办了"华为中国文化体验夏令营"。在七天的夏令营时间里，营员们不仅学习了汉语、书法、手工制作，观看了中国电影，品尝了中国美食，而且还体验了中华武术、太极、中国民族舞蹈的魅力。这次的夏令营活动在土耳其影响很大，土耳其著名的新闻媒体，如 MILLIYET 报及 Kanal D TV、ATV 等对此次活动都进行了连续报道，中国国内的新闻媒体（如中央电视台和新华社）也报道了此次的夏令营活动。2014年9月8日，由中东技术大学孔子学院承办，华为技术有限公司赞助的华为中国文化体验夏令营活动在中东技术大学 Mimarlik 圆形剧场开营。此次活动也标志着中东技术大学孔子学院庆祝孔子学院日系列活动在土耳其拉开帷幕。截至目前，中东技术大学孔子学院已经承办了四期华为夏令营活动。2014年9月13日，中东技术大学孔子学院与华为集团土耳其分公司联合举办的夏令营活动在中东技术大学体育馆闭幕。在这次为期7天的夏令营中，学员们体验了汉语、中国歌曲与舞蹈、武术、剪纸、书法等多种中国文化活动。2015年9月5日，由华为技术有限公司土耳其子公司与中东技术大学孔子学院承办的，为期 6 天的"中国文化体验夏令营"结营仪式暨汇报演出在中东技术大学举行。作为中东技术大学孔子学院在海外与华为技术有限公司土耳其子公司联合打造的"中国文化体验夏令营"品牌合作项目，今年已举办第五届。参加此次夏令营的 30 名营员全部由土耳其社会与家庭事业部从土耳其安卡拉地区社会福利机构选送。在夏令营活动中，孩子们学习了汉语、书法、中国画、剪纸、手工和儿歌，体验了中国的象棋、茶道、中华饮食、乐器及歌舞等中华传统文化与艺术。2016 年 6 月 29 日，为期两周的 2016 年中东技术大学孔子学院赴华夏令营圆满结束。共有 40 名学生参加今年的夏令营团。营员们参加了汉语课和中国书法、绘画、民族乐器、手工等传统文化课程的学习，同时还参加了文化体验活动。8 月 30 日，华为土耳其公司政府事务部部长 Hakan Bakir、对外公关部部长张红春应邀访问中东技术大学孔子学院，双方就 2016 年全土"华为杯"夏令营的相关事宜进行商谈，并达成友好合作协议。"华为杯"夏令营项目借助孔子学院的平台，能够更好地构建土中文化交流桥梁。土耳其政府对此次"华为杯"夏令营特别关注，直接推荐了 30 名来自全国各地社会福利院的孤儿参与，使此次夏令营具有了特别的社会意义。

中东技术大学孔子学院与土耳其国内教育机构互访活动频繁。2014 年 4 月上旬，应土耳其安卡拉珍珠学校邀请，中东技术大学孔子学院中文教师一行五人走访了位于安卡拉市中心的私立珍珠学校，并深入到学生汉语课堂与学生互动。2015 年 5 月 8 日，由土耳其儿童信息中心（Çocuk Danlṣma Merkezi）和安卡拉教育局联合主办的"儿童与现场艺术"大型亲子文化艺术活动在国家海豚文化中心（Yunus Emre Kültür Merkezi Içi）举行。当地时间 10 月 1 日，中东技术大学孔子学院中方院长和中文教师一行赴奥努尔学校（Onur Koleji），与该校校长雅赫亚·克拉奇（Yahya Klraç）和相关教务人员就新学期汉语教学工作进行会谈。会谈中，雅赫亚·克拉奇校长表示该校今后会进一步增加汉语课程的数量，希望能有更多中国老师加入到该校的汉语教学中。2016 年 3 月 22 日，中东技术大学孔子学院院长杜云和汉语教师一行访问安卡拉阿塔图尔克中学（Ankara Atatürk Lisesi）并举行座谈会。会谈中，双方就 2016 年度汉语教学和文化活动达成了合作共识，并就 5 月即将在该中学举办的中国文化体验日活动作出了具体商谈。3 月 23 日，中东技术大学孔子学院一行拜访土耳其国际学术与文化研究基金会，并与基金会负责人、著名汉学家欧凯教授举行了会谈。会谈中，双方代表就基金会的宗旨、未来的合作方向进行了深入的交流，达成共识。3 月 27 日，中东技术大学孔子学院下属佳蕾学校（Jale Tezer College）孔子课堂以及 Aşiyen Koleji 学校的本土汉语教师访问孔子学院，与孔子学院院长杜云和汉语教师智晓静就汉语教学、文化活动开展等进行探讨与交流。4 月 1 日下午，中东技术大学孔子学院中方院长杜云与安卡拉市 AŞIYAN KOLEJI 学校校长 Hülya Bora 共同签署了关于合作建设 AŞIYAN 汉语教学点的正式协议。根据协议，AŞIYAN 学校将以汉语教学点为基础，建设性地将汉语课列为该校重要的选修课进行推广，让更多的土耳其学生学习汉语，了解中国文化。据了解，AŞIYAN KOLEJI 学校是安卡拉市一所颇有影响力的综合性学校。该汉语教学点的建立，对当下汉语在土耳其的传播具有重大示范意义。5 月 4 日，中东技术大学经济系承办的土耳其中央银行专家研讨会在中东技术大学举行，中东技术大学孔子学院中方院长杜云应邀参会。据了解，此次研讨会是由土耳其中央银行主办的系列经济学家研讨会之一，此次会议主题为中国金融。5 月 5 日下午，奥努尔学校师生一行到访中东技术大学孔子学院。孔院教师为到访的客人准备了丰富多彩的活动，包括中国文化物品观赏和体验、书法和茶艺。此次展示的特色物品有脸谱、空竹、毽子、葫芦丝、象棋、华容道、灯笼、中国结、快板、折扇、竹简、汉服等，书法和茶艺同样吸引着到访师生。亚哈亚校长与杜云院长进行了深入交谈，就双方未来进一步合作交换了意见。5 月 21 日，土耳其著名文化机构"Anatolian 文化艺术协会"主席内贾蒂·耶尔马兹一行三人访问中东技术大学孔子学院。双方就即将于 5 月 26 日合作举办的大型文化活动"土中文化遗产——中国云图案及在土耳其艺术表现"进行商讨并达成书面协议。5 月 26 日晚，为纪念中土建交 45 周年，由中东技术大学孔子学院与土耳其"安纳多鲁"国际文化艺术协会和中国驻土耳其大使馆共同承办的"云纹——中土共同文化遗产"大型文化活动在安卡拉举行了开幕式。本次艺术展展出了 28 位土耳其艺术家的 24 幅绘画作品。这些作品的主题包括蒙元时期的工匠艺术、充满中国风的波斯大不里士画派以及伊斯坦布尔托普卡普宫的青花瓷等。

中东技术大学孔子学院成立后多次和中国教育机构（高校）、主流媒体记者团沟通、交流，进一步深化两国在教育领域的合作。2011 年 3 月 15 日下午，中东技术大学孔子学院参加在土耳其首都安卡拉喜来登酒店举办的 HIT 国际教育展。参加此次教育展的有来自北京大学、复旦大学等国内 35 所著名大学以及 37 所驻土耳其的世界知名学府和培训机构。2011 年 11 月 26 日下午，来自中国新华社、《人民日报》、《光明日报》等主流媒体的高级记者团到访中东技术大学孔子学院。2012 年 3 月 7 日，中国高等教育展在中东技术大学文化中心顺利举办。参加此次教育展的有来自北京大学、北京第二外国语学院、上海外国语大学、同济大学和哈尔滨工业大学等国内 26 所著名大学。作为 2012 年土耳其"中国文化年"的重要组成部分，此次教育展旨在为中土两国大学提供交流平台，进一步深化两国在教育领域的合作。3 月 7 日，中土校长论坛在中东技术大学顺利举办。国家留学基金管理委员会秘书长刘京辉、中国驻土耳其大使馆文化参赞余建、土耳其中东技术大学校长艾哈迈德·阿贾尔、孔子学院院长王善平、娜芝丽、土耳其五所高校以及中国 26 所大学的负责人等参加了这次校长论坛。论坛的主题是：学生交换与校际交流、学术创新机制、全球化和高等教育等。2012 年 9 月 7—14 日，18 位土耳其教育代表团成员应中国国家汉办的邀请，由中东技术大学孔子学院组织，对北京和厦门两市进行一周的访问。11 月 5—6 日，来自厦门大学国际关系学院的世界经

济学教授、博士生导师廖少廉先生应中东技术大学孔子学院的邀请来
到中东技术大学作了题为"中国的新外交政策和对外关系""中国经
济改革综述"两场讲座。2014 年 5 月 5 日下午，广西大学党委书记梁
颖教授率该校科技处、教务处及国际交流学院等部门负责人一行六人
访问了中东技术大学。双方首先就两校的基本情况进行了简单介绍，
就两所高校在未来合作的领域互相交换了意见并表达了良好的愿望。
双方校领导代表各自高校签订了《合作协议备忘录》。2014 年 8 月 6
日，由中国驻土耳其大使馆组织的土耳其汉语教师及中资企业代表座
谈会在首都安卡拉举办。朱自浩参赞就如何进一步开展好土耳其汉语
教学及更好地推广土耳其的"欢乐春节"活动等两大主题组织了讨
论。中国驻土耳其新任大使郁红阳偕夫人赵玫玫，在文化参赞朱自浩的
陪同下参观访问了中东技术大学及所属的安卡拉地区唯一的孔子学院。
双方就两国教育和文化方面的进一步交流与合作交换了意见。2014 年 10
月 20 日，华中科技大学公共管理学院院长徐晓林教授一行三人访问了
中东技术大学及中东技术大学孔子学院。双方就各自高校及两校的学科
优势等方面分别进行了介绍。2014 年 10 月 27 日上午，北京大学校长王
恩哥院士率团访问中东技术大学。会谈结束时，两校共同发出的"全世
界最优秀高校加强合作、联合起来"呼声得到与会者强烈的共鸣。11 月
9 日，"中土大学生对话·畅谈新丝绸之路"交流活动在安卡拉大学举
行。而 11 月 15—16 日，二十国集团（G20）领导人第十次峰会将在土
耳其安塔利亚举行。值此峰会之际，此次中土大学生的友好交流，不仅
为两国青年在"一带一路"中的交流合作创造了良好开端，同时也为届
时中土两国领导人的再度会面写下了青春和谐的序章。据了解，土耳其
2016 年度教育工作者访华代表团应孔子学院总部/国家汉办之邀，由中
东技术大学孔子学院组织，10 月下旬启程赴华。

　　中东技术大学孔子学院已经连续多次成功组织了新 HSK，参与人
数逐次增多。2011 年 5 月 22 日，中东技术大学孔子学院成功举办了建
院以来的第四次新 HSK，共有 68 名考生分别报名参加了一级、二级、

三级以及五级的考试。2014 年 4 月 12 日，中东技术大学孔子学院各级别 HSK 顺利结束，本次考试共有 34 人次参加了二级到五级的级别测试。2014 年 12 月 6 日，中东技术大学孔子学院举行 2014 年度的第二次 HSK，来自中东技术大学、安卡拉大学和埃尔吉耶斯大学等高校的大学生报名参加了此次考试。本次考试级别涵盖一到六级，考生主要集中在三级、四级，仅参加三级考试的考生就达到 40 人。近年来，土耳其报考 HSK 的人数逐年递增，中东技术大学孔子学院每年考试的报名数据表明，考生更集中于下半年报名。当地时间 2015 年 12 月 6 日，中东技术大学孔子学院举办本年度第二次 HSK。本次考试报名人数共计 51 人，内容涵盖 HSK 二至五级。2016 年 3 月 20 日，土耳其中东技术大学孔子学院成功举办 2016 年首次 HSK 及 HSKK。本次考试报名人数共计 99 人，其中 HSK 报名 48 人，覆盖 HSK 二级、三级、四级和五级四个级别；HSKK 报名 51 人，覆盖 HSKK 一级和二级两个级别。本次 HSK 共计 6 场，HSKK 共计 2 场，根据各级别的报考情况和教室的实际情况，分别在上下午进行。

中东技术大学孔子学院还连续多次组织学生参与了"汉语桥"世界大学生中文比赛和汉语比赛。2014 年 5 月 11 日，土耳其第十三届汉语桥世界大学生中文比赛如期在安卡拉大学举行。本次参赛选手分别来自安卡拉大学、中东技术大学、埃尔吉耶斯大学、奥坎大学、海峡大学、法蒂赫大学等多所土耳其高校，共有 41 名选手报名参赛，竞争十分激烈。比赛有笔试、演讲和才艺表演环节。中东技术大学孔子学院派出的选手 Asli Yel（阿丝乐）、Irem Torun（爱尔兰）和 Ömer Bahadir Uçar（孔明）顺利进入决赛。三位同学虽未进入前三名，但他们的精彩表演无疑为本次大赛增色不少。这些比赛，激发了学生们学习汉语的兴趣，提高了他们的汉语水平。

（二）海峡大学孔子学院的汉语教学①

海峡大学孔子学院成立于 2008 年，由土耳其海峡大学和中国上海

---

① 上海大学官网：http://www.shu.edu.cn/IndexPage.html，2016 年 12 月 20 日。

大学联合成立，是土耳其第二所孔子学院。2009 年，海峡孔院开始正式授课。2010 年 2 月 23 日，中华人民共和国驻土耳其大使宫小生访问了刚刚建成的海峡大学孔子学院。海峡大学副校长 Prof. Ye sim Arat 与宫大使亲切会晤，双方就孔子学院的建立、发展及与在土中资机构合作等议题进行了深入交流。宫小生大使还代表国家汉办暨孔子学院总部向海峡大学孔子学院捐赠了 6000 册图书。2010 年 4 月 14 日，时任中共中央政治局常委的李长春同志在伊斯坦布尔和海峡大学校长卡迪里为海峡大学孔子学院揭牌。①

在汉语教学方面，海峡大学孔子学院通过汉语教学传播中国文化，建立双方的沟通渠道。2010 年 9 月 20 日至 9 月 23 日，土耳其海峡大学孔子学院举办了第一期太极拳体验课，吸引了伊斯坦布尔众多太极拳爱好者前来学习体验。海峡大学的师生、孔院学生及当地太极拳教练和爱好者共同分享了太极拳课程带来的运动体验。随着中土两国经济、文化等各方面合作的发展，海峡孔院公共汉语课程呈逐年增加的趋势，不仅为海峡大学的在校生提供公选课程，同时也为公司、企业和文化机构提供汉语及中国文化等方面的学习资料和教学服务。

自建立以来，为了更好地激发学生学习汉语的兴趣，展示中国语言文化的独特魅力，海峡大学孔子学院组织各种中国文化交流、推介活动（单独或联合其他单位举办了春节大联欢、讲座、中国书法展、中国电影节、中国音乐演奏会、宁夏岩画展等），不但每年向中国国内派出各种文化考察团，组织语言文化夏令营，还积极参与伊斯坦布尔与上海两市间的文化交流活动，积极组织、支持、参与当地汉语及中国文化活动、中土文化交流年等活动。这些都使当地民众对汉语、对中国文化的认识更加深入，使孔子学院真正成为中土友谊的桥梁。2010 年 2 月 17 日，海峡大学孔子学院和土耳其中国工商总会联合举

---

① 新华网：《李长春为土耳其海峡大学孔子学院揭牌》，http://news. xinhuanet. com/photo/2010 - 04/15/c_ 1233898. htm，2016 年 7 月 20 日。

办的元宵节晚会在伊斯坦布尔市中心举行，中国驻伊斯坦布尔总领馆、中资机构和文化教育机构代表应邀出席了本次晚会。此后，海峡大学孔子学院每年都会举行庆祝春节的联欢会。2010 年 6 月 27 日至 7 月 3 日，海峡大学孔子学院与华为公司合作，在伊斯坦布尔共同举办了土耳其青少年"体验汉语"夏令营。这次夏令营活动是海峡大学孔子学院首次与所在国中资企业合作服务当地社区的一次有益尝试。营员们不仅学习了"汉语乐园"课程，还体验了中华武术的魅力，学习使用筷子，学习用中国毛笔写字、画画，学习剪纸、编中国结，还体验了中国茶艺、中国音乐、中国历史、中国节日等。7 月 18 日至 8 月 1 日，海峡大学孔子学院举办了"中国印象"土耳其大学生夏令营活动。来自土耳其 5 所高校的 24 名大学生赴上海大学参加此次为期两周的夏令营活动。除学习汉语之外，营员们还体验了武术、书法、茶艺、杂技、京剧等中国文化，赴上海大众公司、苏杭等地参观学习，并有机会在上海世博园中感受中国与世界各国文化的和谐交融。9 月 22 日，海峡大学孔子学院举行了中秋招待会暨夏令营摄影展。这次活动为各国朋友接触、了解中国文化提供了一个良好的平台，取得了非常好的效果。2011 年 3 月 17 日，由土耳其著名国际教育机构 H IT 主办的国际教育展在伊斯坦布尔军事博物馆 Ahmet Paça Salonu 举行，北京大学、复旦大学、南开大学、浙江大学等 35 所国内知名院校参加了本次展会，海峡大学孔子学院也特意向主办方申请了专门展位，展出了孔院的各类宣传资料，还包括各种教材和介绍中国文化的书籍展及以书法、茶艺和中国音乐为主的展示。2011 年 4 月 19 日，海峡大学孔子学院举办了中医保健讲座。来自山东中医药大学的王锐教授介绍了中医学的发展历史、基本特点和基本概念，并且展示了穴位按摩和中医针灸的独特之处。本次讲座不仅向土耳其听众宣传了中医理论知识，也使听众对中国文化的认识和了解更加深入。5 月 3 日是法提赫大学"七彩七大洲"国际文化节，为协助中国留学生办好中国展位的展示活动，海峡大学孔子学院不仅提供了大量具有浓郁中国特色的展品和小礼品，还应邀参加了本次文化节的开幕式，并在开幕式当天积极帮助负责中国展位的留学生进行中国文化展示活动。2011 年 11 月 25 日，由海峡大学孔子学院所举办的中国电影展示周正式拉开帷幕。此次中国电影周将持续五周，共精选了五部中国电影，涵盖了对中国古代文化与现代生活形态的浓缩性演示与介绍。它同海峡大学孔子学院此前所举办的"临在——中国书画展"以及开办的乒乓球培训班都属于海峡大学孔子学院本年度所开展的"中国文化月"中国传统文化展示与传播主题系列活动的一个重要组成部分。2012 年 3 月 11 日，由国家留学基金委主办的"2012 中国高校教育展"在海峡大学成功举办，来自中国国内的 26 所高校和海峡大学孔子学院参加了展会。利用本次展会，海峡孔院展出了多种汉语教材、文化活动和课程内容。2012 年 5 月 10 日，400 多名土耳其华侨华人在伊斯坦布尔举行了盛大的舞龙舞狮活动，欢庆 2012 年土耳其"中国文化年"。这是中土建交 40 年来华侨华人首次在土耳其大街上进行舞龙舞狮活动，海峡大学孔子学院的 8 名工作人员和数名在海峡孔院学习的土耳其大学生也参加了此次活动。海峡孔院积极参与其中，成功地宣传了自己，使更多的土耳其人了解孔院、了解中国文化。2012 年 6 月 8 日晚，海峡大学孔子学院参加了在伊斯坦布尔 Armada 会馆举办的"中国之夜"活动。2012 年暑假，海峡大学孔子学院组织土耳其中学生和大学生赴中国参加夏令营活动。2012 年 6 月 20 日，海峡大学孔子学院参与主办的"第四届伊斯坦布尔亚洲诗歌节·中国诗歌日"圆满落幕。本次诗歌节为期一周，由北京大学中国诗歌研究院、中国诗歌学会、中坤诗歌发展基金、伊斯坦布尔大学翻译系、海峡大学翻译系、海峡大学孔子学院、土耳其《译者注》杂志共同举办，并受到土耳其 KTA 电视台和中国《新京报》的跟踪采访，有 15 位中国诗歌界人士，超过 30 位土耳其诗歌界人士参与活动。2012 年 11 月 19 日，"久远的记忆——宁夏岩画艺术特展"在海峡大学孔子学院成功开幕。本次岩画艺术特展由中国文化部、宁夏回族自治区人民政府和驻土耳其大使馆主办，由土耳其海峡大学孔子学院、宁夏回族自治区文化厅和宁夏回族自治区岩画研究中心联合承办。宁夏回族自治区岩画中心代表团、土耳其考古学家、海峡大学孔子学院工作人员、Fatih 大学中文系和 Okan 大学翻译系师生参加了本次开幕式。此次宁夏岩画艺术特展由宁夏岩画艺术讲座和宁夏岩画艺术图片展览两部分组成。此次岩画特展是在土耳其举办的首次该类展览，并且土耳其境内也发现了岩画，这为中土两国在今后考古方面的合作提供了契机，也为中土两国增进文化交流提供了机会。本次岩画艺术特展将一直延续到 11 月 30 日。新华社和中央电视台对本次展览作了追踪报道。2012 年 12 月 16 日，因海峡大学孔子学院在汉语教学和文化推广方面都取得了很大的突破，故荣获"2012 先进孔子学院"的称号。海峡大学孔子学院此次获奖，引起了土耳其国内各大媒体的关注。Hurriyet、Haber Turk CNN Turk、Yeni Safak、F5 Haber、Ejitim 等十余家土耳其主流媒体对此进行了报道。2013 年 10 月 31 日至 11 月 5 日，作为 2013 年伊斯坦布尔国际书展中国主宾国活动的主要参与者和承办者，海峡大学孔子学院参与孔子学院总部/国家汉办书展，组织了中国电影节等系列活动。2014 年 10 月 23 日，著名小提琴家夏小曹携上海大学音乐学院师生在海峡大学举办音乐会，庆祝该校孔子学院成立五周年。2015 年 11 月 26 日，由土耳其海峡大学孔子学院、上海电影集团、上海电影博物馆等机构联合组织的"夜上海"电影节系列活动举行开幕式，吸引了 100 多名海峡大学及孔院师生前来参加。中国驻伊斯坦布尔总领事顾景奇、上海电影集团副总裁程坚军等出席活动并致辞。

　　海峡大学孔子学院通过学术互访，加强两国的合作关系，进而稳定孔子学院在当地的地位。2010 年 10 月 27 日，"感知中国·土耳其行"中土作家交流会在海峡大学南校区 Demir Demirgil 会议厅举行。本次活动由中国国务院新闻办公室、土耳其作家联合会、中国作家协会、海峡大学孔子学院联合主办，并得到中国驻土耳其使馆、中国驻伊斯坦布尔总领馆的大力支持。本次交流会的主题是"全球化和写作"。2012 年 10 月 19 日至 20 日，"二十一世纪的中国与土耳其"国际高层论坛在海峡大学成功召开。本次中土高层论坛由海峡大学亚洲研究中心、海峡大学历史系、海峡大学孔子学院和上海大学土耳其研究中心共同举办，中国与土耳其 18 所高校和研究机构的 31 名专家学者参加了本次学术论坛。本次会议由九个专题讨论部分组成，两国学者深入探讨了中土关系的历史、现状和未来发展，内容涉及经济、政治、国际关系、文化和文学等多个方面。论坛还专门开辟了"中文教育在土耳其"讨论小组。2013 年 10 月 31 日至 11 月 5 日，作为 2013 年伊斯坦布尔国际书展中国主宾国活动的主要参与者和承办者，海峡大学孔子学院参与组织了"中国—土耳其作家论坛"。作为孔子学院日的特别项目，海峡大学孔子学院联合上海市教育委员会暨上海教育国际交流协会，2014 年 9 月 26 日，在海峡大学举办了上海教育展暨教育论坛。来自上海的 25 家大学和 4 家中学在土耳其集中亮相。2014 年 11 月 15—16 日，由海峡大学孔子学院、亚洲研究中心暨上海大学宗教与中国社会研究中心联合举办的"儒家、基督教与伊斯兰教的相遇：近代中国与土耳其的传教士问题"国际学术研讨会在伊斯坦布尔举行。来自中国、美国、法国等国的专家学者受邀参加了此次会议。本次研讨会是"孔子学院日"暨海峡大学孔子学院五周年庆的重要项目，也是发展高端研究型孔院的一个具体表现。会议的论文集将以英文形式出版。2015 年 3 月 26 日，海峡大学孔子学院与中国驻土耳其大使馆联合举办了"土耳其汉学 80 年暨首届中国学会议"。来自海峡大学、中东科技大学、安卡拉大学、伊斯坦布尔大学等机构的众多学者在会上发表论文。中国驻土耳其大使郁红阳、文化参赞朱自浩、中国文化部以及土耳其文化旅游部的官员出席了会议。2015 年 4 月 26 日，海峡大学举行"土耳其汉学研究"。土耳其 12 位著名的汉学专家、孔子学院代表和文化部官员应邀齐聚一堂。土耳其汉学研究至今已有 80 年历史。在土耳其国父穆斯塔法·凯末尔的倡导下，早在 1935 年土耳其就成立了专门的汉学研究机构。几十年来，土耳其已经编译出版了

《论语》《诗经文集》等多部经典著作，汉学研究取得累累硕果。两国著名学府之间建立起了密切的学术交流联系。本届研讨会共设 4 场主题研讨。参会的汉学家们分别从历史文化、宗教、社会科学和地缘政治等方面分享了研究成果。中外专家围绕"汉学研究的特点与问题""汉语教学"和"中土文化对比"等议题进行了深入探讨。2015 年 11 月，在电影节期间，孔子学院还将举办美国著名剧作家 Sam Johnson 的主题报告会、关于剧本创作的圆桌论坛以及访问相关土耳其影视机构等活动。在学术研究方面，同海峡大学亚洲研究中心、上海大学土耳其研究中心联合举办中国—土耳其高端论坛，并逐步发展成为海峡孔院的一个特色项目。同时，推动中国与土耳其历史、经济、文化等领域全方位合作研究。2015 年 11 月 6 日，海峡大学孔子学院、亚洲研究中心与上海大学土耳其研究中心在伊斯坦布尔共同举行了"第三届中国—土耳其论坛暨土耳其蓝皮书发布会"。《土耳其蓝皮书》是海峡大学孔子学院与上海大学土耳其研究中心的合作成果，郭长刚教授和刘义博士担任主编。该报告按年度编写，包括了土耳其政治、经济、社会、外交等方面的综合内容，是中国读者了解当代土耳其的首选参考读物。目前，合作双方已经推出了两册。

海峡大学孔子学院同土耳其相关院校和机构建立了很好的交流与合作关系，包括伊斯坦布尔大学、Koç 大学、Sabancl 大学、Fatih 大学、Doğuş 大学、Erciyes 大学、Heybaliada Anadolu Lisesi 中学等。2011 年 4 月 6 日，土耳其伊斯坦布尔圣本努瓦（San Benna High School）法语中学的汉语教师Şafak Şim şek 和七名学生来到海峡大学孔子学院参观，并且亲身体验中国文化，受到了孔院工作人员的热烈欢迎。目前，圣本努瓦法语中学设置了俱乐部，为学生讲授初级汉语，介绍中国文化，海峡大学孔子学院的志愿者也参与了俱乐部的部分课程。2011 年 5 月 7 日，海峡大学孔子学院一行四人来到土耳其著名的军事学院，在其一年一度的军事留学生国际友好日活动中，进行了中国书法、茶艺表演，并与各国在土军事留学生进行了广泛的交流。5 月 24 日至 27

日，海峡大学孔子学院应圣本努瓦中学汉语俱乐部第三届图书展的邀请展出了针对青少年学习者的汉语教材和介绍中国传统艺术、中医、武术、旅游及当代中国政治、经济、教育等文化类书籍 200 余册，活动结束后还向该校图书馆赠送了 150 余册中文教材及文化类图书。2011 年 11 月 30 日，海峡大学孔子学院中方院长苗福光博士、中方院长助理李文韬老师、外方院长助理杨桂媛老师到访伊斯坦布尔市圣本努瓦中学，并向圣本努瓦中学赠送了近 20 种中文教学用书。海峡大学孔子学院与其长期保持着良好的合作与交流关系，并对圣本努瓦中学汉语中文课堂的建立与发展始终提供及时而必要的支持。此次海峡孔院所赠送中文教材是为了建设并扩充附属于圣本努瓦中学汉语中文课堂的中文图书室。2012 年 4 月 6 日，海峡大学孔子学院院长苗福光等一行 4 人应邀访问了位于伊斯坦布尔王子群岛中的雷贝里岛中学（Heybaliada Anadolu Lisesi），受到了雷贝里岛中学的副校长 Abdur-rahman Öztürk 和中文教师诗美丽（Serpil Meltem）等人的热情接待。苗院长向雷贝里岛中学赠送了一套共 24 册汉语教学图书，并表示海峡大学孔子学院作为汉语和中国文化传播机构，愿意为这所以汉语教学为特色的高中提供更多的支持和帮助。此次访问让双方都备受鼓舞。随着中土两国交往的密切和深化，汉语作为沟通的媒介，已经开始在土耳其的中学生课堂中受到重视。2012 年 5 月 30 日，海峡大学孔子学院中方院长苗福光副教授应 Doğuş 小学（Özel Doğuş İlköğretim Okulu）的邀请，访问了位于伊斯坦布尔亚洲区的 Doğuş 学校。双方就进一步合作进行了友好商谈。座谈会上，双方就该校中文阅读教材的补充、学生兴趣的培养、中文教材和图书馆建设、孔院文化活动参与汉语教学、汉语教师培训和学生培养等方面交换了意见并达成了初步共识。2013 年 3 月 29 日，海峡大学孔子学院汉语教师前往开塞利埃尔吉耶斯大学为其中文系学生进行口语测试。海峡大学孔子学院根据国家汉办的要求，受埃尔吉耶斯大学中文系委托，参考汉语水平口语考试（HSKK）模式，为埃尔吉耶斯大学中文系 4 个年级共 21 名学生组织了一次汉语口语测试。此次口语测试的 4 名考官分别是海峡孔院中方院长苗福光副教授、海峡孔院公派汉语教师于江副教授、埃尔吉耶斯大学中文系主任涂茵梦教授和埃尔吉耶斯大学中文系国家公派教师刘召明教授。

　　除此之外，海峡大学孔子学院还开展了 HSK、"汉语桥"比赛、孔子新汉学计划、留学中国及奖学金项目等活动，以激励学生学习汉语。海峡大学孔子学院自成立以来一直是 HSK 在土耳其的考点。2011年 4 月 9 日，海峡大学孔子学院成功举办 HSK 汉语水平考试，有 9 位报名者参加了此次考试，这是海峡大学孔子学院第一次组织汉语水平考试工作。"汉语桥"大赛为土耳其学习汉语的青年学生提供一个展示汉语才能的舞台，并为土耳其各高校创造一个相互学习和交流的平台，激发了汉语教学的热情和兴趣，增进了对中国语言和中华文化的理解。2011 年 5 月 1 日，第十届"汉语桥"世界大学生中文比赛土耳其赛区决赛在中东技术大学举行。海峡大学孔子学院作为协办单位，努力促成了伊斯坦布尔大学选手的首次参赛，并派出评委老师积极参与了比赛全程，协助主办单位圆满完成了比赛任务。2011 年 12 月 5 日，海峡大学孔子学院成功举办了 HSK 汉语水平考试，共有来自海峡大学、法蒂赫大学、伊斯坦布尔大学以及伊斯坦布尔市社会人士等 20 位报名者参加了此次考试，相比 2011 年的 HSK，报名及参加考试人数同期增长了 133%。此次海峡大学孔子学院所举办的 HSK 开设了二级、三级、五级和六级共四个级别。此后，海峡大学孔子学院每年都会举行 HSK。2012 年 4 月 21 日，第十一届"汉语桥"世界大学生中文比赛土耳其赛区预选赛在海峡大学成功举办。海峡大学孔子学院、奥坎大学翻译系、法蒂赫大学中文系和中东技术大学孔子学院、埃尔吉耶斯大学中文系、伊斯坦布尔大学、5 月 19 日大学、灰箭大学等 8 所土耳其高等院校组织参加，现场有土耳其高校师生共计 100 余人观看了比赛。本次"汉语桥"活动主题是"魅力汉语，灿烂文化"，得到了中国驻土耳其使馆和领馆的高度重视，同时也获得了华为技术有限公司的大力资助。比赛设置了笔试、汉语演讲和才艺展示 3 个环节。经过精彩而激烈的角逐，比赛评委会从参赛的 19 名选手中评选出一等奖 1 名（法蒂赫大学的玉龙 Erdem Sava）、二等奖 2 名（分别为中东科技大学的黄金通 Hak Kimthong 和法蒂赫大学的阿里 Ali Karatemiz）、三等奖 5 名（分别为法蒂赫大学的齐美忠 Enes Abdülhalik Cizmecioglu、奥坎大学的穆萨浦 Musap Eryiğit、埃尔吉耶斯大学的于迈 Ömer sercan dolunay、埃尔吉耶斯大学的蒂丹 Onen Digdem Ceren 和法蒂赫大学的艾明力 Emre Gürbüz）和优秀奖 11 名。

（三）奥坎大学孔子学院的汉语教学①

2013 年 5 月 1 日，北京语言大学和奥坎大学合作开办的奥坎大学孔子学院正式启动。

为庆祝春节和孔子学院成立十周年，奥坎大学孔院 2014 年 2 月 26 日举办大型文化活动，邀请重庆非物质文化遗产和内蒙古乌兰牧骑表演团来校演出。中国驻安卡拉大使馆文化参赞朱自浩先生、中国驻伊斯坦布尔总领事馆张清洋总领事和奥坎大学的舒莱校长出席了这次活动。本次活动不仅吸引了很多在伊斯坦布尔的华人，更是吸引了数以百计的土耳其师生前来观看。

2014 年 4 月 23 日，奥坎大学孔子学院与中国国际广播电台在伊斯坦布尔联合举办土耳其文中华网开通仪式。中国国家新闻出版广电总局局长蔡赴朝、中国驻伊斯坦布尔总领事张清洋、土耳其奥坎大学校长舒莱·库特以及奥坎大学孔子学院师生代表出席了仪式。网站秉承增进中土两国人民友谊、促进中土两国友好合作的宗旨，以图文、音频、视频等多媒体形式为土耳其民众了解中国提供便捷的渠道，为到中国旅游、经商的土耳其人提供优质的服务，为汉语爱好者提供实用的学习和交流平台。

奥坎大学孔子学院在成立不到一年的时间里，就与很多中资企业建立了密切的合作关系，并在语言培训、就业实习以及经贸交流方面

———————————

① 北京语言大学官网：http：//wwwnew.blcu.edu.cn/，2016 年 12 月 20 日。

已经开始了有益的合作尝试。2014 年 4 月 25 日上午，奥坎大学孔子学院活动中心里，部分中资企业驻伊斯坦布尔代表与奥坎大学孔子学院学员以及中文翻译专业的毕业生会聚一堂，参加中资企业与毕业生的就业双选会。

　　奥坎大学孔子学院成立后举办了很多汉语和中国文化传播的活动。2014 年 6 月 28 日，为期一周的奥坎大学孔子学院"中国文化体验暑期夏令营"正式闭幕。参加闭幕仪式的有营员和家长、奥坎大学孔子学院教师以及奥坎学校小学部的负责人。本次"中国文化体验暑期夏令营"期间，在保证每天一个小时汉语课的基础上，孔院还开设了书法、太极拳、学唱中国歌、剪纸、中国结、踢毽子等文化课。针对学生年龄在 6—10 岁的特点，孔院还安排了游览动物园、参观玩具博物馆等活动，并在活动前一天的汉语课上进行了相关词汇及句式的教学。这样既引起了学生们的兴趣，又可以让他们在实践中运用汉语。本次夏令营是奥坎大学孔子学院成立之后举办的首个夏令营活动。孔院在此次活动中积累了丰富的经验，并将以此为依托，举办更多汉语和中国文化推广的活动。2015 年 2 月 10 日，由文化部和北京市人民政府主办，北京市文化局承办的"北京之夜·欢乐春节"活动在土耳其最大城市伊斯坦布尔马尔泰佩区文化中心举行。中国文化部副部长项兆伦、中国驻土耳其大使郁红阳、驻伊斯坦布尔总领事顾景奇、伊斯坦布尔省副省长伊思马伊尔·居尔泰金出席活动。奥坎大学孔子学院应中国驻安卡拉大使馆的邀请参与了活动组织工作。2015 年 2 月 24 日，由奥坎大学孔子学院主办的"2015 羊年新春茶话会"在孔院活动中心隆重举行。出席活动的有驻伊斯坦布尔总领事顾景奇先生一行、奥坎大学董事长贝克尔奥坎先生和奥坎大学校长舒莱女士，此外还有来自奥坎大学各个学院的院长及高层领导。6 月 22 日—7 月 4 日，奥坎大学孔子学院与奥坎小学孔子课堂联合举办"体验中国文化"夏令营，共 21 名学员参加。孔子学院教师安排了"快乐汉语"、书法、中文电影赏析、学唱中文歌、剪纸、编中国结、太极拳、踢毽子及打乒乓球等丰富多彩的课程内容。经过两个星期的学习，学生们取得了显著的成绩。2015 年 2 月 23 日上午，国内著名的对外汉语教育专家、北京语言大学的崔永华教授做客土耳其奥坎大学。崔老师为学生们作了一场题为《如何学好汉语》的讲座，整场讲座内容丰富，与学生们在学习中遇到的实际问题紧密相关。2015 年 4 月 9 日，应土耳其奥坎大学孔子学院的邀请，河南博物院华夏古乐团赴伊斯坦布尔演出。独特的编钟古琴等中国传统乐器以及炫丽的舞蹈，吸引了观众的眼球，演出持续了将近两个小时，在观众热烈的掌声中结束。2015 年 8 月，奥坎大学孔子学院举办的"与中国文学会面——中土作家交流会"上，苏童、胡学文、葛水平、曹有云、谢有顺 5 位当代中国作家与土耳其作家齐聚一堂，探讨中国文学的独特魅力。中国驻伊斯坦布尔总领馆代总领事丁小红、奥坎大学校领导、孔子学院师生和百余名当地观众出席活动。随着中国与土耳其两国关系的深入发展，正有越来越多的中国文学作品进入土耳其图书市场，至今已有约 50 部中国书籍在市面上亮相，其中包括《论语》《道德经》《孙子兵法》以及一批现代中国小说、诗歌。根据中土两国政府达成的协议，两国将继续在此领域深化合作。2015 年 10 月 14 日，奥坎大学孔子学院举行了孔院日主题活动之"将爱传播——中国文化进入土耳其孤儿学校"。孔院中外方院长率汉语教师为伊斯坦布尔孤儿学校的孩子们带去了来自中国的爱心和文化。

（四）晔迪特派大学孔子学院的汉语教学①

土耳其晔迪特派大学位于土耳其伊斯坦布尔市，由伊斯坦布尔教育文化基金会创立，是土耳其最为著名的私立大学之一。

2012 年 12 月，晔迪特派大学和南开大学签署了框架合作协议和学生交换协议，努尔肯校长首次提出希望建立孔子学院。此后，双方交往日益密切，教师互访和学生交换加强。2015 年 4 月，努尔肯访问国家汉办并拜访许琳主任，提出希望在该校与南开大学共同建立孔子学院。2015 年 7 月 3 日，南开大学党委书记薛进文率团访问晔迪特派

---

① 北京语言大学官网：http://wwwnew.blcu.edu.cn/，2016 年 12 月 20 日。

大学，与该校校长努尔肯签署了共建孔子学院的协议。该孔子学院成为土耳其的第 4 所孔子学院，也成为南开大学在海外建立的第 8 所孔子学院。[①]

四 孔子课堂的汉语教学

（一）佳蕾学校孔子课堂的汉语教学

2010 年 9 月 20 日，佳蕾学校孔子课堂成立。

2011 年，中东技术大学孔子学院专门派一名教师去孔子课堂分担教学任务，提供汉语教材及教学资料，并辅助佳蕾学校的本土教师组织文化活动，扩大孔子课堂的影响力。

2012 年 11 月 16 日，佳蕾孔子课堂为期一周的"中国节"顺利开幕。活动由"中国日"文化体验活动、佳蕾孔子课堂学生中文歌曲表演、中国服装秀、"2012 汉语桥大、中学生夏令营和土耳其教育代表团"图片展和佳蕾孔子课堂学生中国项目作品展等组成。

2015 年 4 月 27 日，佳蕾孔子课堂举行第一届"快乐汉语"口语比赛。参赛选手共 30 名，评委由中东技术大学孔院教师担任。此次比赛设有初赛、复赛、加时赛以及互动节目等环节。选手们被分为 A 至 F 六个队，其中三队进入复赛。最终，B 队险胜，夺得一等奖。在随后的加时赛中，A 队与 F 队势均力敌，最终并列获得二等奖。参赛选手们自发担任了翻译，他们为观赛的家长和同学把汉语问答翻译成土耳其语。中国驻土耳其大使馆对此次活动给予了大力支持并为参赛选手准备了精美奖品，大使夫人赵玫玫应邀出席并全程观看了比赛，她在开幕式上发表讲话，并表示将继续关注和支持佳蕾孔子课堂的发展。

（二）奥坎私立学校孔子课堂的汉语教学

奥坎大学是土耳其第一所成立汉语翻译专业的高校，奥坎私立学校则是土耳其伊斯坦布尔第一所成立孔子课堂的学校。2015 年 6 月 1

① 张宁：《我校与土耳其晔迪特派大学签署共建孔子学院合作协议》，http：//news. nankai. edu. cn/nkyw/system/2015/07/06/000240734. shtml，2016 年 6 月 4 日。

日，土耳其伊斯坦布尔第一所孔子课堂在奥坎私立学校礼堂举行揭牌仪式。出席揭牌仪式的有中国驻土耳其领事馆总领事顾景奇先生、奥坎集团董事长贝克尔·奥坎先生、奥坎教育机构主席娥舍·奥坎·居兰女士、奥坎大学校长舒莱女士、奥坎大学孔子学院中方院长刘强、外方院长达雅女士以及来自奥坎孔院、奥坎大学中文翻译专业和奥坎中小学的师生们。奥坎私立学校孔子课堂的成立为土耳其青少年儿童提供了感知中国的平台，为培养更多的进行中土文化交流的使者打下了基础，为中土两国的密切交流提供了有力的支持，必将带动两国人民间的沟通与交流，增进两国人民之间的互信与理解。

第四节 汉语师资、教材及教法[①]

一 师资状况

土耳其的汉语教学目前主要集中在首都安卡拉地区和最大城市伊斯坦布尔。安卡拉地区 2014—2015 学年的汉语教师有 21 人，本土教师居多，有 12 人，占据 57%，中国教师 6 人，占据 29%，全部来自中东技术大学孔子学院；土耳其华人 3 人，占据 14%。[②]

二 教材及教法

土耳其使用过的教材主要是汉办主干教材《汉语乐园》《快乐汉语》《跟我学汉语》《当代中文》；工具书《汉语 800 字》《汉语图解词典》《汉语图解小词典》《新实用汉语教程》及自编教材等。

2010 年 2 月，中东技术大学孔子学院图书馆共有中文藏书 4000 余册，包括中国传统文化经典著作、各种对外汉语教材、多种汉语和汉

---

① 孔子学院总部/国家汉办官网：http：//www.hanban.org/，2016 年 10 月 4 日。
② 贾昊：《土耳其安卡拉地区汉语教学"三教"（教师、教材、教法）问题调查研究》，硕士学位论文，云南大学，2013 年，第 16 页。

英词典以及介绍中国文化的英语图书等，这些图书全部由国家汉办和厦门大学捐赠。2011年2月21日，中东技术大学孔子学院与中国福建省新闻出版局、福建省对外文化交流协会、中国海峡出版发行集团、中国福建新华发行集团等，在土耳其中东技术大学共同举办中国图书展和捐书仪式。展出的图书主要是介绍中国政治、经济、文化、教育、旅游等方面的内容。2013年，安卡拉地区的汉语相关教材来源主要有三种：通过孔子学院向汉办订购；学校统一订购；学生自己订购或复印课本①。

为了全面了解土耳其首都安卡拉市的汉语教学现状，制订有效的工作教学计划，2011年1月9日，中东技术大学孔子学院召开首届安卡拉市汉语教师座谈会。安卡拉大学、比尔肯大学、昌凯亚大学的汉语教师及安卡拉中小学的部分汉语教师参加了座谈。2011年11月26日至27日，中东技术大学孔子学院成功举办了土耳其本土汉语教师汉语教材培训活动。38名大、中、小学汉语课程教学负责人及本土汉语教师参加了本次活动。本次教材培训活动旨在了解土耳其本土汉语教材使用情况、推广普及优秀国际汉语教材、促进汉语教学创新、提高汉语教学质量，教材培训特别邀请了八名中外汉语专家和学者为学员们进行专题培训。整个培训活动还包括优秀国际汉语教材分类推介、本土汉语教学经验交流、汉语教材使用情况问卷调查、优秀汉语教材展览等几个环节。培训期间，中东技术大学孔子学院还举办了优秀国际汉语教材展览。2011年11月26日，土耳其首届汉语教学研讨会在中东技术大学孔子学院召开，来自土耳其各个学校的三十多名汉语老师出席了这次研讨会。2011年11月26日至27日，由中东科技大学孔子学院所举办的土耳其汉语教学与教材培训推广研讨会在土耳其首都安卡拉召开。共有包括由中国国家汉办公派到土耳其的汉语教师，土耳其三所孔子学院与孔子课堂的中文教师以及在土、驻土的华人教师，

---

① 贾昊：《土耳其安卡拉地区汉语教学"三教"（教师、教材、教法）问题调查研究》，硕士学位论文，云南大学，2013年，第22页。

土耳其本土汉语教师共 50 余人参加了此次研讨会。海峡大学孔子学院
中方院长苗福光博士也出席了这一教学研讨会，另外，伊斯坦布尔市
圣本努瓦中学（San Benna High School）的中文教师莎法可（Safak）
女士也参加了此次教学研讨会。在此次教学研讨会上，各位汉语教师
纷纷根据自己在从事中文教学的过程中所累积实际经验对今后在土推
广汉语中文教学以及由日前由汉办所赠送的《跟我学汉语》《汉语乐
园》《快乐汉语》《当代中文》等海外汉语教学教材提出了自己的独到
见解以及合理建议。会上，苗福光院长还与来自安卡拉大学以及奥坎
大学的中文系教师进行了广泛的交流与沟通，从而初步了解了目前土
耳其境内汉语教学以及教材推广的基本情况。2013 年 11 月 30 日，中
东技术大学孔子学院第三届土耳其本土汉语教师培训大会在中东技术
大学信息楼会议厅如期举行。本次大会是针对土耳其籍的本土汉语老
师的培训大会。与会的本土老师们涵盖了从小学到大学的各个教学岗
位。2015 年 11 月 20 日，"2015 年土耳其本土汉语教师发展论坛"在
首都安卡拉举行，来自安卡拉及周边地区近 50 名大、中、小学汉语教
师等参加。本次论坛还特别聘请了国内及安卡拉地区汉语国际教育方
面的专家及土耳其本土汉学青年博士就个人丰富的教学、研究经历与
会分享。

本章主要参考文献

杜婷：《对外汉语教学中英语作为中介语的策略研究——以土耳其法蒂赫大学中文系
　　学生为例》，硕士学位论文，西北师范大学，2013 年。

［土耳其］法特玛：《土耳其学生运用汉语单音节趋向补语偏误分析及其教学对策研
　　究》，硕士学位论文，东北师范大学，2012 年。

佳楠：《土耳其学生习得"把"字句的偏误调查分析》，硕士学位论文，湖南师范大学，
　　2014 年。

贾昊：《土耳其安卡拉地区汉语教学"三教"（教师、教材、教法）问题调查研究》，
　　硕士学位论文，云南大学，2013 年。

黎海情：《土耳其汉语教学概况》，《世界汉语教学学会通讯》2011 年第 4 期。

李霞：《汉土语音系统对比研究》，硕士学位论文，华中科技大学，2012 年。

欧曼尔：《土耳其学生在双语迁移下的汉语习得研究》，硕士学位论文，陕西师范大学，2011 年。

中国驻土耳其大使馆经济商务参赞处：《对外投资合作国别（地区）指南——土耳其》，商务部 2014 年发布。

施宝义：《土耳其的汉语教学》，《世界汉语教学》1989 年第 3 期。

图爱华：《土耳其学生汉字书写偏误分析》，硕士学位论文，南京师范大学，2013 年。

王辉：《"一带一路"国家语言状况与语言政策》第一卷，社会科学文献出版社 2015 年版。

吴小俊：《土耳其留学生汉语语音习得偏误研究》，硕士学位论文，陕西师范大学，2013 年。

许婧：《零起点土耳其学生汉语语音偏误分析与教学策略研究》，硕士学位论文，西北师范大学，2013 年。

杨同军：《土耳其学生汉语习得偏误举隅》，《云南师范大学学报》2010 年第 5 期。

第六章 伊朗的汉语教学

第一节 国家概况[①]

一 自然地理

伊朗，全称伊朗伊斯兰共和国（英语：The Islamic Republic of Iran，波斯语：جمهورى اسلامى ايـران）），属于中东国家，位于亚洲西南部，同土库曼斯坦、阿塞拜疆、亚美尼亚、土耳其、伊拉克、巴基斯坦和阿富汗相邻，南濒波斯湾和阿曼湾，北隔里海与俄罗斯和哈萨克斯坦相望，素有"欧亚陆桥"和"东西方空中走廊"之称。面积 164.5 万平方公里，海岸线长 2700 公里，全国共有 31 个省，德黑兰（Tehran）是首都。伊朗国土绝大部分在伊朗高原上，是高原国家，海拔一般在 900—1500 米。西南部为厄尔布尔士山与科彼特山；东部为加恩—比尔兼德高地；北部有厄尔布兹山脉，德马万德峰海拔 5670 米，为伊朗最高峰。西部和西南部是宽阔的扎格罗斯山系，约占国土面积的一半；中部为干燥的盆地，形成许多沙漠，有卡维尔荒漠与卢特荒漠；仅西南部波斯湾沿

---

① 中华人民共和国外交部官网：《伊朗国家概况》，2017 年 2 月，http：//www.fmprc.gov.cn/web/gjhdq_67620/gj_676203/yz_676205/1206_677171/1206xo_6771741，2017 年 3 月 2 日。

岸与北部里海沿岸有小面积的冲积平原①。

伊朗气候四季分明，属大陆性气候，冬冷夏热，北部春夏秋季较为凉爽，冬季较为寒冷，南部夏季炎热、冬季温暖。伊朗大部分地区的冬季温暖和湿润，降水也往往形成于此，这和北下的冷空气有关系。而夏天的时候，伊朗由于处于副热带高压的控制下，气温很高，且降水不多。这就是伊朗 1—4 月（即冬季）降水较多的原因。首都德黑兰（Tehran），平均海拔 1220 米，年气温最高的月份为 7 月，平均最低和最高气温分别为 22℃和 37℃；年气温最低的月份为 1 月，平均最低和最高气温分别为 3℃和 7℃。

二 历史政治

伊朗是具有四五千年历史的文明古国，史称波斯。公元前 6 世纪，古波斯帝国盛极一时。公元 7 世纪以后，阿拉伯人、突厥人、蒙古人、阿富汗人先后入侵并统治伊。18 世纪后期，伊朗东北部的土库曼人恺伽部落统一伊，建立恺伽王朝。19 世纪以后，伊朗沦为英、俄的半殖民地。1925 年，巴列维王朝建立。1978—1979 年，霍梅尼领导伊斯兰革命，推翻巴列维王朝。1979 年 2 月 11 日，霍正式掌权，并于 4 月 1 日建立伊斯兰共和国，霍成为伊朗革命领袖。

1979 年，霍梅尼执政后，实行政教合一的制度。1989 年，原总统哈梅内伊继任领袖。7 月 28 日，原议长拉夫桑贾尼当选总统。1993 年 6 月 11 日，拉夫桑贾尼连任总统。1997 年 5 月，哈塔米当选总统，并于 2001 年 6 月大选中获选连任。2005 年 6 月，伊举行第九届总统选举，德黑兰市长艾哈迈迪·内贾德当选。2009 年 6 月，艾哈迈迪·内贾德在伊第十届总统选举中获得连任。2013 年 6 月 15 日，哈桑·鲁哈尼当选伊第十一届总统。伊朗伊斯兰革命后于 1979 年 12 月颁布第一部宪法，规定伊实行政教合一制度。1989 年 4 月，伊对宪法进行部分

---

① 张文木：《伊朗高原：中国西陲安全的"桥头堡"》，http：//news. xinhuanet. com/world/2013 - 04/21/c_ 124507691_ 2. htm，2016 年 7 月 1 日。

修改，突出伊斯兰信仰、体制、教规、共和制及最高领袖的绝对权力不容更改。同年 7 月，哈梅内伊正式批准经全民投票通过的新宪法。

伊斯兰议会是伊最高国家立法机构，实行一院制。第十届议会于 2016 年 5 月经选举成立。政府实行总统内阁制。总统是国家元首，也是政府首脑。本届内阁于 2013 年 8 月成立。司法总监是国家司法最高首脑。1979 年通过的宪法中规定专家会议为常设机构，第五届专家会议于 2016 年 5 月经选举成立。2014 年 6 月，鲁哈尼在当选伊朗总统后表示，愿同国际社会进行"建设性互动"，改善伊朗同国际社会的关系。2015 年 7 月，伊朗核问题六国（中国、美国、俄罗斯、英国、法国、德国）同伊朗就伊核问题达成全面协议。2016年 1 月 16 日，全面协议正式付诸执行。

1971 年 8 月 16 日，中伊建交。近年来，中国与伊朗在政治、经贸等领域的友好合作关系平稳发展。两国高层保持接触。2013 年 9月，习近平主席在上海合作组织比什凯克峰会期间与伊朗总统鲁哈尼会晤。10 月，伊朗议长拉里贾尼访华，习近平主席、张德江委员长及杨洁篪国务委员分别同拉会见、会谈。2014 年 5 月，伊朗总统鲁哈尼访华并出席在上海举行的亚信峰会。其间，习近平主席同鲁哈尼举行会谈。2015 年 4 月，习近平主席在印尼雅加达出席亚非领导人会议期间会见伊朗总统鲁哈尼。9 月，习近平主席在纽约出席联合国成立 70 周年系列峰会期间会见伊朗总统鲁哈尼。2016 年 1 月，习近平主席对伊朗进行国事访问，分别会见伊朗最高领袖哈梅内伊、议长拉里贾尼，并同总统鲁哈尼举行会谈。

三　人口经济

伊朗人口 8000 万人（2016 年 7 月）。人口比较集中的省份有首都德黑兰、伊斯法罕、法尔斯、呼罗珊拉扎维和东阿塞拜疆。全国人口中波斯人占 66%，阿塞拜疆人占 25%，库尔德人占 5%，其余为阿拉伯人、土库曼人等少数民族。伊斯兰教为国教，98.8% 的居民信奉伊斯兰教，其中91%为什叶派，7.8%为逊尼派。

伊朗盛产石油，石油收入占伊外汇总收入的一半以上。截至2013年底，已探明石油储量216亿吨，居世界第四位，石油年产量1.75亿吨，居世界第五位。天然气储量33.8万亿立方米，居世界第一位。天然气年产量1666亿立方米，居世界第三位。其他矿物资源也十分丰富。目前，已开采矿种56个，年矿产量1.5亿吨。另外，还有炼油、钢铁、电力、纺织、汽车制造、机械制造等工业。伊朗大部分工业原材料和零配件依赖进口。伊旅游业发达，2013年3月至2014年3月，前往伊朗旅游及朝圣的外国人达400万名，旅游收入50亿美元。近年，伊经济总体保持低速增长。2015年，伊进出口总额约1496.2亿美元，其中出口额789.9亿美元，进口额706.3亿美元。

1979年，伊朗伊斯兰共和国建立后，与中国经济领域的友好合作关系不断发展。中国对伊朗出口以机电、纺织、化工、钢铁制品等为主，从伊主要进口原油、矿石、初级塑材、钢材和农副产品等。2015年，受全球经济增长乏力、原油等大宗商品价格持续低迷等因素影响，中伊经贸合作有所下滑。2015年，中伊双边贸易额338.42亿美元，同比减少34.7%。2016年1月至5月，中伊双边贸易额111.50亿美元，同比减少25.3%。虽然2015年中伊经贸合作出现下滑情况，但双方的友好关系、经济上的互补性和合作上的巨大潜力，决定了两国经贸合作必将会有更大的发展空间①。2016年1月20日，商务部新闻发言人沈丹阳在例行新闻发布会上指出，一直以来，伊朗是中国在中东地区重要的经贸合作伙伴。中伊两国在政治上的友好关系和经济上的互补性为双边经贸关系的发展奠定了坚实的基础。特别是近年来，中伊双方通过共同努力，克服国际政治、经济方面不利因素影响，实现了双边经贸务实合作的平稳发展②。

---

① 中国经济网：《商务部谈中东三国：沙特是我原油第一进口来源国》，http://intl.ce.cn/specials/zxxx/201601/20/t20160120_ 8396597. shtml，2016 年 6 月 4 日。

② 同上。

四　语言政策

据统计，伊朗有 69 种语言①。伊朗的方言和语言包含了三个体系：印欧语系、亚非语系和阿尔泰语系。这些语言和方言在不同的时代享有不同的社会地位和政治地位。伊朗大部分人口所讲的语言属于印欧语系。在大众媒体、政府管理、国家事务、科学和文化中，波斯语言被认为是占主导地位的语言，是官方语言，并且有半数以上的人在使用波斯语。在这个国家的不同地理区域中，许多语言都是波斯语的变体，并且被广泛使用，如库尔德语、俾路支语、马赞德兰语、卢尔语。阿拉伯语属于亚非语系，其使用者人数仅占伊朗人口总数的很小一部分。伊朗的大部分阿拉伯人都生活在胡泽斯坦省和波斯湾沿岸的省份。阿塞拜疆语是土耳其语在伊朗的变体，代表了在伊朗的阿尔泰语系，使用者占了伊朗总人口的 25%②。③

伊朗的语言政策历史可以分伊斯兰化之前、公元 7 世纪至 20 世纪初、20 世纪初至今三个阶段。在伊斯兰化之前，波斯政府坚持着波斯语为主、其他语言为辅的语言政策；公元 7—11 世纪，伊朗开始了伊斯兰化的进程。波斯语开始吸收部分阿拉伯语词汇并不断扩大其使用范围，使得这一时期阿拉伯语在波斯的地位开始由一门外来语言逐渐上升为一门重要的宗教政治语言，新波斯语因此诞生；伊朗 20 世纪的历史，包含恺伽王朝末期、巴列维王朝时期和伊朗伊斯兰共和国时期。巴列维王朝时期，政府在国家现代化改革的背景之下自上而下推行语言政策，其主要目的在于实现波斯语的纯洁性，剔除其在发展过程中吸收的外来词汇，与此同时推行文化沙文主义，实施文化同化政策。

---

① ［以］博纳德·斯波斯基：《语言政策——社会语言学中的重要论题》，张治国译，赵守辉审订，商务印书馆 2011 年版。

② ［德］汉斯·约阿西姆·施杜里希：《世界语言简史》，吕叔君、官青译，山东画报出版社 2009 年版。

③ 付国凤：《现代伊朗语言政策形成及其根源探析》，硕士学位论文，西南大学，2013 年，第 5 页。

伊朗伊斯兰共和国时期，政府对前朝施行的官方语言政策全部予以废除，而开始推行具有伊斯兰色彩的语言政策。尽管如此，波斯语官方语言的地位并未改变，只是在政策实施的过程中对其他民族的语言开始采取兼容并包的态度，在外语教育上也开始以英语教育为主。伊朗语言政策的变化，因不同时期政治经济文化的需要而有所不同——既有大国沙文主义，又有兼容并包，总的来讲都是基于国家需要这一层面。[①]

第二节 汉语教学简史

自元、明至清初，中国中央政府都开办有以教授波斯语为主，兼有阿拉伯语及其他西域主要语言的皇家外语学校"回回馆"，编写有汉语—波斯语对照的教材《回回馆译语》，开展过系统的语言教学，为朝廷培养精通包括波斯语在内的外交外语翻译人才。中国的文明成果，从元朝开始也被精通汉语的波斯学者大量翻译到波斯语世界，波斯语中也保留着部分汉语借词，如"茶叶"。然而，汉语在波斯的教学与传播却十分贫乏，除了元明时期极个别波斯学者曾跟随中国人学习汉语的案例外，我们至今没有发现古代波斯官方或民间曾经开展过规模系统的汉语教学。[②]

现当代，伊朗政府曾经派出少量学生到中国学习汉语，以满足其对华外交的基本需要。1998 年，沙希德·贝赫西提大学（沙希迪—比赫什体大学）（Shahidi Beheshti University）人文学院正式开办了伊朗高校唯一的一个中文系，填补了伊朗高校无汉语教学的空白。

随着近年来中伊两国政治、经济、贸易和科技合作的迅速扩大，

---

① 付国凤：《现代伊朗语言政策形成及其根源探析》，硕士学位论文，西南大学，2013 年，第 1 页。

② 姚继德：《伊朗汉语教学的历史与现状》，《世界汉语教学学会》2009 年第 2 期。

贝赫西提大学的汉语毕业生可谓杯水车薪，远远满足不了其国内的需要。高素质汉语人才的缺乏，严重制约着两国经济贸易和科技合作的发展。2008 年，穆凯在伊朗著名文化古都伊斯法罕（Esfahan）开办了一个中文学习班。[①] 2008 年 9 月，时任伊朗总统艾哈迈迪·内贾德应邀赴华出席北京残奥会期间曾感慨地说："看来，我们的汉语人才培养，要从娃娃抓起！"之后，伊朗的一些大学也纷纷准备开设中文系。2009 年 1 月，德黑兰大学孔子学院在德黑兰大学外语学院正式揭牌。之后，德黑兰大学外语学院成立了中文系，世界研究院成立一个中国研究中心。2009 年 6 月，德黑兰大学制订了暑期成人汉语培训班的计划。2010 年，德黑兰的一所私立语言学校开设了汉语课程。截至 2016 年，伊朗已有 4 所大学开设了汉语言文学专业。

伊朗的汉语教育机构由于内在体制的问题，不愿意与孔子学院合作，开办孔子课堂。中小学更是汉语教育推广的盲区。由于伊朗中小学全部为公立学校，汉语教师中能够用波斯语沟通的很少，使在中小学建立孔子课堂目前会非常困难。只能拓展思路，通过各种途径帮助伊朗汉语专业教育机构开办孔子课堂，因而如何将汉语推广到伊朗中小学，成为目前亟待解决的问题[②]。

第三节　汉语教学的环境和对象

一　高等院校的汉语教学

（一）贝赫西提大学的汉语教学

1997 年时，德黑兰北郊的国立贝赫西提大学人文学院与上海外国语学院签订协议合作成立中文系，1998 年，该校正式开办了伊朗高校

①　姚继德：《伊朗汉语教学的历史与现状》，《世界汉语教学学会》2009 年第 2 期。
②　周思远：《关于伊朗汉语教学情况的调查报告》，硕士学位论文，吉林大学，2010 年，第20 页。

唯一的一个中文系。从 2002 年开始，贝赫西提大学每两年招生一次，填补了伊朗高校无汉语教学的空白。

2009 年，贝赫西提大学中文系为该校二年级、四年级学生授课。四年级学生共 13 人，其中男生 2 人，他们在三年级时到伊朗的中资企业实习，中国中铁隧道股份有限公司是主要的实习单位，中石化和凤凰卫视驻伊朗记者站也为学生提供了实习的机会。二年级学生共 23 人，其中男生 2 人。2010 年，中文专业毕业生已达到 80 人。[①]

（二）德黑兰大学的汉语教学

2009 年 1 月 12 日，德黑兰大学孔子学院在德黑兰大学外语学院正式揭牌。德黑兰大学还在孔子学院的帮助下，在其外语学院下成立中文系，在其世界研究院下成立一个中国研究中心。2009 年 6 月，德黑兰大学制订了暑期成人汉语培训班的计划，决定从 7 月 11 日起新增 3 个汉语成人学习班共 45 名学员，下学期在德黑兰大学外语学院新增 1 个汉语二外班的教学，尽量抽调出教师承担贝赫西提中文系三年级的专业课教学任务，力争将贝赫西提大学中文系纳入德黑兰大学孔子学院下属的孔子课堂。[②]

2015 年 12 月 19 日上午，德黑兰大学举办汉语言文学专业开设典礼。该专业的开设，为孔子学院提供了更宽广、更专业的舞台。本次活动由德黑兰大学外语学院主办，德黑兰大学孔子学院协办。德黑兰大学校长 NEELI 博士和中国驻伊朗大使庞森出席活动并致辞。活动受到当地媒体和国内媒体关注，并对之进行了报道。随着汉语言文学专业的开设，德黑兰大学孔子学院的汉语课程正式成为德黑兰大学的学分课程，为伊朗的汉语学习者提供了专业、系统学习汉语的机会。此次活动是德黑兰大学孔子学院重启后与德黑兰大学合作的第一个大型活动，开学典礼之后还将举办为期四天的"中国文化周"活动。

---

① 周思远：《关于伊朗汉语教学情况的调查报告》，硕士学位论文，吉林大学，2010 年，第 9 页。
② 姚继德：《伊朗的汉语教学与德黑兰大学孔子学院》，《云南师范大学学报》（对外汉语教学与研究）2009 年第 6 期。

（三）其他大学的汉语教学

2010 年，德黑兰还有一所私立语言学校开设汉语课程，教师是贝赫西提大学中文系的学生，共两个班，学生近十名，使用的教材是《汉语教程》系列教材。

位于首都德黑兰市南部 126 公里处的什叶派圣城库姆（Qum）的库姆伊斯兰国际大学也拟面向全校 30 余个国家的学生开设汉语选修课程。位于伊朗东北部另一什叶派宗教圣城马什哈德（Mashhad）以波斯古代著名苏菲哲理诗人菲尔多西（Ferdowsi，940—1020）命名的著名学府菲尔多西大学（University of Ferdowsi）也准备开设中文系。此外，在过去的一年中，已先后有伊朗科学院、伊朗艺术学院和伊朗旅游组织主动希望派遣汉语教师为它们的学生开设汉语课程，伊朗汉语教学的发展潜力巨大。①

2016 年，伊朗已有 4 所大学开设了汉语言文学专业，近百名大学生正在学习汉语。②

二　孔子学院的汉语教学③

伊朗孔子学院的汉语教学是指德黑兰大学孔子学院的汉语教学。

1934 年德黑兰大学建校，是伊朗规模最大、历史最悠久的综合性大学，是伊朗"大学之母""高等教育楷模"。

2007 年 10 月 23 日，国家汉办副主任赵国成与来访的伊朗德黑兰大学副校长 Ali Moosavi-Movahedi 一行进行了友好会谈，并签署了德黑兰大学孔子学院建设备忘录。云南大学是中方执行机构，与德黑兰大学合作建设孔子学院。2008 年 7 月，德黑兰大学孔子学院在中国国家

---

① 周思远：《关于伊朗汉语教学情况的调查报告》，硕士学位论文，吉林大学，2010 年，第 20 页。

② 凌波：《"汉语热"搅动"中国热"》，http：//paper. people. com. cn/rmrbhwb/html/2016 - 02/05/content_ 1652870. htm，2016 年 4 月 5 日。

③ 孔子学院总部/国家汉办官网：http：//www. hanban. org/，2016 年 11 月 5 日。
云南大学官网：http：//www. ynu. edu. cn/，2016 年 11 月 5 日。

汉办和孔子学院总部的支持下开始筹建，2009 年 1 月 1 日，启动运行，1 月 12 日，在德黑兰大学外语学院正式成立。德黑兰大学校长拉赫巴尔、云南大学校长何天淳、伊朗驻华大使曼苏里和中国驻伊大使解晓岩出席揭牌仪式。德黑兰大学孔子学院是中国国家汉办在中东地区建立的第 4 所孔子学院，也是伊朗唯一的一所孔子学院。云南大学、德黑兰大学两校校长还共同签署了《云南大学与德黑兰大学共建孔子学院的执行备忘录》和《云南大学与德黑兰大学深化学术合作的谅解备忘录》。两个备忘录分别对两校共建孔子学院的具体事宜进行了规范，就两校今后深化汉语、波斯语、伊朗研究和中国研究的具体合作项目达成了多项共识。云南大学与德黑兰大学共建孔子学院受到中伊两国社会的广泛关注，新华社、中国国际广播电台、《文汇报》、香港凤凰卫视、伊朗国家电视台、《德黑兰时报》、《消息报》和《市民报》等媒体记者应邀出席揭牌仪式，并进行了全方位现场报道。

　　从 2009 年德黑兰大学孔子学院揭牌以来，德黑兰大学孔子学院成立了李白诗社和太极研究会，曾多次举办中国特色文化活动，如 2009 年中秋诗会、太极研究会研讨会、"武术汉语"推介会、"武术汉语"教学内容和教材建设研讨会等，① 让当地学生感受到了中国传统文化的魅力和学习汉语的乐趣。

　　2009 年 9 月，德黑兰大学孔子学院中方院长仇学琴（女）到任后开始大力推广武术汉语。12 月，第四届孔子学院大会在北京举行。德黑兰大学孔子学院送选的"波斯武韵"节目被总部看中，伊朗少林象形拳表演团应邀到北京参加了大会开幕式文艺会演。2010 年 1 月，德黑兰大学孔子学院积极筹备武术汉语双语教材（汉语和波斯语），该教材将列入 2010 年创新教材推广项目中，出版后将推广到世界各地。

　　2010 年 5 月 4 日，德黑兰大学孔子学院举行了"五四青年节汉语演讲比赛暨第九届'汉语桥'世界大学生中文比赛伊朗赛区初

---

① 周思远：《关于伊朗汉语教学情况的调查报告》，硕士学位论文，吉林大学，2010 年，第 15 页。

赛",来自德黑兰大学和贝赫西提大学的学生以及汉语学习爱好者参加了比赛。这是德黑兰大学孔子学院在伊朗举办的第一届汉语演讲比赛,也是伊朗选手第一次参加这类国际汉语活动。参赛者主要为贝赫西提大学中文专业四年级和二年级的学生以及德黑兰大学汉语培训班的学员。参赛者通过自主命题演讲、诗朗诵和才艺表演等形式展现了汉语功底。最终,来自贝赫西提大学的马娅和李哲获得了比赛的特等奖和一等奖,他们代表伊朗赴北京参加"第九届'汉语桥'世界大学生中文比赛"复赛。汉语演讲比赛的举办使伊朗大学生在课堂学习之外有了实践的机会,能够促进他们更加努力地学习汉语。同时,到中国参加比赛也给他们提供了进一步了解中国的机会,有利于他们学习中国文化。[1]

2010 年 5 月 30 日,伊朗德黑兰大学孔子学院在德黑兰大学外国语学院举办了一级汉语水平考试。这是伊朗历史上首次举办汉语水平考试。共有 40 人报名参加,实际到场有 35 人。考生来自贝赫西提大学、德黑兰大学的在校学生及孔子学院社会班的学生。本次考试的举行标志着汉语考试在伊朗的正式启动,这是对伊朗学习汉语的学生和汉语爱好者汉语水平的正式认定。[2]

2010 年 8 月,德黑兰大学孔子学院举办暑期汉语班。至今伊朗德黑兰大学孔子学院已先后开办了成人汉语、汉语二外和汉语本科三个层次的教学班。[3]

2010 年 9 月 28 日,正在伊朗进行正式友好访问的时任中共中央政治局常委李长春参观了德黑兰大学孔子学院,并向德黑兰大学孔子学院赠送了《中国文化体验设备和大中华文库》。他希望德黑兰大

---

① 车玲、何光海:《伊朗德黑兰大学孔子学院举行汉语演讲比赛》,http://news. xinhuanet. com/2010 – 05/05/c_ 1273485. htm,2016 年 4 月 5 日。

② 易歆:《伊朗举办首届汉语水平考试》,http://gb. cri. cn/27824/2010/05/30/3245s2868643. htm,2016 年 4 月 5 日。

③ 光明日报网:《伊朗德黑兰大学孔子学院举办暑期汉语班》,http://www. gmw. cn/01gmrb/2010 – 09/01/content_ 1235283. htm,2016 年 5 月 2 日。

学孔子学院利用这些设备和图书，进一步提高汉语教学水平。德黑兰大学希望加强与中国高等院校的合作，进一步推动两国人文领域的交流与合作。

2015 年 11 月，云南大学派出第三任中方院长及教师。

2015 年 12 月 26 日，由德黑兰大学外语学院和德黑兰大学孔子学院共同举办的德黑兰大学中国文化周活动落下帷幕。文化周活动共有三个组成部分，分别是中国文化摄影图片展、中国电影展和中国文化讲座。距离德黑兰 100 多公里外的库姆汉语教学点师生专程赶到德黑兰大学孔子学院参加文化周活动，聆听了精彩的讲座。本次文化周在当地及周边地区产生了很大的影响。

2016 年 4 月 24 日，德黑兰大学孔子学院举办了中国文化系列讲座，旅居德黑兰的李启元老先生应邀为该校师生作了一场别开生面的中国书法讲座。讲座中，李先生介绍了汉字书法基本笔画、章法布局，示范了坐姿、执笔等基本要求。李启元先生精心准备了笔墨纸砚，一边演示，一边给大家介绍"文房四宝"。李老师还邀请两位同学上台与他进行互动。本次讲座深受德黑兰大学中文专业学生及其他专业书法爱好者的好评。

2016 年 9 月 24 日，德黑兰大学孔子学院举办了"品香茗 话文化"的中国茶文化推广活动。本次活动是德黑兰大学孔子学院首次举办的孔子学院日活动，不仅受到该校学生关注，也吸引了阿拉梅大学中文系的同学前来参与体验。活动不仅直观地展示了中国茶文化，也为当地汉语学习者提供了用中文交流的机会，激发了他们学习中文的热情。

三 语言培训机构的汉语教学

2008 年，毕业于贝赫西提大学中文系的毕业生穆凯先生在伊朗中南部著名文化古都伊斯法罕（Esfahan）开办了一个中文学习班，有近二十名学员在他指导下学习汉语，学员主要是当地宗教学校里的阿訇。

第四节　汉语师资和教材

一　师资状况

伊朗汉语教学师资匮乏。2009 年，德黑兰大学孔子学院有中方院长 1 人、伊方兼职院长 1 人和中方教师 2 人（其中 1 名汉语专业教师于 2009 年 5 月 16 日才到岗）。2009 年 6 月，云南大学留学生院选派的另 1 名汉语专业教师也已到任。德黑兰大学根据交流协议与上海外国语大学零星互派而来的中国教师也大多是波斯语专业教师，没有汉语言文学专业背景，平时不足的师资则在中国驻伊使馆文化处的帮助下，介绍在伊朗留学、访问进修或工作的中国人士兼课任教，云南大学的教授姚继德 2004—2005 年在德黑兰大学做高级访问学者期间就曾应邀在该系任教一学期。①

二　教材的选用

2009 年，德黑兰大学孔子学院拥有国家汉办和中国驻伊使馆文化处提供的汉语教学用书、中国文化参考书、音像资料、教学挂图、词典 30 余种约 60 册套，国家汉办赠送的汉语多媒体教学设备两套，国家汉办提供的首批近 3000 册教学用书及 CD、DVD 音像资料 6 月初才取回。目前来看，德黑兰大学孔子学院适合于伊朗学生使用的教材、各类教学必备参考书和词典类工具书仍然十分紧缺。②

截至 2010 年，德黑兰大学孔子学院在各层次班级中使用的教材主要有《汉语会话 301 句》（上册）（第 3 版）（英汉注释）（康玉华、来思平，北京语言大学出版社 2007 年版），该书是为初学汉语的外国

---

① 姚继德：《伊朗的汉语教学与德黑兰大学孔子学院》，《云南师范大学学报》（对外汉语教学与研究）2009 年第 6 期。

② 同上。

人编写的速成教材；《新实用汉语课本》（刘珣，北京语言大学出版社2006年版）（中国国家汉办规划教材），该书是21世纪之初，为以英语为母语或媒介语的学习者学习汉语而编写的一套新教材；《公司汉语》（李立、丁安琪，北京大学出版社2008年版），该书适合在华留学一年以上或具有初、中等水平的留学生使用；《中国哲学史》（冯友兰，华东师范大学出版社2009年版）；《中国文学简史》（林庚，北京大学出版社2007年版）。①

本章主要参考文献

艾少伟：《伊朗伊斯兰文化与中伊文化交流》，硕士学位论文，西南大学，2006年。

［以］博纳德·斯波斯基：《语言政策——社会语言学中的重要论题》，张治国译，赵守辉审订，商务印书馆2011年版。

付国凤：《现代伊朗语言政策形成及其根源探析》，硕士学位论文，西南大学，2013年。

［德］汉斯·约阿西姆·施杜里希：《世界语言简史》，吕叔君、官青译，山东画报出版社2009年版。

杨兴礼、冀开运、陈俊华等：《现代中国与伊朗关系》，时事出版社2012年版。

姚继德：《伊朗汉语教学的历史与现状》，《世界汉语教学学会》2009年第2期。

姚继德：《伊朗的汉语教学与德黑兰大学孔子学院》，《云南师范大学学报》（对外汉语教学与研究）2009年第6期。

周思远：《关于伊朗汉语教学情况的调查报告》，硕士学位论文，吉林大学，2010年。

---

① 周思远：《关于伊朗汉语教学情况的调查报告》，硕士学位论文，吉林大学，2010年，第12—14页。

第七章 以色列的汉语教学

第一节 国家概况[①]

一 自然地理

以色列即以色列国（希伯来语：מְדִינַת יִשְׂרָאֵל，阿拉伯语：دولة إسْرَائيل，英语：The State of Israel）。以色列意为"与神角力者"，来源于《圣经》犹太人的祖先雅各与神（天使）角力并取胜，神（天使）将雅各的名字改为以色列。以色列最初是指一个民族而非地名，可查最早的记载出现在公元前 1211 年。在过去 3000 多年的历史中，犹太人视以色列为自己的民族和精神生活的核心，称之为"圣地"或"应许之地"。

以色列在亚洲最西端，毗邻巴勒斯坦，东接约旦，东北部与叙利亚为邻，南连亚喀巴湾，西南部与埃及为邻，西濒地中海，北与黎巴嫩接壤。海岸线长度为 198 公里。面积根据 1947 年联合国关于巴勒斯坦分治决议的规定，以色列国的面积为 1.52 万平方公里。1948—1973

---

① 中华人民共和国外交部：《以色列国家概况》，2016 年 6 月，http：//www.fmprc.gov.cn/web/gjhdq_676201/gj_676203/yz_676205/1206_677196/1206x0_677198/，2016 年 8 月 14 日。

年，以色列在四次阿以战争中占领了大片阿拉伯国家领土，20 世纪 80 年代以后陆续部分撤出。目前以色列实际控制面积约 2.5 万平方公里。以色列的首都建国时在特拉维夫（TEL AVIV），1950 年迁往耶路撒冷（JERUSALEM）。1980 年 7 月 30 日，以议会通过法案，宣布耶路撒冷是以色列“永恒的与不可分割的首都”。以色列的最高峰是梅隆山，海拔 1208 米，河流主要有约旦河、基松河和亚尔库恩河。

以色列属于地中海型气候，夏季（每年的 4 月到 10 月）炎热干燥，最高气温 39℃；冬季（每年的 11 月至次年 3 月）温和湿润，最低气温 4℃左右。降水分布十分不均，北部和中部降雨量相对较大，北部年降水量 920 毫米，南部内盖夫地区年降雨量十分稀少，仅 30 毫米①。

二　历史政治

犹太人远祖是古代闪族的支脉希伯来人。原居住于美索不达米亚平原，公元前 13 世纪末，开始从埃及迁居巴勒斯坦地区。公元前 1000 年左右，建立以色列国。此后先后被亚述、巴比伦、波斯、古希腊和罗马帝国征服。公元 70 年，被罗马人赶出巴勒斯坦地区，开始长达近 2000 年流亡生活。19 世纪末，犹太复国主义运动兴起，犹太人开始大批移居巴勒斯坦。第一次世界大战结束后，英国对巴勒斯坦实行委任统治。1917 年，英国政府发表《贝尔福宣言》，表示赞成在巴勒斯坦为犹太人建立民族家园。1947 年 11 月 29 日，联合国大会通过决议，决定在巴勒斯坦地区分别建立阿拉伯国和犹太国。1948 年 5 月 14 日，以色列国正式成立。

以色列是议会制国家，立法、司法和行政机构三权分立。议会是最高权力机构。以色列没有宪法，只有议会法、总统法和内阁法等基本法。总统是象征性的国家元首，职能基本上是礼仪性的。议会有权解除总统职务。内阁向议会负责。以色列是中东地区唯一一个具有完

---

① 中国驻以色列大使馆经济商务参赞处：《对外投资合作国别（地区）指南——以色列》，商务部 2016 年发布，http：//fec. mofcom. gov. cn/article/gbdqzn/，2017 年 3 月 1 日，第 5 页。

善的多党制的自由民主制国家，公民拥有各式各样的政治权利和公民自由。以色列没有正式的成文宪法，仅有 11 部基本法。本届议会（第 20 届）于 2015 年 5 月成立。由 10 个政党（联盟）组成。政府由议会中占多数席位的一个或几个政党联合组成。本届政府（第 34 届）于 2015 年 5 月成立。2016 年 5 月，以色列议会批准政府改组方案，"我们的家园以色列"党加入联合政府，执政联盟在议会席位由 61 席增至 66 席。

三　人口经济

以色列人口 846.2 万人（2016 年 1 月），其中犹太人约占 74.9%，其余为阿拉伯人、德鲁兹人等。以色列是世界上唯一以犹太人为主体的国家，大部分居民信奉犹太教，其余信奉伊斯兰教、基督教和其他宗教。

以色列属于混合型经济，工业化程度较高，以知识密集型产业为主，高附加值农业、生化、电子、军工等部门技术水平较高。以色列总体经济实力较强，竞争力居世界先列。GDP 总计 3037.71 亿美元（2014 年），人均 GDP 为 36991 美元（2014 年）。

以色列位于亚、非、欧三大洲接合处，在"一带一路"中地理位置非常重要。1992 年以来，中国和以色列两国经贸往来密切。据中国记协网报道，2014 年 10 月，中国公司承建的阿什杜德港新港奠基开工，项目总额约 8.8 亿美元，是中国企业在以承建的最大项目[1]。2015 年 3 月底，上海国际港务集团（简称"上港集团"）成功中标以色列海法新港自 2021 年起 25 年的码头经营权。这是继中国港湾工程有限公司 2014 年中标以色列南部 9 亿多美元的阿什杜德新港建设项目后的又一大型基建项目。[2]

---

[1]　中国记协网：《出访归来｜"一带一路"拉近了亚欧大陆两端的距离》，http：//news. xinhua-net. com/zgjx/2016－08/01/c_ 135554058. htm，2016 年 9 月 2 日。

[2]　新华网：《中以"一带一路"合作添硕果》，http：//news. xinhuanet. com/world/2015－05/29/c_ 1115451333. htm，2016 年 8 月 1 日。

2015 年 12 月 6—7 日，以色列在海滨城市特拉维夫举行了以色列商务会议。一年一度的以色列商务会议是以色列在经济领域最高级别的会议。会议讨论的主题是"中国'一带一路'战略，以色列怎样融入大局"。2016 年 9 月，以色列总理内塔尼亚胡表示以方视中国为优先合作伙伴，双方发展优势互补、合作领域广泛，希望在创新、环保、农业、生物等领域扩大合作，并愿积极参与"一带一路"建设和亚投行活动①。

四　语言政策

以色列的官方语言是希伯来语和阿拉伯语，通用英语。除此之外大多以色列人都会说至少一种的外语，除母语外，以色列人主要是从学校获得外语知识。除了作为官方语言的希伯来语和阿拉伯语，中学的选修课就有 10 种语言可以供选修，以色列一所大学于 2015 年开办汉语师范培训课程，2016 年开始，中文也被列入高中选修课程中②。

第二节　汉语教学简史

以色列的汉语教育起步较晚，且开展较为缓慢。来自美国和中国台湾的汉语教师最先担任起了当地汉语教学的重任，教材也多为中国台湾和美国出版。

1958 年，希伯来大学就开始了中文教学。1969 年，希伯来大学又率先在以色列成立了第一个东亚系。1988 年，特拉维夫大学开始进行中文教学，1995 年，建立东亚系。2002 年，海法大学也成立了东亚系。2007 年，特拉维夫成立以色列的第一所孔子学院。2009 年末，以

---

① 毛磊、杨志望：《张德江对以色列进行正式友好访问》，http://news.xinhuanet.com/world/2016 - 09/22/c_ 1119608591. htm，2016 年 10 月 20 日。

② 张晓羽：《中文热升温　以色列高校将开设汉语师范培训课程》，http://finance. chinanews. com/hwjy/2010/08 - 10/2457332. shtml，2016 年 3 月 5 日。

色列总理内塔尼亚胡在以色列年终论坛上提出初高中要开设汉语教学的倡导。特拉维夫的拉马特甘率先有小学尝试引进了汉语课堂。

2010 年 4 月，以色列教育部还成立了"汉语高级教育委员会"，汉语高级教育委员会的任务旨在从整体上制定汉语教学政策以及不同级别的汉语考试大纲。2011 年 5 月，教育部推出了以色列汉语资格测试，同时将汉语纳入中小学阶段选修课程，而通过当地中文学校所开展的社会教育，以色列将建立起从少儿义务教育到成人教育全覆盖的汉语教学体系。7 月 4 日，以色列教育部在 4 座城市的 4 所高中举行以色列历史上首次汉语入学考试。10 月，以色列教育部与特拉维夫立文斯凯教育学院合作开办了以色列的第一个中文师范专业。2011 年，以色列教育部还决定把汉语列入大学和中小学课程。2012 年开始，中文被列入高中选修课程。2012 年，特拉维夫大学东亚系成为特拉维夫大学最大的系。2012 年，以色列教育部已将汉语作为高校入学的外语学分，汉语已被列入以色列入学考试的外语之一。越来越多的以色列学生开始学习汉语，他们想通过学习汉语，亲身感受博大精深的中华文化，以实现他们梦寐以求的"中国梦"。2014 年，希伯来大学也与北京大学合作开办了第二所孔子学院。由此可见，当地的汉语教学正在逐步与内地对外汉语教学相接轨①。

据不完全统计，2015 年，在以色列已有 13 所高中、14 所初中开设汉语课堂；高校学习汉语注册人数仅次于英语，汉语已跃居成为第二大外语，被列入以色列入学考试的外语之一。2015 年，希伯来大学开办了以色列的第二所孔子学院。为了改善目前师资情况，教育部、特拉维夫立文斯凯教育学院以及汉办共同合作开设了当地首个中文师范专业，以培养和促进本土专业汉语教师的发展。② 2015 年，以色列学习汉语的中小学生人数也不断增加，100 所中小学开设了汉语课程。

---

① 马潇潇：《国别教材以色列汉语课本〈现代汉语语法〉特点分析》，硕士学位论文，北京外国语大学，2015 年，第 2 页。
② 同上。

第三节　汉语教学的环境和对象

一　高等院校的汉语教学

（一）希伯来大学的汉语教学

1958 年，希伯来大学就开始了中文教学。1969 年，希伯来大学又率先在以色列成立了第一个东亚系，并开设中国历史与国际关系、中国军事、中国政治与政党、中国知识分子史、文学与宗教等课程，设有完备的本科、硕士学位与博士学位体系①。

（二）特拉维夫大学的汉语教学

特拉维夫大学 1988 年开始进行中文教学，1995 年，建立东亚系。2007 年，特拉维夫成立以色列的第一所孔子学院。2011 年 10 月，以色列教育部与特拉维夫立文斯凯教育学院合作开办了以色列的第一个中文师范专业，以培养当地专业汉语教师。2012 年，特拉维夫大学东亚系已有 700 多人注册学习汉语，成为特拉维夫大学最大的系。

为了改善目前师资情况，2015 年，教育部、特拉维夫立文斯凯教育学院以及汉办共同合作开设了当地首个中文师范专业，以培养和促进本土专业汉语教师的发展。在培养框架下，汉办除了将派遣专业师资进行课程设置和专业辅导外，也将向学院提供大量的教材、教具，凡是本科汉语专业的当地人均可到这里接受培训，完成培养任务后即可拿到汉语教学证书，在以色列本地开展汉语教育。②

截至 2016 年 6 月，特拉维夫大学东亚系的规模和中文专业的学生人数在全以高校中排名第一，该系现有 12 个中文班，不仅教授现代汉语，还设置古代汉语和各种专业课程引领学生深入研究中国古代历史

---

① 国家汉办交流处：《中国向以色列希伯来大学赠送中文图书》，http：//www. hanban. edu. cn/article/article/2004 – 01/30/content_ 142850. htm，2016 年 4 月 1 日。

② 马潇潇：《国别教材以色列汉语课本〈现代汉语语法〉特点分析》，硕士学位论文，北京外国语大学，2015 年，第 2 页。

与典籍①。

（三）其他大学的汉语教学

除了希伯来大学和特拉维夫大学开展汉语教学之外，海法大学和巴伊兰大学也开设了汉语课程。2002 年，海法大学也成立了东亚系。2012 年，这些课程占以色列大学总数的 57%，在校注册学习汉语的人数占大学选修汉语总人数的 68%。

二　中小学的汉语教学

2009 年末，以色列总理内塔尼亚胡在以色列年终论坛上提出初高中要开设汉语教学的倡导。为满足高中汉语课程的开设，顺应"汉语热"的潮流，有部分当地小学也在校内开设了汉语课程，也是作为选修课性质。特拉维夫的卫星城市拉马特甘就率先有小学尝试引进汉语课堂，教师均为以色列犹太人。另外，据不完全统计，在部分城市也逐渐开始有小学开设汉语课，汉语教师背景各异，除了以色列籍、中国籍，也有其他国籍的教师，作为小学汉语教师，除了汉语的基本知识，更重要的是希伯来语的运用，因此华人教师相对较少，对教师的汉语水平要求也不是很高②。2011 年 6 月 1 日，以色列总理内塔尼亚胡在罗德市考察时说，中小学应推广汉语教学。以色列教育部于2011 年开始将中文列入中学教学内容。内塔尼亚胡说，随着中国经济、文化影响力增强，了解中国文化有益于未来。他表示，两年前就向教育部长建议在中小学推广汉语教学。以色列政府为罗德市拨教育专款 1300 万美元，其面向 21 世纪教育大纲包括文化遗产课程及汉语教学③。2011 年 7 月 4 日，以色列教育部在 4 座城市的 4 所高中举行以色列历史上首次汉语入学考试。同年，以色列教育部决定把汉语列入

---

① 周奕凤：《特拉维夫大学孔子学院协办 2016 特拉维夫大学"中国之夜"中文晚会》，http://www.hanban.org/article/2016 - 06/03/content_ 645920.htm，2016 年 7 月 1 日。

② 谢慧：《以色列特拉维夫地区的汉语教学现状调查研究》，硕士学位论文，暨南大学，2010年，第 18 页。

③ 陈克勤：《以色列中小学推广汉语教学》，《光明日报》2011 年 6 月 2 日第 8 版。

大学和中小学的课程。2012 年开始，中文被列入高中选修课程。2013
年，耶路撒冷 Ziv 中学在特拉维夫大学孔子学院的指导和支持下开设
了汉语教学点。截至 2014 年 5 月，以色列已经有 35 所中小学开设了
汉语课程①。据不完全统计，目前在以色列已有 13 所高中开设汉语教
学、14 所初中开设汉语课堂②。2015 年，开设汉语课程的中小学增加
到 100 所，学习汉语的中小学生人数也不断增长。2015 年 6 月，Neve
Shalom 小学拥有汉语教师两名，初步设立汉语教学体系，每周开设 7
节汉语课。此外，学校正在研发一套图文并茂的多语言学习软件，其
中汉语部分已收入众多常用词汇，其汉语教师 Avital 毕业于特拉维夫
大学孔子学院与特拉维夫大学教育学院合作开办的中小学汉语师资培
训班，目前已正式受聘教授汉语③。

三　孔子学院的汉语教学

（一）特拉维夫大学孔子学院的汉语教学④

特拉维夫大学（英语：Tel Aviv University，希伯来语：**תאוניברסיט**
תל־אביב ברסיט），简称为 TAU，位于拉马塔维夫，1953 年成立，
是以色列规模最大的大学，是一所教学与研究兼具的高等教育机构，
有 9 所学院、106 个系别、90 个研究中心。2007 年 5 月，孔子学院总
部和以色列特拉维夫大学共建了特拉维夫大学孔子学院，中方合作院
校是中国人民大学。特拉维夫大学孔子学院是中国国家汉办在以色列
建立的第一所孔子学院，是中国人民大学在亚洲地区承建的唯一一所
孔子学院，2007 年 11 月 1 日启动运行。

---

① 包银辉：《特拉维夫大学孔院成功举办以色列首届中学生"汉语桥"比赛》，http：//www.
hanban. org/article/2014 - 05/05/content_ 534946. htm，2011 年 5 月 6 日。
② 马潇潇：《国别教材以色列汉语课本〈现代汉语语法〉特点分析》，硕士学位论文，北京外
国语大学，2015 年，第 2 页。
③ 李佳龙：《特拉维夫大学孔子学院参观访问 Neve Shalom 小学》，http：//www. hanban. org/ar-
ticle/2015 - 06/02/content_ 601112. htm，2016 年 4 月 1 日。
④ 孔子学院总部/国家汉办官网：http：//www. hanban. org/，2016 年 11 月 6 日。
中国人民大学官网：http：//www. ruc. edu. cn/，2016 年 11 月 6 日。

2012 年 9 月 13 日，在以色列特拉维夫举行了孔子学院总部与特拉维夫大学继续合作建设孔子学院的协议签字仪式。国家汉办主任、孔子学院总部总干事许琳与特拉维夫大学主管教学的校长谢爱伦签署了《中国孔子学院总部与特拉维夫大学关于继续合作建设特拉维夫大学孔子学院的协议》。

特拉维夫大学孔子学院成立以来，中以开展了双方互访活动，加深了中以友谊。2011 年 3 月 24 日，以色列教育部长陪同中国教育代表团团长郑树山一行，参观访问了特拉维夫大学孔子学院在尼灿尼姆（Netzanim）小学开设的孔子课堂。孩子们精心准备了一场精彩的中文曲艺表演，有童声大合唱、唐诗朗诵及书法表演，还有一年级、二年级学生的中文秀。以色列教育部长基甸·萨阿（Gideon Sa'ar）指出，以色列教育部已经有一个学习中文的计划，教育部鼓励和支持更多学校开设汉语，让更多的孩子学习中文。受国家汉办的委托，中国教育代表团团长郑树山宣布向尼灿尼姆小学孔子课堂赠送 225 册中文/希伯来双语儿童读物。10 月 21 日，时任中共中央政治局委员、中宣部部长刘奇葆率团访问以色列期间，参观考察了特拉维夫孔子学院。10 月 22 日，国家汉办主任、孔子学院总部总干事许琳率团访问了特拉维夫大学孔子学院在耶路撒冷 Ziv 中学开设的孔子课堂。师生们精心准备了一场精彩的中文曲艺表演，有中文秀、大合唱以及书法表演。2015 年 3 月 24 日至 4 月 2 日，以色列教育部官员及中小学校长组成的以色列教育工作者访华团一行访问中国北京和上海两地，进行丰富多彩的交流活动，积极拓宽了中以教育界的交流领域，使以色列中小学校长和官员了解到真正的中国以及中国的教育现状，亲身感受到中以教育模式的异同以及中华文化的魅力，中以教育机构迎来进一步合作的机会。当地时间 2016 年 1 月 12 日，中国人民大学出版社以色列分社揭牌仪式在特拉维夫大学举行，特拉维夫大学孔子学院外方院长郭志松担任主持。国家新闻出版广电总局副局长孙寿山、特拉维夫大学校长约瑟夫·克拉夫特、中国人民大学校长助理贺耀敏等近 20 人出席了仪式。贺耀敏同约瑟夫·克拉夫特校长共同签署了合作备忘录，孙寿山副局长与约瑟夫·克拉夫特校长共同为中国人民大学出版社以色列分社揭牌。中国人民大学出版社以色列分社是中国人民大学出版社依托特拉维夫大学孔子学院而设立的分支机构，也是中国出版机构在以色列设立的第一家，开创了中国学术图书本土化出版的先河。2016 年 6 月 19 日，中纪委驻中宣部纪检组组长傅自应一行参观访问了特拉维夫大学孔子学院，并与该校领导举行了座谈会。双方就高等教育跨学科化发展、中以教育合作与青年交流等问题进行了深入探讨。

　　特拉维夫大学孔子学院成立以来，举办了各种中以文化交流活动。2013 年 5 月 2 日，首届"中以国际学术会议"在以色列特拉维夫大学孔子学院举办，会议围绕"中以经济与外交前景""中国文化与学问""佛教的未来""以色列、中国与世界经济"四个议题进行热烈讨论。作为在特拉维夫大学孔子学院举办的第一个重要学术会议，中国人民大学和特拉维夫大学均派出了强大的专家阵容。会议得到各界人士广泛好评，双方约定 2014 年在中国人民大学举办第二届"中以国际学术研讨会"。5 月 3 日，特拉维夫大学孔子学院成功举办了中以青年交流会，共吸引了 170 多名对中以文化交流感兴趣的各界人士，很多人从耶路撒冷、海法等其他城市特意赶来参加交流会。活动内容丰富多彩，既有太极拳表演、放风筝、小型体育竞赛等文体活动，又有展示并品尝中以食品的活动。通过这个平台，中以青年能够进行全方位交流，不仅能互相交流学习语言的心得，讨论如何进行跨文化沟通，又能互相提供学习和生活方面的有效信息。2014 年 11 月 18 日至 19 日，由特拉维夫大学法学院和特拉维夫大学孔子学院共同主办的"中以法学国际学术研讨会"在特拉维夫大学索尼亚·科索会议厅举行。中以两高校及相关研究机构的 11 名法学专家学者，跨越历史和现实的维度，分析了两国相关法律制度的异同，探讨了两国共同关注的法律问题和解决之道。2015 年 4 月 29 日，由特拉维夫大学孔子学院与以色列康坦途出版社（Contento International Publishing House）联合主办的"劳马对话以色列作家"中以高端文学论坛在特拉维夫开幕。中国人民大学党委副书记、著名作家劳马,以色列作家丹尼·亚托姆(Danny Yatom)、然·罗南(Ran Ronen)、欧施拉特·科特勒(Oshrat Kotler),中国人民大学出版社社长李永强以及特拉维夫大学孔子学院中方院长李贞实等出席论坛。劳马与以色列作家围绕"中以文学作品与中以文化交流"主题展开对话并与现场文学爱好者进行交流。本次论坛是近年来以色列规模和影响力最大的中以文学交流活动,也受到中以媒体的广泛关注,以色列第二频道和第十频道对劳马进行了专访,中国国内媒体新华社、中国国际广播电台、《光明日报》等也对本次活动进行了专题报道。2015 年 5 月 22 日,由特拉维夫大学孔子学院主办、特拉维夫大学国际办公室和特拉维夫大学东亚系学生会协办的中以青年交流会在雅昆公园举办,来自特拉维夫大学、耶路撒冷希伯来大学、魏兹曼科学院等高校的 180 余名中以青年学子以及对中以文化交流感兴趣的各界人士参加了本次活动。特拉维夫大学孔子学院志愿者与特拉维夫大学中国留学生准备了太极拳、京剧脸谱、汉语猜词、筷子夹物、丢手绢、放风筝等主题的中国文化展示与互动游戏。2015 年 12 月 14 日,特拉维夫大学孔子学院举办"第五届中以大学生光明节交流会"。孔子学院中方院长吴洋、以方院长阿萨夫·戈尔德施密特以及特拉维夫大学东亚系的学生与中国留学生共三十余人参加了交流会。2016 年 1 月 14 日,特拉维夫大学孔子学院举办 2016 年中以春节交流会。孔子学院外方院长郭志松、中方院长吴洋、特拉维夫大学东亚系师生、特拉维夫大学中国留学生以及当地对中国文化感兴趣的各界人士等 40 余人参加此次会议。会议中,孔子学院为大家准备了茶艺表演、书法体验、春节歌曲和中国美食,让在场师生充分感受到中国文化以及中国传统节日的浓厚气氛。当地时间 2016 年 2 月 21 日,由特拉维夫大学孔子学院与中国人民大学新闻学院共同主办、中国新闻史学会协办的第二届"向世界传播中国"新闻与传播学国际研讨会在特拉维夫大学举行。来自特拉维夫大学、美国查普曼大学、中国人民大学、清华大学、北京大学等国内外著名高校的新闻学与传播学学者、特拉维夫大学学生和以色列各界人士 50 余人齐聚一堂，共同探讨中以新闻媒体发展与国际传播等议题。本次研讨会主题为"全球化时代下中国如何提升国际形象、推动建立公平公正的国际传播新秩序"，十二位知名学者先后就中国"走出去"战略的传播、外媒报道中的中国形象变迁、媒体在国际传播中的作用三个方面进行了深入的学术讨论，重点就孔子学院的发展模式与成果进行分析并提出建议。此次会议是孔子学院推动中以学术合作和丰富汉语教学模式的良好契机。此届研讨会延续了首届"对外传播中讲好中国故事、有效传播中国文化、实现与西方文化的和谐共存与对话"的主题，深入探讨了中国国际传播中报道方式、理论概念、叙事手法等具体议题，增进了以色列学者、媒体对中国的了解。当地时间 2016 年 3 月 30 日，特拉维夫大学与中国人民大学出版社签署合作出版协议，双方将合作翻译出版中国人民银行副行长陈雨露所著《人民币读本》、中国人民大学校长刘伟所著《经济增长与结构演进：中国新时期以来的经验》及中国人民大学教授方立天所著《中国佛教文化》的希伯来文版。2016 年 8 月 10 日，"中以大学生联合考察中国古乡镇"活动顺利落下帷幕。在为期近两周的时间内，来自以色列特拉维夫大学、海法理工大学、希伯来大学等知名高校的 10 名以色列大学生与来自南京大学、南通开放大学以及中国人民大学的 25 名中国大学生组成联合考察队，深入江苏省南通市的寺街、唐闸、白甸、如城、石庄、白蒲及栟茶、余西、石港、吕四、常乐十镇一街，亲身体验中国风情，系统考察中国古乡镇的历史风貌与崭新变化。中以大学生还参观了南京大屠杀纪念馆和南京大学犹太研究所。这是特拉维夫大学孔子学院为纪念中以建交 25 周年所举办的系列活动之一，也是南通开放大学与南京大学中华图像文化研究所、香港大学饶宗颐学术馆等联合发起的"乡村记忆"文化工程的组成部分。本次活动受到南通市各级领导和有关部门的高度重视与支持，国内媒体也纷纷对此活动进行了详细的系列报道。作为本次活动的后续，中以大学生联合考察队队员将提交考察报告，最终形成 25 万字左右的文集，以此向 2017 年"中国—以色列"建交二十五周年献礼。

特拉维夫大学孔子学院成立以来，还举办了各种中国文化体验活动，如学术会议、交流会、书法作品展和讲座等。2014 年 1 月 5 日至 15 日，中国人民大学艺术学院党委书记、常务副院长、著名书法家郑晓华教授"从书法看中国"系列活动走进以色列，通过为期十天的书法作品展、书法讲座、书法教学和现场书法示范活动，向以色列师生及各界人士展示了中国书法的独特魅力，掀起了一股"中国热"。这是中国书法家在以色列的首次作品展。本次展览的三十幅书法作品涵盖了由六种书体书写的最能代表中国文化精髓的汉字、成语、诗词和对联。这些活动的举办使孔子学院的师生以及当地民众加深了对中国的了解，并通过孔子学院找到了学习汉语和中国文化的途径，无形中也促进了中以文化交流，进一步加深了中以友谊。2014 年 2 月 4 日，国务院参事、经济学家汤敏博士与中国银河证券首席总裁顾问、金融专家左小蕾博士应邀访问特拉维夫大学孔子学院，带来"中国新政府及新政策"与"中国金融市场改革新动向"专题讲座。2 月 4 日下午，汤敏博士一行来到中国驻以色列大使馆，作了《三中全会后的中国经济与改革》主题讲座，对中以经济发展话题进行了探讨。此次中国经济专题讲座不仅加深了特拉维夫大学师生和以色列经济研究者对中国改革与发展的了解，满足了当地人希望更多了解中国的愿望，进一步增强了孔子学院作为汉语传播与文化交流平台的吸引力。2014 年 3 月 26 日，特拉维夫大学孔子学院"太极文化与太极拳"讲座走进以色列最大的水上运动中心 Daniel Rowing Centre，为以色列划艇冠军、水上运动专业运动员、水上运动俱乐部资深会员以及当地社区居民 40 余人带来了一场精彩的中国文化视听盛宴。2014 年 4 月 9 日，特拉维夫大学孔子学院为庆祝孔子学院成立十周年，走进当地社区，举办了中国文化体验活动。活动现场充满了中国元素，展台上摆满了志愿者们为活动准备的中国书画、京剧脸谱、工艺风筝、中国剪纸、中国结、中国灯笼、孔明锁等中国特色传统艺术品和儿童入门汉语课用品。2014
年6月3日，为庆祝孔子学院成立10周年，在中国端午佳节和以色列
五旬节之际，由中国驻以色列大使馆、特拉维夫大学孔子学院和以色
列丹尼尔赛艇中心合作举办的"2014年以色列龙舟节"在特拉维夫市
雅昆河上举行，将以色列民众对水上运动的热情和中国人端午节龙舟
竞渡的传统完美融合。来自以色列各地的22支龙舟队齐聚于此，他们
当中有来自北方加利利湖的基布兹（集体农场）龙舟队、魏兹曼科学
院博士龙舟队、丹尼尔俱乐部少年龙舟队、"熊猫迷"龙舟队等常规
队伍，也有特拉维夫盲人协会的龙舟队、以色列医疗康复龙舟队等特
殊的龙舟队。中国驻以色列大使高燕平、特拉维夫市副市长马赫拉
塔·巴鲁克罗恩出席开幕式并致辞。特拉维夫大学孔子学院龙舟队在
本次龙舟赛中首次亮相。来自北方加利利湖的基布兹龙舟队力压群雄，
夺得了本次龙舟赛的总冠军。与雅昆河上龙舟竞技同时进行的还有孔
子学院在比赛终点河岸开放的中国传统文化体验展区和丹尼尔赛艇中
心港口设置的中国美食体验区。在中国传统文化展区，京剧脸谱、熊
猫玩偶、水墨画、中国结、宫灯、汉语教材与文化读物等中国元素吸
引了众多的参观者。这是以色列首次与中国驻以色列大使馆和特拉维
夫大学孔子学院合作的龙舟节，作为孔子学院创立十周年在以色列系
列庆祝活动的重要组成部分。比赛得到了中国驻以色列大使馆和以色
列赛艇协会的一致称赞。中国中央电视台、新华社、中国国际广播电
台、《光明日报》、以色列电视第二频道、第九频道、《以色列时报》、
以色列体育网等中以主流媒体对龙舟节进行了专题报道。此后，2015
年5月1日也开展了"2015年以色列龙舟节"，这次比赛中，以色列
华人华侨龙舟队首次参赛，进一步丰富了龙舟赛参赛队的结构。当地
时间2016年5月20日，由中国驻以色列大使馆、以色列丹尼尔赛艇
联合会、特拉维夫大学孔子学院举行"2016年以色列龙舟节"，是特
拉维夫大学孔子学院第三次承办龙舟节。本届龙舟节有来自以色列各
地的34支龙舟队参赛。特拉维夫大学中国留学生、以色列华人华侨联

合会、中资企业等中国队伍奋勇争先，最终第二次参赛的以色列华人华侨联合会一举夺得混合组冠军，这也是中国队伍首次获此殊荣。特拉维夫大学孔子学院"中国传统文化系列讲座"在以色列雷德曼中医学院正式开讲。中国传统文化系列讲座系特拉维夫大学孔子学院在以色列首次举办的文化讲座课程，也是首次由中方教师在以色列中医学院开设的课程，是特拉维夫大学孔子学院积极拓展教学领域，促进以色列地区中国文化传播的一项重要举措。内容涉及中国茶道、中华美食、中国书法、京剧、端午与龙舟文化、太极与太极文化、中医养生、中国民乐等十四个最具代表性的中国传统文化主题，让该校师生领略了中国传统文化的独特魅力，并对汉语和中国文化产生了浓厚的兴趣。2014 年 5 月 28 日至 6 月 8 日，特拉维夫大学孔子学院和东亚系共同举办了以 "East of here，west from the sun" 为主题的第三届中国摄影展。摄影展共展出 50 幅特大学生摄影作品，作品从不同视角反映了中国传统文化、自然景观和中国当代发展风貌。此次摄影展的独特之处在于主办方邀请到了拍摄者并请他们讲述作品背后的故事。当地时间 11 月 2 日到 3 日，为庆祝全球孔子学院成立十周年，特拉维夫大学孔子学院举办了"孔子学院日"系列庆祝活动，为特拉维夫大学师生以及当地民众献上了一场精彩的中国文化盛宴。11 月 2 日中午，"孔子学院日"中国文化体验展在特拉维夫大学中央图书馆大厅正式启动，共设置汉语体验与教学资源展、书法体验展和传统工艺体验展等六个主题展台。11 月 3 日下午，中国人民大学音乐系主任与特拉维夫大学音乐学院院长进行了会谈，为该院师生作了《中国传统音乐文化传承》专题讲座，通过大量影音资料让观众对中国传统音乐的历史与现状有了初步的认识。2015 年元旦期间，北京电视台"环球春晚"节目组赴以色列特拉维夫大学孔子学院录制《2015 羊年春节以色列行》特别节目。节目将在农历羊年春节前夕通过北京电视台向全球播出。2016 年 6 月 7 日，以色列特拉维夫大学孔子学院放映了 2016 年"中国电影节"的最后一场电影。此次电影节始于 4 月 12 日，共放映中国电影 5

部，吸引了特拉维夫大学的以色列师生、中国留学生、社会各界汉语爱好者等约 300 人次参加。此次电影节影片有《疯狂的石头》《无人区》《让子弹飞》等。活动期间，孔子学院还邀请了相关人士围绕电影与观众进行讨论交流。此次电影节是特拉维夫大学孔子学院针对以色列观众热爱中国电影但电影放映数量少、片源陈旧且不易购买等问题而开展的一项系列活动。该活动将与特拉维夫大学东亚系的中国研究与教学活动密切结合，在每一期播出影片的同时展开更有深度和广度的讲座与讨论会，为传播中国文化、讲好中国故事做出不懈努力。

特拉维夫大学孔子学院成立以来举办了各种比赛或汉语水平考试，为以色列学习中文的大学生提供了展示的平台，激发了更多以色列青少年学习汉语的兴趣。2013 年 5 月 31 日，第十二届"汉语桥"世界大学生中文比赛以色列赛区预选赛在特拉维夫大学举行。来自特拉维夫大学东亚系的尤尼获得了第一名，将代表以色列赛区参加在中国举办的"汉语桥"全球总决赛。此次预选赛共有 8 名大学生参赛。比赛分为主题演讲和才艺展示两个环节。2013 年 6 月 16 日，以色列特拉维夫大学孔子学院首次举办汉语水平考试，共有 26 名考生参加了汉语水平三级和四级的考试。2014 年 2 月 13 日，以色列地区新汉语水平考试在特拉维夫大学孔子学院成功举行。作为以色列地区唯一的 HSK 考点，本次考试吸引了来自耶路撒冷希伯来大学、特拉维夫大学、海法大学等著名高校的汉语学生参加，考试级别涵盖三级到六级。与之前的 HSK 相比，本次考试呈现了考试级别高、考生来源广和考试目的明确的特点。2014 年 4 月 30 日下午，由中国驻以色列大使馆、以色列教育部主办，特拉维夫大学孔子学院承办的以色列首届中学生"汉语桥"中文比赛暨第七届"汉语桥"世界中学生中文比赛以色列赛区选拔赛在特拉维夫成功举办。来自以色列各地区的 11 名选手围绕"我的中国梦"主题展开比赛。来自艾尔·卡西米（Al-Qasimi）高中的 Nur Sayid Masarwa、Aya Sayid Masarwa 和 Rubaa Sayid Masarwa 三姐妹最终获得了以色列赛区的冠军。此前，以色列"汉语桥"大学生中文比赛已成功举办四届，中学生比赛是首次在全以色列范围内举行。当地时间11月7日，以色列地区新汉语水平考试（HSK）在特拉维夫大学孔子学院开考。来自特拉维夫大学、希伯来大学、海法大学等高校的汉语专业学生以及当地汉语学习者参加了此次考试。2015年2月1日，特拉维夫大学孔子学院举办以色列地区年度首次新汉语水平考试，前来参加的考生有来自特拉维夫大学、海法大学等高校的汉语专业学生以及当地汉语学习者。2015年4月29日下午，由中国驻以色列大使馆、以色列教育部主办，特拉维夫大学孔子学院承办的第二届以色列中学生"汉语桥"中文比赛在拉玛特沙龙市阿隆中学举办。中国驻以色列大使詹永新出席比赛并致辞。来自以色列各地区的7名选手围绕"我的中国梦"主题依次登台，讲述了自己与汉语结缘的美好经历，通过中文演讲和才艺展示两个环节展开激烈角逐。伊芭拉、丹妮尔和奥尔分获冠、亚、季军，詹永新大使、马俊杰副书记和李贞实院长为获奖选手颁奖。2016年6月16日，特拉维夫大学孔子学院举办了2016年度第二次HSK暨以色列首次BCT（Busniess Chiness Test，商务汉语考试）。此次BCT为以色列有史以来的第一次，开创了以色列商务汉语考试的先河。与HSK同样为国际汉语能力标准化考试，重点考查第一语言非汉语考生在真实商务或一般工作情境中运用汉语进行交际的能力，对其能够完成的语言任务进行评价，旨在为企业的选拔任用、各类学校和培训机构的教学活动以及学习者的自我评价提供参考依据。

2014年1月28日，特拉维夫大学孔子学院志愿者教学团队第一次访问以色列Blich高中，并进行了生动有趣的汉语教学和春节文化活动，这是特拉维夫大学孔子学院志愿者们首次亮相以色列中学汉语课堂，为以色列中小学生提供更多的学习机会，成为中以青少年之间语言文化交流的桥梁。特拉维夫大学孔子学院中方院长与汉语教师、志愿者一行五人访问了耶路撒冷Ziv中学汉语教学点，并为该校汉语学生带去了丰富多彩的中国文化体验活动。活动有中国文化讲座，包括中国国情概况、中国节日习俗、中国文化符号、中国教育现状等，还布置了中国文化体验展台，使学生们从中国文化讲座和文化体验展中受益良多。2015 年 2 月 24 日，特拉维夫大学孔子学院中方院长李贞实与汉语教师包银辉及志愿者李佳龙等一行来到 Holon 市著名的 Kiryat Sharet 中学，参观了该校新开设的汉语课堂，通过新春中国文化体验展台向 300 余名师生展示了中国书法的魅力。2015 年 5 月 28 日，特拉维夫大学孔子学院中方院长李贞实、汉语教师包银辉及志愿者李佳龙等一行参观访问贝尔谢巴市 Neve Shalom 小学。

2016 年暑假，以色列特拉维夫大学孔子学院首次在以色列开设了"汉语教师培训"课程和"汉学研究法"课程。这是特拉维夫大学孔子学院通过考察以色列当地实际汉语教学情况并结合自身特点和当地需求而开展的创新型汉语教学课程。为期两个月的"汉语教师培训"课程，主要面对以色列当地中学的汉语教师开设。特拉维夫大学孔子学院利用暑假的时间为当地汉语教师开设了培训班，系统讲述汉语语法，强化口语和听力训练，并且集中解决他们在教学中所遇到的各种实际问题。这一课程深受以色列当地汉语教师的欢迎。为期一个半月的"汉学研究法"课程则是面对以色列高校中以中国研究为方向的硕士和博士研究生开设。该课程作为特拉维夫大学东亚系的一门辅助课程，得到了当地研究生特别是博士研究生的好评。特拉维夫大学孔子学院利用暑假所开设的这两门课程，满足了校园内外各类汉语学习者的要求，因地制宜，发挥特长，取得了良好的效果。

（二）希伯来大学孔子学院的汉语教学①

2013 年 5 月 8 日，国家汉办与以色列希伯来大学签署了设立希伯来大学孔子学院的合作协议，国务院总理李克强出席了协议签署仪式。北京大学作为中方代表与希伯来大学共同开展孔子学院的相关工作，双方于 2014 年 2 月签署了执行协议。2014 年 5 月 19 日，希伯来大学孔子学

---

① 孔子学院总部/国家汉办官网：http：//www. hanban. org/，2016 年 12 月 3 日。
北京大学官网：http：//www. pku. edu. cn/，2016 年 12 月 3 日。

院举办揭牌仪式，刘延东副总理出席了仪式。希伯来大学孔子学院将着手创建汉学研究中心，该中心将推动中国汉学文化的传播，成为中、以汉学学术交流的互动平台。此外，希伯来大学孔子学院还将在希伯来文化与古代中国比较研究的基础上，重点深入研究现当代中国文化。2015年7月1日，中国教育部副部长刘利民在中国驻以色列使馆教育处负责人姜言东的陪同下，参观访问希伯来大学孔子学院，并举行座谈会。

希伯来大学孔子学院成立以来组织了不少大型会议。2014年6月29日至7月4日，耶路撒冷希伯来大学召开了"流动与变迁——蒙元帝国研究的新方向"大型国际会议（Mobility and Transformations，New Directions in the Study of the Mongol Empire）。该会议由希伯来大学孔子学院研究员彭晓燕（Michal Biran）教授及来自韩国首尔国立大学的金浩东（Kim Hodong）教授主持，来自美国、以色列、加拿大、日本、德国、中国、俄罗斯、蒙古国、法国、英国、匈牙利、塞浦路斯等国的五十多名学者专家参加了会议。该会议是欧盟研究委员会（ERC）项目"蒙元帝国时期的流动性与跨文化交往"（Mobility，Empire and Cross Cultural Contacts in Mongol Eurasia）的组成部分，并得到以色列科学基金（Israeli Science Foundation）及以色列高级研究院（Israeli Institute of Advanced Studies）的支持，也是希伯来大学孔子学院作为研究型孔子学院第一次参与主办大型国际学术会议。希伯来大学孔子学院成功主办蒙元研究届的高规格会议，不仅扩大了知名度和国际影响，也让学术界了解中国蒙元研究的发展情况，并为研究型孔子学院的多元化发展提供了实例。2015年3月9日至11日，"21世纪中国农村社会研究"国际研讨会（Studying Rural Chinese Society in the 21st Century：Emerging Themes and New Challenges）在以色列希伯来大学召开。来自美国、中国、以色列、加拿大等多个国家和地区的30多名现代中国社会研究领域的专家学者参会。此次会议是希伯来大学近年来首次举办的有关当代中国社会的国际研讨会，也是希伯来大学孔子学院作为研究型孔院在2015年的重点支持项目。会议的研讨内容涉及农业生产方式、农村家庭结构及家庭关系、乡村教育、社保、就业结构和城市化等各个方面。中国驻以色列大使馆教育参赞姜岩东及政治处的代表也参加了会议，并与学者们进行交流。2015 年 12 月 27 日，以色列希伯来大学孔子学院举办"跨文化接触——中国与犹太教及犹太社团"暨伊爱莲（Irene Eber）教授 85 寿诞国际学术研讨会，来自美国、中国和以色列的十几位学者参加会议并发言，逾百名学界和社会人士参加会议。此次研讨会，学者们广泛讨论了历史上尤其是文化界和思想界的中犹交集，从首次翻译整部《圣经》为中文的犹太主教——施约瑟（S. I. J. Schereschewsky）到哲学家马丁·布伯的"东方精神"以及共产国际派到中国的革命者鲍罗廷，学者们为大家勾勒出一个新奇有趣的中犹文化交流的世界。2016 年 1 月 24 日，由以色列希伯来大学孔子学院和亚洲学系主办的首届以色列"汉学研究方法论研讨会"在希伯来大学召开。来自以色列各高校的 30 位汉学专家和学者参加了本次会议，就汉学研究方法论及研究中遇到的问题和解决方案进行了讨论。在"以色列汉学家圆桌会议"环节，参加研讨会的以色列汉学专家们围绕汉学研究中遇到的问题进行了深入切磋，讨论可行的解决方式。本次会议为汉学领域的专家和学者提供了一次深入交流的机会。2016 年 6 月 15—16 日，希伯来大学孔子学院举办了"中国古典哲学和文学中的关键词"国际学术研讨会。来自以色列、美国、德国、法国、瑞士、奥地利、英国的 20 余位汉学家出席了此次会议并发言。在会议中，世界著名汉学家浦安迪（Andrew Plaks）教授以《情，何以为情》为主题作了精彩演讲。其他汉学家分别就"名""真""孝""耻""恕""富国强兵""和"等贯穿中国古典哲学和文学作品中的关键词进行了探讨研究。

　　2014 年 10 月 22 日，为庆祝孔子学院成立 10 周年，由孔子学院总部/国家汉办派遣的北京大学艺术团赴希伯来大学孔子学院演出。此次巡演活动是其庆祝孔院成立十周年系列活动中的第一场，11 月还将举行一系列文化庆祝活动。

　　2015 年 2 月 1 日，希伯来大学孔子学院举办了汉语水平考试，这是该院自 2014 年成立并正式成为汉语水平考试考点以来的首次汉语水平考试。此次考试包括三级、四级、六级，其中六级考试仅有一人参加，考生人数最多的是四级，共 14 人参加。考生来源主要是希伯来大学东亚系的学生，有的学生之前已参加过较低级别的汉语水平考试，此次尝试更高级别的考试，以检验自己的汉语水平，也为今后申请奖学金赴华学习做准备。2015 年 5 月 21 日，第十四届"汉语桥"世界大学生中文比赛以色列赛区预赛在希伯来大学举行。此次比赛主题为"我的中国梦"，由以色列大使馆主办，希伯来大学孔子学院承办。参赛的 14 名选手分别来自以色列有中文专业的 4 所高校。比赛分为中文演讲、文化知识问答和才艺展示三个环节。最终，特拉维夫大学的沈丹宁和希伯来大学的姗妮分获冠、亚军。

当地时间 2015 年 11 月 25 日，"孔子学院日——2015 年中国武术文化节"活动在希伯来大学举行，近千名师生和当地群众热情参与。此次活动主要分为文化展台和武术健身文化体验两部分，其中文化展台包括古典音乐展台、茶艺展台、中国棋艺展台和书法展台等；武术健身文化体验则包括太极、中医推拿、气功、武术长拳和太极拳等示范课。当地时间 2016 年 1 月 12 日，希伯来大学孔子学院的志愿者教师走进当地小学 Yanush Korchak，举行了"中国文化体验进小学"活动。2016 年 2 月 22 日，希伯来大学孔子学院携手耶路撒冷中文俱乐部和耶路撒冷武术学校举办首届"闹元宵"新春庆祝活动，孔院师生及耶路撒冷社会各界人士百余人参加。当地时间 2016 年 3 月 29 日，首届中以大学校长论坛在耶路撒冷隆重召开。本次论坛以"中以文化传承与科技创新"为主题，由"中以 7 + 7 研究型大学联盟"成员高校发起，邀请了两国众多高校参会。中国国务院副总理刘延东出席论坛并发表演讲。刘延东希望两国大学互学互鉴，做服务两国关系、增进人民友谊的引领者。作为论坛活动的重要组成部分，刘延东向以色列教育部长贝内特（Naftali Benett）赠送了《中国古典名著》希伯来语版代表作——《论语》和《红楼梦》。《中国古典名著》希伯来语版译著的出版发行，向以色列学界及社会生动介绍了中国优秀古典文化，有力地推动了中以人文交流。当地时间 2016 年 5 月 31 日，希伯来大学孔子学院举办"中国日"活动，向当地民众介绍中国各项传统文化。活动内容不仅包括书法、武术、剪纸、民乐欣赏等中国传统文化体验，还有中医咨询和中医知识讲座以及关于中国旅游信息的讲座等。当地时间 2016 年 7 月 11 日，希伯来大学师生参观了位于特拉维夫的大流散博物馆，欣赏了具有浓厚"中国风"的开封犹太教会堂的复原模型，并聆听"中华文化遗产在以色列"计划分项目负责人乌迪介绍犹太人近两千年的流散史以及与古代中国的渊源。"中华文化遗产在以色列"活动受到师生的高度赞扬，大家都反映这一活动寓教于游，将历史融入当代生活和学术研究，极大地加强了大家对中以两国友好历史的认识，并加深了两国师生之间的互相了解。

四 语言培训机构的汉语教学

除此以外，越来越多的社会教育机构也加入到了以色列的汉语教育建设中来，在当地的大中小城市都分布着大小和规模不同的教育机构，同时通过聘用家庭教师的方式学习汉语也是众多方式之一。以色列作为一个民间教育较为活跃的国家，汉语教育机构也是其重要组成部分，除此之外还有一些当地华人或者翻译公司等也提供一对一的汉语教学服务。其中贝立兹和中国盟友学会是当地影响力最大的两个汉语教学机构，并且都对当地汉语教学做出了大量贡献①。

第四节 汉语师资、教材及教法

一 师资状况

以色列的汉语教育与其他国家相比起步较晚，开展进度也很缓慢。

---

① 马潇潇：《国别教材以色列汉语课本〈现代汉语语法〉特点分析》，硕士学位论文，北京外国语大学，2015 年，第 2 页。

以色列最初的汉语教育"非内地"化，从事汉语教学的教师主要来自美国和中国台湾。由于有些教师本身并不是汉语或者汉语教育专业出身，且缺乏相应的教学经验，以色列的汉语教育不仅停留在原地，而且似乎与整个世界的汉语教育发展背道而驰。因此，以色列高校与中国高校增进交流，通过互访项目来促进以色列学者的汉语教学水平。如任职于希伯来大学、特拉维夫大学和海法大学的以色列教师基本都在中国高等学府进行过访问以及学习。为了改善目前师资情况，教育部、特拉维夫立文斯凯教育学院以及汉办还共同合作开设了当地首个中文师范专业，以培养和促进本土专业汉语教师的发展。①

近年来，以色列的汉语师资有所改善，但教师整体不够专业，缺乏教学经验仍是目前以色列汉语教师的通病，除了部分从事多年汉语教学的教师以外，其余教师大多都是业余教师。这给以色列的汉语教学造成了一定的负面影响。②

二　教材及教法

最初，以色列的教材大多是中国台湾和美国出版的。大部分高校最开始使用的是普林斯顿大学编的《中文入门》，也有部分大学试用了《新实用汉语课本》以及拥有大量配套资源的国家汉办编制的《长城汉语》，后来《现代汉语语法》这本教材作为综合课用书出现，并且被希伯来大学的师生广泛认可。2000年开始，中华人民共和国外交部、文化部以及国家汉办等部门和机构相继向以色列部分大学赠送了大量的有关中国语言、文化、历史、艺术方面的书籍③。

目前，以色列仍很难买到中国国内出版的对外汉语教材，除了由国家汉办提供的各类中文图书外，只有极少部分可以在大学的书店购得，但是价格都很昂贵，学生的教材负担比较沉重，所以学生的汉语教材一

①　马潇潇：《国别教材以色列汉语课本〈现代汉语语法〉特点分析》，硕士学位论文，北京外国语大学，2015年，第14—15页。
②　同上书，第21页。
③　同上书，第14页。

般都是复印的，但一般效果不会有原版好，并且配套设施也难于流通。①

自 2013 年以来，特拉维夫大学孔子学院针对以色列中小学汉语教学大纲不统一、教材不一致、汉语教师资质参差不齐、汉语教学系统性不足等问题，组织精通汉语、希伯来语以及两国文化的中以语言专家，对《快乐汉语》第二、第三册希伯来语版进行改编、翻译工作，使之适应以色列学生的学习特点，而又不失汉语的系统性和中国文化的韵味。

为加快以色列中小学汉语推广，特拉维夫大学孔子学院于 2014 年1 月起立项承担了国家汉办主干教材《快乐汉语》第二、第三册学生用书，练习册和教师用书希伯来语版的改编和翻译工作。7 月，第二册改编、翻译工作已经接近尾声。2014 年 2 月 18 日，由特拉维夫大学孔子学院主办的汉语教材展与赠书活动在特拉维夫大学成功举办。本次活动共展出各类汉语教材、汉语工具书、中国文化读物、HSK 考试教辅资料、中国文化光碟等五十余种，并向孔子学院学生和特大东亚系中文学习者赠送了《新实用汉语课本》《长城汉语》《体验汉语》《商务汉语》《HSK 真题集》《全景中国文化》等教材与图书两百余册。教材展与赠书活动对促进中以文化交流具有积极意义，能帮助当地汉语学习者更好地学习汉语，让更多的以色列读者了解并学习优秀的中国文化和中国语言。2014 年 7 月，《快乐汉语》希语版学生用书第二册的翻译和改编工作已经完成，第三册的开发工作也正在紧凑进行中，全部翻译和改编工作预计将于 2014 年年底之前完成。第二册学生用书有望于 9 月份付印，并在以色列中小学新学期开学前送到学生们手中。届时，以色列的中小学生将用上真正的中希双语对照的汉语教材。

2015 年 1 月 20 日上午，特拉维夫大学孔子学院举办 2015 年度汉语教材展暨赠书活动。本次书展共展出汉语教材、教师用书、汉语工具书、HSK 考试教辅图书等六大类七十余种书籍，孔子学院工作人员

---

① 马潇潇：《国别教材以色列汉语课本〈现代汉语语法〉特点分析》，硕士学位论文，北京外国语大学，2015 年，第 12 页。

为他们提供专业的咨询服务，并有针对性地赠送《新实用汉语课本》《体验汉语》《商务汉语》《HSK 真题集》《全景中国文化》等教材与教辅图书三百余册。为促进以色列本土汉语教师进一步提升教学质量，孔子学院工作人员推介了针对以色列中小学生最新编译的希伯来语版汉语教材《快乐汉语》，并赠送汉语教材配套教师用书、汉语工具书、汉语教学 CD 和挂图等资源。

2010 年 8 月，中国驻以色列大使馆举办了首次汉语教学研讨会，与会人员包括以色列教育部的官员、以色列当地汉语教师、中方使领馆人员。2011 年 8 月，特拉维夫市举办了首次汉语教学研讨会，以提高以色列汉语教师的教学水平。2014 年 3 月 11 日，特拉维夫大学孔子学院与特拉维夫大学教育学院合作开办了以色列首个中小学汉语师资培训项目，并向成绩合格的学员颁发以色列政府承认的汉语教师资格证书。这是以色列孔子学院专职教师首次培训以中小学汉语教师，也是中国教师首次参与以色列官方培训项目。本次以色列本土汉语教师培训系列课程包括汉语作为第二语言教学理论、汉语词汇教学方法、汉语希伯来语比较、科技辅助汉语教学方法、课堂游戏与歌曲教学方法以及中国文化教学等。

本章主要参考文献

陈腾华：《以色列教育概览》，华东师范大学出版社 2005 年版。

邓莉：《21 世纪以色列基础教育改革研究》，硕士学位论文，华东师范大学，2014 年。

马潇潇：《国别教材以色列汉语课本〈现代汉语语法〉特点分析》，硕士学位论文，北京外国语大学，2015 年。

王二建：《以色列语言政策及其根源探析》，硕士学位论文，西南大学，2014 年。

谢慧：《以色列特拉维夫地区的汉语教学现状调查研究》，硕士学位论文，暨南大学，2010 年。

于蔚天：《以色列教育立国经验研究》，硕士学位论文，西北大学，2011 年。

张倩红：《论以色列教育的特点》，《西北大学学报》（哲学社会科学版）2000 年第 1 期。

第八章 约旦的汉语教学

第一节 国家概况^①

一 自然地理

约旦，全称约旦哈希姆王国（阿拉伯语：المملكة الأردنّية الهاشميّة，英语：The Hashemite Kingdom of Jordan）。约旦是阿拉伯国家，国土面积比较小，中华人民共和国外交部网站公布数据显示，截至 2016 年 7 月，约旦面积 8.9 万平方公里。约旦位于亚洲的西部，阿拉伯半岛的西北部，属阿拉伯高原的一部分，它的北部与叙利亚接壤，东北部与伊拉克相邻，东南和南部与沙特阿拉伯毗邻，西部是巴勒斯坦和以色列。约旦全国共分为十二个省，每个省又被分成 52 个街道（英语：nahia，阿拉伯语：ناحيــة）。全国最大的城市安曼（Amman）是约旦的首都。约旦基本上是个内陆国家，国家唯一的出海口是亚喀巴湾，亚喀巴湾位于约旦的西南角，濒临红海。约旦地势总体是西高东低，西

---

① 中华人民共和国驻约旦哈希姆王国大使馆官网：http：//jo. chineseembassy. org/chn/，2016 年 9 月 2 日。

　中华人民共和国外交部官网：http：//www. fmprc. gov. cn/web/，2016 年 9 月 2 日。

部主要是山地，而东部和东南部则是沙漠，其中，沙漠占全国总面积的 78% 。约旦的河流流经西部，最终注入死海。死海是咸水湖，湖面低于海平面 392 米，为世界陆地最低点。

约旦的气候属于大陆性气候，炎热、干旱、多阳光。每年的 3 月到 5 月是春季，10 月到 11 月是秋季，春秋两季温度适中，气候温和；6 月到 9 月是夏季，夏季气候干热，最高气温达 38℃；12 月到次年 2 月是冬季，冬季天气寒冷，多雨，山区偶有降雪。首都安曼和西部山区属亚热带地中海型气候，气候温和，1 月的平均气温为 7—14℃，7 月的平均气温为 26—33℃。约旦的东部和东南部为沙漠，气候条件恶劣，干燥、风沙大，日夜温差大，年降水量少于 50 毫米；西部山区和约旦河谷地区的年降水量在 380—630 毫米①。总的来说，约旦全国缺水，据有关国际组织的统计，约旦是世界上十大严重缺水的国家之一。

二　历史政治

约旦历史悠久。约旦原来是巴勒斯坦的一部分，历史上先后被亚述、巴比伦、波斯和马其顿统治过；公元 7 世纪初，约旦隶属阿拉伯帝国版图；1516 年，被土耳其人占领，属于奥斯曼帝国的大马士革省；1921 年，以约旦河为界线，英国人把巴勒斯坦分成东西两部分，西部称为巴勒斯坦，东部则建立外约旦酋长国；1923 年，外约旦成为英国委任统治下的一个半独立的埃米尔国。1946 年 3 月 22 日，外约旦同英国签订伦敦条约，废除了英国统治，外约旦独立，但保留在政治、经济和军事上的特权；1946 年 5 月 25 日，阿卜杜拉登基为王（1946—1951 年在位），把国家名字改为外约旦哈希姆王国；1948 年 5 月，第一次中东战争（阿以战争）爆发后，外约旦部队占领了 1947 年联合国分治决议划归巴勒斯坦人的约旦河西岸的大部分地区和耶路撒冷旧

---

① 中国驻约旦大使馆经济商务参赞处：《对外投资合作国别（地区）指南——约旦》，商务部 2016 年发布，http://fec.mofcom.gov.cn/article/gbdqzn/，2017 年 1 月 7 日，第 4—5 页。

城所属的大约 4800 平方公里的土地；1950 年 4 月 24 日，外约旦宣布把该地区纳入该国版图，国名改为约旦哈希姆王国；1957 年 7 月，英军全部撤出约旦，约旦完全独立；1967 年，约旦河西岸地区在第三次阿以战争中被以色列占领；1988 年 7 月，国王侯赛因宣布中断同约旦河西岸地区的"法律和行政联系"；1994 年 10 月，约旦、以色列签署了和平条约；1995 年 2 月 9 日，约旦收回了被以色列占领的约 340 平方公里土地。

约旦是二元制君主立宪制国家，国王是国家元首、三军统帅，权力高度集中。众议院和参议院组成国民议会，权力掌握在以国王为首的哈希姆家族王室手中。司法机构包括法院和检察院两部分。约旦从 1952 年 4 月 9 日开始允许建立政党，后来各政党被解散；1991 年 10 月，解除党禁；1992 年 10 月，颁布政党法，规定实行多党制；2008 年，修改政党法，规定至少有 500 名党员才能成立政党，并且党员要至少来自五个省份。目前，约旦有 18 个政党，主要的政党是伊斯兰行动阵线党（The Islamic Action Front）、宪章爱国党（National Constitutional Party）、约旦阿拉伯社会复兴党（Jordanian Ba'ath Arab Socialist Party）、约旦共产党（The Jordanian Communist Party）和民族阵线党（National Front Party）。约旦地处一个政治上非常不稳定的地方，美国、苏联、英国、以色列、各个阿拉伯国家以及约旦国内数量众多的巴勒斯坦移民都在这里逐鹿。国王侯赛因在众多的政治力量中竭力寻找可行的道路以保障约旦的主权和统一，因此，尽管中东诸国经历了多次战争和动荡，但约旦基本上保持稳定。1989 年，国王侯赛因恢复了约旦的国会选举；1994 年，他签署了与以色列的和平条约；2011 年 1 月，约旦反对派政党开始举行抗议示威活动，要求进行彻底的经济和政治改革；2011 年 6 月，国王阿卜杜拉在电视演讲中表示支持改革选举法，即未来的内阁将由经选举出来的议会多数派组建，而不是由国王直接委任。2013 年 3 月，约旦首次以国王同议会协商方式推选出首相阿卜杜拉·恩苏尔（Abdullah Ensour）。

三　人口经济

约旦人口 663 万人（2014 年）。60% 以上是巴勒斯坦人，98% 的人口为阿拉伯人，还有少量切尔克斯人、土库曼人和亚美尼亚人。约旦是伊斯兰国家，伊斯兰教是国教，92% 的居民信奉伊斯兰教，属伊斯兰教逊尼派，另有少数属什叶派和德鲁兹派。信奉基督教的约占 6%，主要属希腊东正教派。

约旦是发展中国家，经济基础薄弱，资源较贫乏，缺乏淡水资源，石油资源也不丰富，可耕地少，依赖进口。石油及其副产品是能源消费的主要部分，其次为天然气和进口电力，清洁能源占比仅 1%—2%。为改善能源短缺，逐步实现能源自给自足，约旦政府实施了多项措施：加大风能开发利用，重视太阳能开发利用，抓紧开发油页岩，增加天然气供应来源，研讨核能开发。这些措施实施后效果明显。据《意见报》，约旦统计局月度报告显示，约旦 2016 年上半年能源进口额为 10.6 亿约第（约 14.97 亿美元），相比 2015 年同期下降 7%。2016 年 1—6 月，约旦未进口燃油和天然气。约旦国民经济的主要支柱是侨汇、外援和旅游。阿卜杜拉二世国王执政后，把发展经济和提高人民生活水平作为施政重点，不断深化经济改革，国家的经济状况有所好转。1999 年，约旦加入世界贸易组织。2004—2008 年，约旦的经济增长率超过 8%。2006 年，约旦继续推进私有化、贸易自由化政策，大力改善投资环境，积极寻求外援和减免债务。2008 年以来，约旦为争取更多外援着力改善投资环境，积极应对油价上涨和金融危机的冲击，但金融危机对经济的负面影响有所显现，2009 年受国际金融危机影响及西亚北非地区局势动荡冲击，约旦的经济增长速度下滑，出口、侨汇和旅游同比分别下降 21%、8.3% 和 1.2%。为了寻求国家经济的发展，约旦抓住伊拉克重建的巨大商机，利用自身地理位置、政府支持政策和其他有利条件，大力发展与伊拉克贸易。2014 年，70% 的民用重建产品从约旦进入伊拉克。同时，约旦积极与周边国家签署自由贸易协定，扩大贸易范围和影响。2014 年，约旦国内生产总值达到（GDP）366 亿美元，人均国内生产总值约 5500 美元，经济增长率为 3.1%。但据《意见报》，世界银行最新报告显示，约旦 2016 年经济增速为 2.4%，低于中东和北非国家平均数。报告预计约旦经济将持续保持在慢车道，2018 年底增速将达到 3.6%。据约旦统计局统计，2016 年上半年，约旦出口总额约 35.4 亿美元，同比下降 7.3%；进口总额从 2015 年同期的 100.08 亿美元下降到 98.95 亿美元，同比下降 1.1%。

约旦虽小，但它在阿拉伯世界具有重要的战略地位。由于其地理位置独特，约旦与北美洲、欧洲、亚洲以及其他阿拉伯国家签署了自由贸易协定，逐渐发展成为连接亚欧非三大洲的贸易服务中心。当地基础设施和通信网络完善，人力资源丰富。1977 年中约建交以来，两国在经济和文化方面往来不断。2010 年以来，双边贸易合作快速增长。2013 年，中国国家军委主席习近平提出"一带一路"倡议，让一度沉寂的丝绸之路焕发新的活力。2014 年，双边贸易额达 36.28 亿美元，同比增长 0.7%。博鳌亚洲论坛年会媒体领袖圆桌会议于 2015 年 3 月 26 日在海南博鳌举行。约旦环球电台台长萨瑞·塔利赫第二次出席媒体领袖圆桌会议，他认为"一带一路"建设为丝路沿线国家深化包括传媒在内的各领域合作提供了良机。他说："建设丝绸之路经济带是一个非常有意义的提议。丝绸之路对于我来说是一个梦想，是联结亚洲各国的纽带和脉络，而且关系到经济、文化、传播等各个领域。毫无疑问，'一带一路'建设将有助于提升各国间的合作往来，我也希望参与到'一带一路'建设中来，加强与各沿线国家，尤其是中国的合作。"2015 年 5 月，"约旦研究中心"在武汉成立，这是国内首个服务于国家"一带一路"倡议设立的关于约旦的研究中心，为我国和约旦的政府间合作共赢提供政策建议，为中约产业合作提供战略咨询服务。2015 年 9 月 9 日，国家主席习近平会见了约旦国王阿卜杜拉二世，双方建立了中约战略伙伴关系，全面推进各领域合作。中、约两国元首还签署了《中华人民共和国和约旦哈希姆王国关于建立战略伙伴关系的联合声明》，见证了教育、经济技术等领域双边合作文件的签署。统计数据显示，2015 年中约贸易额达 36.3 亿美元，中国已成为约旦第三大贸易伙伴和第一大非石油产品进口来源国。2016 年 9 月 5—7 日，第十三届中国（约旦）商品展（第一期）在约旦首都安曼国际展览中心开幕。展出面积 10000 平方米，约 400 个摊位，中国 11 个省市，大约 200 家企业参加了此次展出。

四　语言政策

约旦的官方语言是阿拉伯语，因为曾被英国委任统治，所以约旦通用英语。英语基本上是约旦基础教育阶段各学校的必修课程，而高等院校也多用英语或汉语教学。

第二节　汉语教学简史[①]

20 世纪 70 年代初，国王学校等贵族中小学为学生开设了汉语兴趣班，来自中国台湾的教师在当地教授汉语并组织文化活动[②]。

2004 年，约旦大学率先开设了汉语选修课程。2008 年 9 月，安曼 TAG 孔子学院（Amman Talal Abu-Ghazaleh Confucius Institute）挂牌成立。2009 年起，Karak 大学就一直在申请开设孔子学院，北部也有两所大学申请开设汉语专业和辅修课程，约旦有些大学和英式学制贵族学校也申请开设孔子课堂或汉语兴趣班。2009 年，约旦大学把汉语课由普通选修课程改为专业课程，开设汉语言文学专业。2009 年 4 月，安曼 TAG 孔子学院正式启动，5 月，正式开始教学。8 月，Mashrek 私

---

① 孔子学院总部/国家汉办官网：http://www.hanban.org/，2016 年 12 月 2 日。
② 钱多多、关天尧：《约旦汉语教学之发展历程和现状分析》，《南京晓庄学院学报》2013 年第 1 期。

立学校组织了短期夏令营。9 月，Mashrek 私立学校孔子课堂正式成立并开始授课。10 月，中国国家汉办派出两名对外汉语教师，在约旦军队外国语学校开设汉语课程。2009 年末，Hakawati 连锁书店在儿童活动区开设了儿童汉语兴趣班，利用周末和节假日为孩子们教授汉语。2011 年，费城大学和中国山东聊城大学合作，成立孔子学院。2011—2012 学年起，约旦伊斯兰教育学院就把汉语作为全日制课程纳入 international 部门教育体系。2013 年 2 月 28 日，费城大学将汉语课程融入学分体系。2013 年 6 月 23 日起，费城大学孔子学院在暑期开设了汉语课程，作为计入大学学分系统的正式选修课，是费城大学孔子学院汉语教学的又一硕果。2015 年底，约旦孔子学院注册学员 988 人。费大孔院经过四年的发展，招生人数从一学期不足 50 人，到 2016 年春季已扩大到 216 人，在费大目前所开设的英语、意大利语、法语、希伯来语等外语课中，汉语成为仅次于英语的招生最多的外语课程。

第三节　汉语教学的环境和对象

一　高等院校的汉语教学

（一）约旦大学的汉语教学

2004 年，约旦大学率先开设了汉语选修课程，第一批学生只有 20 余名。经过 5 年多前后三任教师的不懈努力，2009 年起，约旦大学决定把普通选修课程上升为专业课程，开设汉语言文学专业，首批就有 70 余名学生报名。

（二）费城大学的汉语教学

约旦费城大学是目前约旦排名第一的私立大学。2011 年，费城大学和中国山东聊城大学合作，成立孔子学院。2013 年 2 月 28 日，新学期伊始，汉语课程在费大顺利开设，两个班，共 40 余名学生。汉语课程正式融入费大学分体系。同时开设了近 20 名学员的两个功夫班。汉语课及功夫班均取得良好教学效果。2014 年 10 月 19 日，费大秋季学期开学，开设了 4 个汉语班，由原来的两个汉语 I 教学班增为三个汉语 I 教学班和一个汉语 II 教学班，比以往增加 1 个班；HSK、HSKK 等汉语考试在层次、种类、报名人数等方面，都有大幅度的提升和拓展。

（三）约旦军队外国语学校的汉语教学

2009 年 10 月，中国国家汉办派出两名对外汉语教师，在约旦军队外国语学校开设汉语课程。定向培养约旦军队的中高级军官，每年暑假都要到中国高校进行访问，接受短期速成汉语培训，并与中国军方互访。

（四）其他大学的汉语教学

Karak 大学从 2009 年起就一直在申请开设孔子学院，北部也有两所大学申请开设汉语专业和辅修课程。约旦许多高校的旅游专业已经在筹划把汉语作为必修的第二外语课程。中国教育部和国家汉办为约旦当地高校派遣了 10 余名汉语教师和志愿者，提供项目启动资金，为各个汉语教学单位赠送多媒体语音室、教材图书数千册，开设中国文化体验中心，定期组织赴中国游学、短期夏令营等活动，提供多个长、短期国家奖学金，孔子学院奖学金名额①。

二　中小学的汉语教学

约旦伊斯兰教育学院是约旦首屈一指的贵族学校，也是约旦上任国王侯赛因的母校。伊斯兰教育学院对汉语极为重视，自 2011—2012 学年起就把汉语作为全日制课程纳入 international 部门教育体系，从幼儿园到中学九年级，共有汉语学生四百余人，占约旦所有中小学汉语学生总数的 90% 以上。这不仅是约旦首例，在整个中东地区也绝无仅有。

---

① 钱多多、关天尧：《约旦汉语教学之发展历程和现状分析》，《南京晓庄学院学报》2013 年第 1 期。

另外，1936 年建立的安曼主教学校也是 TAG 孔子学院的教学点，每年约有 100 名学生学习汉语。学校教育属于精英教育，学校的使命是给学生提供一流的教学质量以使他们能够充分发挥个人潜能，培养其反思、批判、开放意识和国际视野，未来能够更好地服务于约旦。

三　孔子学院的汉语教学

（一）安曼 TAG 孔子学院的汉语教学①

安曼 TAG 孔子学院（Amman Talal Abu-Ghazaleh Confucius Institute）位于约旦的首都安曼，是 2008 年 9 月 TAG 集团（塔拉·阿布·格扎拉国际集团）与国家汉办签署协议成立，由中国的沈阳师范大学与 TAG 国际集团联合创办的。安曼 TAG 孔子学院正式启动于 2009 年 4 月 1 日。安曼 TAG 孔子学院是约旦开设的第一个孔子学院，不仅传播了汉语和中国文化，培养了一大批懂汉语、深谙跨文化交际的国际人士，还加深了阿拉伯人和中国人的相互理解，促进了两国科学、文化和技术的交流，重新架起"丝绸之路"的桥梁。七十多岁的 TAG 公司的董事长是世界贸易组织（WTO）专家委员会的十一个委员之一，他创办孔子学院的目的就是希望有一天戈兰高地周围的人民可以自由来往，没有仇恨，他可以带着全家人去给祖父扫墓。

2012 年 9 月 17 日上午，国务院参事、国家汉办主任、孔子学院总部总干事许琳一行 4 人抵达约旦安曼 TAG 孔子学院进行工作访问。他们参观了孔子学院的办公场所、教室、图书资料室以及文化中心等，并对教师们的辛勤工作表示高度肯定。许主任亲切地与授课教师和学生进行了交流，还为在中国驻约旦大使馆举行的"长城—佩特拉"汉语比赛中获奖的四名选手颁奖。访问期间，他们还赴 TAG 集团总部，与总裁塔拉·阿布·格扎拉等外方理事会成员进行了座谈，并对 TAG 孔子学院的未来发展以及与其他领域的进一步合作进行了磋商。

---

① 孔子学院总部/国家汉办官网：http：//www. hanban. org/，2016 年 11 月 2 日。
沈阳师范大学官网：http：//www. synu. edu. cn/，2016 年 11 月 2 日。

2009 年以来，安曼 TAG 孔子学院举办了各种活动以在约旦推广和加强中国语言和文化。2011 年 2 月 3 日，安曼 TAG 孔子学院举行了庆祝中国春节的活动。参加本次活动的有 TAG 集团主席兼首席执行官、参议员塔拉·阿布·格扎拉博士、TAG 集团副主席鲁艾·阿布·格扎拉先生、中国驻约旦使馆的官员、媒体代表、孔子学院的老师、学生及其家人以及对中国文化感兴趣的各界朋友。此次庆祝活动包括了很多中国文化活动，如国画展览、中国书法和服装展示、剪纸、中国传统乐器表演、中国美食，除此之外，阿拉伯学生还演唱了中国歌，用汉语讲故事。参议员塔拉·阿布·格扎拉议员在活动中高度赞扬了中约合作关系，他说："通过中约两国人民的密切交往，我们增强了和中国各个领域之间的关系，这是伟大的国王阿卜杜拉二世对我们的期望，我们正在通过增设新孔子学院来巩固这一关系。"TAG 孔子学院执行院长萨米先生说："自从 2008 年孔子学院建立以来，对汉语感兴趣、学习汉语的人越来越多。我们孔子学院在各方面都取得了很大成绩，许多学生获得了中国北京孔子学院总部的奖学金。"萨米先生还邀请参加活动的人学习汉语，他认为汉语将成为未来社会非常重要的一门语言。参议员阿布·格扎拉说："国王阿卜杜拉二世对加强与中国的合作寄予了厚望，并希望在阿拉伯地区建立更多的与中国有合作关系的分支机构，我们正努力践行这一希望。"此后，安曼 TAG 孔子学院每年都会举办欢庆中国春节的文艺演出活动。2014 年 9 月，TAG 孔子学院庆祝孔院成立十周年系列活动正式拉开帷幕。9 月 7 日，"庆中秋暨孔子学院成立十周年摄影展"在安曼 TAG 孔子学院举行。庆中秋文化活动从下午 5 点开始一直持续到晚上 8 点半。孔子学院教师通过剪贴画及手册等向来宾介绍了中秋节的来历、文化传统以及相关的传说故事。在各个教室里，孔子学院的教师们为来参加活动的学生准备了各种文化活动，如中国剪纸、绘画、茶艺以及学唱中国歌曲等。"中国摄影展"展出了表现中国人文历史、名山大川及文化交流等方面的摄影作品共 60 多幅，本活动将一直持续到 9 月末。TAG 孔院又陆续在孔子学院和当地学校推出一系列活动：文艺演出；孔子学院日，循环式的系列文化活动，包括15分钟汉语体验课，茶艺表演及品尝，剪纸与中国结制作，中国书法与绘画，太极拳观摩及学习等。2015年10月1日，约旦安曼TAG孔子学院举行第二届"全球孔子学院日"活动，TAG孔子学院全体中外方人员、学生、家长和TAG商学院师生等200余人参加此次活动。孔子学院中方院长杨松芳在致辞中谈到，今年"孔子学院日"的主题是"文化交流与世界和平"。此次活动内容丰富，有汉语体验课，茶艺欣赏与品茶，中国书法、太极、剪纸、折纸、中国传统服饰展和品尝中约美食。能够不出国门体验中国文化，过中国节日，对参加活动的人来说是一个很有意义的体验，同时也在另一层面拉近了中约两国人民之间的友谊。2015年7月22日—8月5日，孔子学院总部/国家汉办、沈阳师范大学和约旦安曼TAG孔子学院共同举办了"约旦安曼TAG孔子学院汉语语言文化体验夏令营"，共17名营员参加了活动。活动期间，学生们进行了语言学习，体验了文化活动，还参观了名胜古迹。沈阳师范大学为营员们安排了汉语语言课程和关于中国地理、历史、文化知识方面的学习。营员们参加了京剧、太极拳、书法、茶艺、传统手工艺制作等文化体验活动。学习之余，营员们参观游览了沈阳和北京两地的名胜，如辽宁古生物博物馆、沈阳故宫、人民英雄纪念碑、颐和园等地，亲身体验中国的风土人情和风俗习惯。当地时间12月17日，约旦安曼TAG孔子学院举办"舌尖艺术，美味共享——中阿美食节"活动。中国驻约旦大使馆文化处参赞聂国安及使馆工作人员、TAG商学院和孔子学院师生及学生家长约150人参加了本次活动。此次美食节汇聚中阿两国特色美食，包括中国拉面、口水鸡、阿拉伯鸡肉饭、阿拉伯肉丸、鲜香玉米汤等。本次活动是TAG孔子学院自成立以来首次举办的大型文化活动。此次活动让当地民众对中国烹饪艺术有了真切的体验，在感知中国饮食文化的同时，更激起他们对中国和中国语言文化的热爱。2016年7月12日，约旦安曼TAG孔子学院召开了2016年赴华夏令营行前培训会。7

月 18 日至 31 日，夏令营在沈阳和北京展开，25 名营员在两地进行语言学习和文化体验。活动期间，营员们学习汉语知识，聆听关于中国国情和文化知识的讲座，并参与沈阳师范大学 2016 年暑假中外国际文化艺术节活动。此外，他们还进行了京剧、茶艺、书法和太极拳等文化项目的体验。学习之余，营员们参观了沈阳的清昭陵、新乐遗址、辽宁古生物博物馆和北京的天安门广场、故宫博物院、长城等处，亲身领略到历史文化与现代化气息并存的两大都市的风采。2016 年 10 月 24 日，约旦安曼 TAG 孔子学院在马什拉克国际学校举办"快乐中国日"活动。这是中国文化首次走进马什拉克国际学校。TAG 孔子学院为本次活动做了精心的准备，给马什拉克的师生和学生家长带来了一场别开生面的中国文化盛宴。约旦王子阿里及其家人、中国驻约旦大使馆文化处秘书郑琰、马什拉克国际学校校长哈娜、课外活动部主任蒙特、四年级学生、教师和学生家长、TAG 孔子学院中方院长杨松芳、外方院长马谋恩、孔院全体教师等 200 余人参加活动。中国新华社记者进行了现场采访和报道。应学校领导邀请，TAG 孔院还将为该校幼儿园小朋友及教师举办专场"快乐中国日"中国文化体验活动。

为进一步推广中国语言和文化，安曼 TAG 孔子学院自 2011 年春季开始，制定了"请进来、走出去"的办学方针，向当地学校和文化机构发出邀请函，邀请它们到孔子学院来参观和体验学院组织的各种文化日和展览活动。2011 年 10 月 17 日，安曼国立学校师生一行十九人到约旦安曼 TAG 孔子学院参观考察。安曼国立中学是迄今为止第四所来孔院进行参观和体验的学校。已经参观过的学校中已经有两所决定与 TAG 孔院合作，将于近期在学校为学生开设汉语教学项目。孔子学院外方院长穆斯塔法先生简单介绍了一下学院大体情况以及给当地人提供的汉语课程及文化活动等。TAG 孔子学院中方院长张成羽向参观的师生介绍和展示了中国文化体验中心，并和汉语教师、志愿者一起引导学生使用国家汉办总部提供的多媒体系统进行文化体验，如中国生肖、汉字以及中国哲学家等。

　　安曼 TAG 孔子学院在积极邀请当地中学到孔院来参观和参加学院组织的文化活动的同时，还积极联系当地中学和文化机构，积极参加当地学校或机构举办的各类文化活动，布置中国文化展区，向约旦民众展示丰富多彩的中国文化。2011 年 4 月 7 日，安曼 TAG 孔子学院参加了 Jubilee 学校举行的文化日活动。这次文化日活动的主题是"Jubilee：文化之镜"，举办这次活动的目的是推介不同国家的文化与艺术特色，众多学术和文化机构、艺术和教育学院参加了这次活动。安曼 TAG 孔子学院展示了丰富多彩的中国文化：中国纪录片、中国书法展示、中国古代帝王的传统服饰以及中国乐器演奏和传统拼贴艺术。安曼 TAG 孔子学院的院长 Sami Al Kharouf 先生说："安曼 TAG 孔子学院除了介绍形形色色的中国文化之外，更提供多种服务项目，如汉语培训课程。主要授课对象包括商界人士、学者和学生。我们设立了多项奖学金、组织演讲和研讨会活动。""我们通过参与各项活动，宣传安曼 TAG 孔子学院的角色，加强文化交流，增进阿拉伯国家与中国之间的了解。同时，我们也通过开设文化、文学和培训课程，提供相关知识。"2012 年 4 月 12 日，安曼 TAG 孔子学院接受当地尤比勒学校的邀请，参加了该学校举办的世界文化日活动。安曼尤比勒学校是由前约旦国王侯赛因基金会发起并建立的一所精英式学校，每年从安曼各中学选拔优秀毕业生进入该校进行学习，为约旦培养未来的政治、经济及文化等领域的领导人。学校除了开设国内正常教学大纲规定的课程外，还特设多种国际教育模式。该校每年都会举行一次世界文化日，目的是向学生推介不同国家的文化与艺术特色。安曼 TAG 孔子学院中、外方院长和汉语教师及志愿者一行共 6 人参加了活动，布置了很大的中国文化区，向该校学生展示了丰富多彩的中国文化，如中国文化纪录片、中国茶艺、中国书法、中国古代帝王的传统服饰以及中国乐器演奏和传统剪纸艺术等。在文化节上，约旦教育部代表侯赛因国王基金会及尤比勒学校向参加该校文化日的文化机构颁发了"杰出教育奖"。TAG 孔子学院已经连续两年参加该校的文化日活动，并向该校师生展示中国传统文化。2013年4月18日，安曼TAG孔子学院接受当地尤比勒学校的邀请，参加了该学校举办的世界文化日活动。这已经是孔院第三次参加该校的世界文化日。2015年3月26日，约旦尤比利学校（Jubilee School）第12届文化节成功举行，英国、俄罗斯、中国、德国、意大利、土耳其、南非等多个国家在约旦文化教育机构参加文化节活动并设有展位。约旦安曼TAG孔子学院参加了此次文化节活动。文化节当天，中国展位成为亮点。展位上方悬挂着"海内存知己，天涯若比邻"的条幅，还有大红灯笼、中国结、辣椒串、小红旗、"富贵有鱼"等极具中国特色的装饰品。中国驻约旦大使馆文化处对TAG孔子学院的此次文化活动给予大力支持，并提供了装饰品。中国展位的传统服饰、文化书刊、茶艺、书法和剪纸等深深地吸引了学生。TAG孔子学院获得了尤比利学校颁发的荣誉奖。2016年4月11日，约旦安曼TAG孔子学院应邀参加尤比利学校国际文化节。本次文化节以展示东亚国家的文化为主，参展单位除了代表中国的TAG孔子学院，还有韩国、日本、泰国等国家的教育和文化交流机构，吸引了近千名人士参加。大红灯笼、中国结、灯笼串、猴年玩偶、中国手工香包将中国文化展区装饰得热闹非凡。汉字书法体验、茶艺表演与品茶、中国传统服饰展、中国文化图书展等使整个中国展台会集了众多的师生，尤比利学校校长也亲自来到中国展台体验并连连赞赏。为了表彰TAG孔子学院在汉语教学和文化交流方面所取得的成就，TAG孔子学院被授予"侯赛因国王基金会奖"。2015年10月25日，约旦安曼TAG孔子学院全体中外方职员来到约旦SOS儿童村，为那里的孩子们带去汉语及文化体验活动。SOS儿童村属于独立的、非政府组织的社会机构，建立于1986年，目前有300多个孤儿和弃儿生活在儿童村里。SOS儿童村包括幼儿园、小学部、中学部，儿童村为孩子们提供教育、保护和青年培训。TAG孔子学院本次活动面对的是儿童村的中学生，孔院赠送给孩子们一些中国文化、历史、地理等方面的书籍以及学习用品。2015年11月27日，约旦安曼一年一度的社区文化节在安曼阿丽亚学校（Ahliyya School）举行，安曼 TAG 孔子学院应邀参加，这是中国文化首次亮相阿丽亚学校社区文化节。大红灯笼、中国结、灯笼串等中国元素将中国展位装饰得格外引人注目，中国文化书刊、孔院院刊、茶艺、书法、中国传统服饰、太极、剪纸和折纸等文化活动更引来大批观众驻足、翻阅、询问。作为中约语言文化交流的窗口和平台，TAG 孔子学院积极致力于走进社区活动，为约旦民众学习汉语和了解中国文化发挥了积极作用，也为中约人文交流做出了积极贡献。

安曼 TAG 孔子学院创立之后，与不同的政府部门、社会团体和学校合作，面向社会不同群体开设了很多特色汉语课程，如基础汉语、儿童汉语、商务汉语和旅游汉语等。随着中国改革和对外开放的不断深入，约旦旅游业的不断发展，来约旦进行商务和旅游活动的中国人数目不断增加，约旦旅游局开始着手计划给当地导游进行汉语培训。2012 年 1 月 24 日，约旦 TAG 孔子学院正式与约旦旅游局签署协议，负责为其开设专门课程，培训当地导游的汉语交际能力。经过双方协商之后，TAG 孔子学院针对旅游业者的职业特点，为学员专门设置汉语语言及文化课程。首期旅游班共有 12 名学员，他们除了学习语言课程外，还将通过各种讲座和活动对中国历史及传统文化进行全面的了解。导游班课程的开设更加丰富了 TAG 孔子学院在约旦推广中国语言及文化的服务领域。2016 年 3 月 10 日，约旦安曼 TAG 孔子学院与安曼商会举行商务汉语培训合作签约仪式。安曼商会会长 Issa Hairdar Murad、TAG 集团总裁 Talal Abu-Ghazaleh、TAG 孔子学院中外方院长、孔院教师及安曼商界代表出席了本次签约仪式。针对本次与安曼商会的长期合作，TAG 孔子学院专门编写一套集实用性和知识性为一体的《商务汉语培训》教材，为约旦的商业和企业界人士提供商务汉语培训。协议的签署可以使安曼商会与 TAG 孔子学院的合作效率达到最优。安曼主教学校（Bishop School of Amman）（男校）是安曼当地最具办学历史的学校之一。3 月 22 日，孔子学院工作人员与教师一行来到该学校参加汉语语言文化宣讲会。宣讲会上，100 多名该校学生兴奋地聚集在学校礼堂，聆听着孔子学院汉语教师张大强介绍中国文化及文字，并不时举手提问和表述自己对中国的了解。在双方正式签署协议后，TAG 孔子学院主教学校教学点正式成立。3 月 29 日，教学点的第一个汉语班正式开班，首批正式注册学生达到 29 人。经过几周授课后，近日该校的女子分校和高中部都表达了想要开设汉语课程的愿望。TAG 孔子学院的中、外方院长计划以该校为中心将在更多的学校开设汉语教学点，为增强当地人对中国语言和文化的了解以及加强中阿文化交流打下良好的基础。

安曼 TAG 孔子学院自 2009 年正式挂牌授课以来，已经向总部申请过多次汉语水平考试，并通过考试每年向国内院校输送多名获得孔子学院奖学金的学员，还组织参加"汉语桥"世界大学生汉语比赛。随着孔院不断发展，注册汉语学习的学员人数不断增加，学生对中国孔子学院总部提供的奖学金需求不断增多。2011 年 12 月，TAG 孔子学院正式向总部考试中心提出建立海外考点的申请，2012 年 3 月，学院正式与总部签署协议，成为总部驻约旦安曼汉语考试海外考点。2012 年 4 月 14 日，安曼 TAG 孔子学院举行 2012 年首次汉语水平考试（HSK），来自孔院、安曼军队外国语学院、约旦大学及其他汉语教学机构的 49 名考生注册参加了三个级别的考试。2012 年 6 月 17 日，举行 2012 年度的第二次官方汉语水平考试。2014 年 5 月 22 日，第十三届"汉语桥"世界大学生汉语比赛约旦赛区决赛在约旦安曼 TAG 网络大学会议中心落下帷幕。中国驻约旦大使馆文化参赞聂国安、约旦塔拉·阿布·格扎勒（TAG）集团副总裁、孔子学院理事会主席鲁艾、TAG 孔子学院中方院长张成羽、外方院长阿拉兹、约旦大学亚语系主任李亚德、费城大学孔院中方院长李志岭以及各汉语教学单位的一百多名师生参观了比赛。经过各汉语教学单位两个多月的准备、选拔以及复赛，最终共有安曼 TAG 孔子学院和约旦大学的十名选手进入决赛。比赛共分为三个部分：主题演讲、中文词组讲故事和才艺表演。

第一个部分，演讲的主题是孔子学院总部汉语桥主题"我的中国梦"；第二个部分，各个选手依据选择的号码所给出的 5 个中文词组，进行了诙谐幽默、妙趣横生的故事讲述；第三个部分，各个选手更是通过书法、剪纸、太极扇、歌舞等不同方式，充分展现了对中国文化的热爱之情。经过激烈的角逐，来自约旦大学的李娜同学获得了第一名。2015 年 5 月 21 日，由中国驻约旦大使馆主办、费城大学孔子学院承办的第十四届"汉语桥"世界大学生中文比赛约旦赛区决赛在约旦费城大学落幕，约旦大学、伊尔穆克大学、约旦军队外国语学院、TAG 孔子学院等高校师生共 200 余人观看此次比赛。经过激烈角逐，安曼TAG 孔子学院的孟可瑞获得比赛三等奖。2016 年 3 月 29 日，由中国驻约旦大使馆主办、安曼 TAG 孔子学院承办的约旦首届"孔子学院杯"汉字书法暨汉字听写大赛在 TAG 孔子学院举办。来自 TAG 孔子学院、约旦大学等校的 41 名选手参加了比赛。TAG 集团总裁塔拉·阿布·格扎拉、中国驻约旦大使潘伟芳与各汉语教学机构的师生、学生家长等 100 余人出席比赛现场。此次比赛包括汉字书法和汉字听写两部分，分为少儿组和成人组，每组均包含硬笔书法和软笔书法。最终，TAG 孔子学院的 Wajdi Alhinnawi、Mohammad Aljalakh、Mohammad Al-Sayyed 与约旦大学的 Shahd Amr 和伊斯兰教育学院的 Osama Hassouneh 获一等奖，4 名学生获二等奖，其余学生获优秀奖。此次比赛激发了约旦学生学习汉语和中国文化的兴趣。教师们表示，此次比赛对学生学习和记忆汉字并研习汉字书法起到了促进作用。2016 年 5 月 19 日，第十五届"汉语桥"世界大学生中文比赛约旦赛区预选赛在约旦大学举行。来自约旦大学、安曼 TAG 孔子学院、费城大学孔子学院和伊尔穆克大学的 10 名选手参加了比赛。约旦大学校长阿兹米，中国驻约旦大使潘伟芳，各孔院院长和各校师生、学生家长等 100 余人观看了此次比赛。阿兹米在致辞中表示，中阿关系源远流长，"汉语桥"比赛会进一步激励学生学习汉语和中国文化。

　　安曼 TAG 孔子学院成立后，与中国交流互动良好。为庆祝海外孔子学院成立十周年，2014 年 9 月 22 日至 30 日，沈阳师范大学组成 17 人师生艺术团赴约旦安曼 TAG 孔子学院进行巡演活动。2015 年 9 月 28—29 日，由孔子学院总部/国家汉办主办，上海大学和约旦安曼 TAG 孔子学院承办的文艺巡演首站在伊斯兰教育学院（Islamic Educational College）和主教学校（Bishop School）举行。800 余名师生与社会各界人士观看此次演出。上海大学师生艺术团向约旦观众展现了精彩纷呈的中国文化艺术，为当地观众带来了一场美轮美奂的视听盛宴。演出以中国民乐为主，还包括歌曲、舞蹈、武术等中国传统艺术。2016 年 8 月 1 日至 14 日，约旦安曼 TAG 孔子学院组织的约旦教育工作者访华团在中国北京和沈阳进行参观访问，受到沈阳师范大学的热情接待。此次访华团的 7 名成员均为约旦中小学的校长。在华期间，他们参加关于中国国情、中国基础教育和高等教育的讲座，系统了解中国的教育体制，参观辽宁省实验中学、辽宁省实验学校、沈阳师范大学附属学校和沈师大春天幼儿园，并与相关负责人座谈交流，希望约旦与辽宁的学校能够开展合作交流。在京期间，访华团成员参访了孔子学院总部/国家汉办，进一步了解孔子学院的工作，体验中国文化。此外，他们还体验了书法、茶艺、京剧等中国传统文化项目，参观了沈阳故宫、辽宁古生物博物馆、颐和园、故宫等处，亲身领略了历史文化与现代化气息相融合的中国都市风采。9 月 28 日，中国教育部部长助理陈舜等一行 6 人访问约旦安曼 TAG 孔子学院，并与孔院教师代表举行座谈。陈舜对 TAG 孔子学院取得的成绩给予高度评价，他指出，随着"一带一路"倡议构想的实施，TAG 孔子学院将会在中约两国各方面的交流中发挥更重要的作用。他希望在中外双方的共同努力下，TAG 孔子学院会越办越好。9 月 29 日至 10 月 3 日，由孔子学院总部/国家汉办主办、北京外国语大学承办的艺术巡演于"孔子学院日"之际在约旦进行了三场盛大的演出。本次约旦站演出由安曼 TAG 孔子学院承办，中国驻约旦大使馆全体人士、安曼浸会学校和新英语学校校长及师生、TAG 孔子学院中外方院长及师生、约旦华人华侨及社会各界人士约 1200 人观看演出。新华社记者对演出进行了采访和报道。

（二）费城大学孔子学院的汉语教学[①]

约旦费城大学是目前约旦排名第一的私立大学。费城大学和中国山东聊城大学合作成立孔子学院，2011 年 9 月 22 日，费城大学孔子学院启动。

2012 年 4 月 26 日，约旦费城大学孔子学院考点举行了新中小学生汉语水平考试 YCT。本次考试在约旦伊斯兰教育学院（Islamic Educational College）举行，来自约旦伊斯兰教育学院、ABS 学校、马什拉克国际学校三个学校的 101 位考生参加，考生年龄最小的只有七岁，年龄最大的也只有十六岁。本次考试是约旦自开展汉语教学以来举行的首次 YCT，因此教学点各位老师及伊斯兰校方极为重视。2013 年 4 月 20 日，费城大学孔子学院成功举办了汉语水平考试和首届汉语水平口语考试（中级）。本次参加 HSK 三级考生 3 人，四级考生 5 人，五级考生 2 人，HSKK 中级考生 12 人。2014 年 4 月 17 日，费城大学孔子学院在费大成功举办了别开生面的"我的中国梦"汉语演讲比赛暨长城——佩特拉杯"汉语桥"演讲比赛费大赛区选拔赛。比赛共决出四位一等奖选手和五位二等奖选手。获一等奖的同学将代表费大参加约旦长城——佩特拉杯"汉语桥"比赛。2015 年 4 月 28 日，约旦费城大学孔子学院还举办了主题为"和平、发展——我的中国梦"的汉语演讲赛。此次比赛也是第十四届"汉语桥"世界大学生中文比赛约旦赛区比赛的预赛。来自费大汉语班的 11 名选手参加了比赛。5 月 21 日，由中国驻约旦大使馆主办，费城大学孔子学院承办的第十四届"汉语桥"世界大学生中文比赛约旦赛区决赛闭幕，来自约旦大学、亚穆克大学、约旦军队外国语学院、TAG 孔子学院、费城大学孔子学院以及费城大学的师生共 200 余人观看比赛。费城大学校长穆塔兹·

[①]　孔子学院总部/国家汉办官网：http://www.hanban.org/，2016 年 11 月 2 日。
　　费城大学官网：http://www.lcu.edu.cn/，2016 年 11 月 2 日。

A. 萨勒姆出席开幕式并致辞，萨勒姆校长对费城大学孔子学院的工作给以充分肯定，并强调了外语对于各国之间合作与发展的重要作用以及当今学好中文的特殊意义。他鼓励同学们学好汉语，为约中友谊与合作做贡献。聂国安参赞发表讲话，介绍了中国建设"新丝绸之路经济带"和"21 世纪海上丝绸之路"的战略构想以及中约合作的广阔前景，希望同学们把握机遇，志存高远，努力学习，梦想成真。最终经过演讲、才艺表演、知识问答三个环节的角逐，来自约旦大学的康丽获得第一名。2016 年 4 月 28 日，费城大学孔子学院举办了"梦想照亮未来"汉语演讲比赛，吸引了汉语学分课程班 200 余名学员参加。比赛中，学员们围绕主题"我的梦想与中国"展开演讲，有 10 余名选手脱颖而出。此次比赛不仅是检验学生汉语学习成果的教学活动，也是 2016 年"汉语桥"预选赛的活动之一。2016 年 10 月 16 日，聊城大学孔子学院获得奖学金的学生赴山东临清进行了以"运河古城·园林艺术"为主题的文化体验考察活动。此次文化考察活动，获得奖学金的同学不仅欣赏了中国园林艺术与自然风光，而且领略了中国运河古城特有的艺术魅力，了解了其源远流长、丰富多彩的文化，对于将来的汉语学习和传统文化体验活动产生了更加浓厚的兴趣。[①]

　　2013 年 2 月 28 日，汉语课程在费大顺利开设，两个班，共 40 余名学生。汉语课程正式融入费大学分体系，同时开设了近 20 名学员的两个功夫班。自 6 月 23 日起，应约旦费城大学学生要求，费城大学孔子学院在暑期开设了汉语课程，作为计入大学学分系统的正式选修课，供同学们利用暑假时间学习。2013 年 3 月 10 日，费城大学孔子学院中国文化中心剪彩仪式暨费大首届汉语课开学典礼在费城大学学生活动中心顺利举行。中国驻约旦大使岳晓勇、文化参赞聂国安、费大校长、中约友好协会副会长马尔旺·卡迈尔博士、副校长阿瓦德博士、校长顾问、约旦 TAG 孔子学院院长、中文专业负责人及费大部分教师出席

---

① 岳秀芳：《聊城大学孔子学院奖学金生举行"运河古城·园林艺术"体验考察活动》，http://cis. chinese. cn/? p = 3356，2016 年 11 月 27 日。

了此次活动。费大汉语班和功夫班近 60 名学员表演了文艺节目。费大孔院自 2013 年 2 月在费城大学开设汉语课以来，校园内中国文化氛围愈加浓厚，越来越多的费大学生开始关注汉语选修课，选课人数也不断有新的突破，学生的中国文化素养不断提升，并以学习汉语为荣。举办了孔子思想讲座、中秋茶话会、欢度春节等大型活动，同时也在费大开办了八段锦、太极拳功夫班、中国结培训班、剪纸艺术班等数个文化培训课程。2014 年 10 月 19 日，费大秋季学期开学，开设了 4 个汉语班，由原来的两个汉语Ⅰ教学班增为三个汉语Ⅰ教学班和一个汉语Ⅱ教学班，比以往增加 1 个班；HSK、HSKK 等汉语考试在层次、种类、报名人数等方面，都有大幅度的提升和拓展。费大孔院经过四年的发展，招生人数从一学期不足 50 人，到 2016 年春季已扩大到 216 人，在费大目前所开设的英语、意大利语、法语、希伯来语等外语课中，汉语成为仅次于英语的招生最多的外语课程。

　　2013 年 5 月 18 日，费城大学孔子学院与中国驻约旦大使馆在安曼扎哈尔儿童文化中心联合举办了中国文化日活动。扎哈尔儿童文化中心是约旦重要的文化教育机构，该中心每年 5 月都举办国际文化日活动。今年活动的主题是国际城市文化展，有 30 多个国家驻约旦的使馆和文化机构参加。活动展示了包括汉字文化、茶文化、饮食文化、中国结、中国风筝、中国字画和剪纸等，使中国展区成为整个文化展最突出的亮点。2014 年 1 月 28 日，费城大学孔子学院 2013 年第 3 期汉语班学生 100 余人举办了以春节为主题的文化活动。此次活动突出了汉语教学主题。李志岭院长点评说："今天大家看到的，是中约青年使用对方的语言，相向而行，重建当代文化丝绸之路这一历史工程的缩影。孔子学院的每一位同学都将是一条连接中约两国的当代文化丝路。"此后，费城大学孔子学院每年都会举办以春节为主题的文化活动。为庆祝孔子学院成立十周年，2014 年 9 月 27 日，费城大学孔子学院举办了大型庆祝活动暨孔子学院开放日活动。活动主题鲜明，突出内涵，以介绍孔子学院、推介 HSK、HSKK、介绍祖国的名山大川为序曲，开启整个活动。约方院长伽祖博士（Mohamed Mahmoud Ahmed Ghazu）和中方院长李志岭博士在首场活动 HSK、HSKK 推介中致辞，介绍了孔子学院十岁生日及其发展，欢迎各界人士光临孔院这个大家庭。孔子学院是学习汉语和中国文化，致力于中外交流，为世界各国人民建立友谊之桥、沟通之路的平台。李志岭博士介绍了中国的名山大川，给来宾和学生留下深刻印象。中国民族舞蹈、民族服装展览、太极扇、学习葫芦丝、彩绘中国京剧脸谱、中国书法体验、中国电影欣赏等活动在接下来的时段同时进行。2015 年 5 月 12 日，费城大学孔子学院举办了"中国文化日"中国文化展示推介活动，费城大学校长穆塔兹·A. 沙伊克·萨勒姆教授等领导亲临现场，看望孔院老师，并祝贺活动圆满成功，约 1500 人次参加了活动。孔院展示了中国美食、十字绣、中国书法、中国剪纸艺术与文化等。同时，利用电视循环播放了大量展示中国山川大美的自然与人文图片。这种文化日活动向约旦民众展示了中国文化，加深了人们对中国和中国文化的认知。2016 年 1 月 31 日，费城大学语言中心主任哈桑·萨尔玛在举办的春节主题文化活动上高度评价了孔子学院教师的敬业精神、教学水平和教学成果。她指出，约中友谊源远流长，中国的发展令人钦佩，约中合作前景广阔。学好汉语，致力于约中合作与两国的共同繁荣，是有为青年的明智选择。她表示，两千年前形成的丝绸之路是约中交流与友谊的伟大传奇，也是约中人民的智慧之果。中国政府提出的"一带一路"倡议符合各国人民的利益，也是各国人民喜闻乐见的美好愿望。相信今天以及未来的费城大学孔子学院学生中能够走出当代丝绸之路的伟大建设者。2016 年 9 月 25 日，约旦费城大学孔子学院举办"2016 孔子学院日"和"中华人民共和国国庆节"双庆活动，来自约旦大学、费大孔院的师生以及当地有关人士参加了活动。此次活动包括中国民族服装展、书法、剪纸、葫芦丝、太极功夫扇表演与体验、中国电影欣赏、中国文化知识解说等内容。孔院教师还向大家介绍了此次活动的主题，包括孔子学院日、中国国庆日以及"一带一路"倡议等内容。

2014 年 1 月 12 日，约旦费城大学孔子学院参加了费城大学在学生活动中心举办的旨在救助约旦患重症儿童的义卖活动。在这次义卖会上，费大孔院现场展示了中国书法、中国结、京剧脸谱、剪纸、手工手链和手工花卉等多种文化展品，并制作了书法作品展示板。孔院展品成为义卖会上最为走俏、畅销的义卖商品。此外，4 月 13 日和 22 日，费大孔院又参加了费大学生会和语言中心组织的两次慈善义卖活动。孔院教师精心准备的中国结、脸谱彩绘、手工制作品、中国书法作品等都是两次义卖现场的亮点，并已成为各次类似活动的保留项目，所得善款全部捐献给了学校慈善组织，为需要帮助的当地学生贡献了一份来自中国的爱心。

2014 年 11 月 18 日，约旦费城大学中国村举行了中国文化图片展暨汉语教学、汉语考试及孔院奖学金推介活动，该活动由费城大学孔子学院与新华社安曼分社联合举办。费城大学副校长阿瓦德博士、校长顾问白德兰博士、费大孔院约方院长伽祖博士等人出席了活动。

2016 年 4 月 19 日，费城大学孔子学院与约旦费城大学语言中心的英语、法语等外语专业联合举办了费城大学首届多元国际文化节。文化节包括书法、文艺演出、作业展等，主要介绍各语种的语言文化，展示教学成绩。费城大学校长穆塔兹·A. 萨勒姆（Moutaz A. Sheikh Salem）在活动开幕式上发表讲话，对孔子学院的汉语教学给予了高度评价。孔院教师和汉语班学生积极参加了本次活动，表演了汉语歌曲、汉语演讲等节目，师生还一起演奏了箫、葫芦丝等中国民族乐器。在文化展示区，孔子学院展示了中国书法、剪纸等民间艺术，这些成为整个展区的亮点。参加活动的费城大学师生对汉语、书法表现出了浓厚的兴趣，而且高度认可中国文化中关于学习与教育等方面的理念。本次活动展示了孔子学院汉语教学的成绩。

2016 年 4 月 26 日，约旦杰拉什地区慈善义卖活动在费城大学语言中心拉开帷幕，费城大学孔子学院是本次活动的主办方之一。费城大学校长穆塔兹·A.萨勒姆等校领导出席并为活动剪彩。为成功举办本次慈善义卖活动，孔子学院精心准备了大量的剪纸、水墨画、书法作品、灯笼、中国结以及水饺。自 2013 年以来，费城大学孔子学院积极参与一年一度的杰拉什地区慈善义卖活动，孔子学院教师将自己制作的剪纸和书法作品、中国结和中国食品等作为义卖品，并将义卖所得捐献给约旦慈善部门，这成为孔子学院在约旦富有影响的爱心名片。通过参与此类社区活动，费城大学孔子学院更好地融入了当地社会，既展示了中国文化，又以实际行动将爱心与温暖传递给了当地需要帮助的人们。

四　语言培训机构的汉语教学

2009 年末，Hakawati 连锁书店在儿童活动区开设了儿童汉语兴趣班，利用周末和节假日为孩子们教授汉语。2010 年 9 月，Mashrek 私立学校孔子课堂正式成立并开始授课，并一举取代了日语课程，成为最受孩子们欢迎的外语课程。以 2010 年一年计算，累计教授当地学生400 余名[①]。

第四节　汉语师资、教材及教法

一　师资状况

约旦大学的汉语教师岗位始设于 2004 年秋季学期。汉语教师隶属于约旦大学文学院现代语言系，承担了文学院非英语专业外语课程及全校的非英语外语选修课的教学任务。2008 年，汉语教学在约旦大学目前仍处于起步阶段，没有本土教师。

---

① 钱多多、关天尧：《约旦汉语教学之发展历程和现状分析》，《南京晓庄学院学报》2013 年第 1 期。

二　教材的选用

2008 年，汉语教学在约旦大学也没有本土教材。开设 2 个层次的汉语课程（汉语 1 和汉语 2），学生人数在 10 人左右；使用的教材是北语出版的《新实用汉语课本》，包括课本和练习册两种材料，课堂教学设计为综合课，听说读写（汉字）全面进行，汉语 1 侧重语音、口语和听力，汉语 2 则逐步加大汉字、阅读和语法的比重。

约旦市场上大部分的教材都是针对母语为英语的欧美国家而出版的，也有部分教材为了方便日韩、东南亚学习者，将注释内容翻译为相应的日语、韩语等。但是总体来讲，针对阿拉伯地区的系列配套教材还是非常稀缺，尤其是商务汉语教材和相关中国文化知识丛书。在当地书店，汉语学习者几乎很难找到这类教材和丛书，至于配套光盘、多媒体教材、中文原版图书等更是很少见了，只能使用针对欧美国家的系列教材作为替代品。但是对于母语为阿拉伯语的学生来说，针对欧美国家的系列教材使用时并不顺手。而且，由于没有合适的渠道，各教学单位也急需一批阿拉伯语的对外宣传材料和影音资料。国家汉办近年来已经加大力度开发教材，但是对文化传播、对外宣传这一领域的空白还有待填补[①]。

三　教学法

2014 年 11 月 19 日上午，费城大学孔子学院就约旦的汉语教学进行了探讨。2016 年 6 月 10 日，由中国驻约旦大使馆主办、费城大学孔子学院承办的约旦首届汉语教学研讨会顺利召开，来自安曼 TAG 孔子学院、约旦大学等高校的 23 名汉语教师参加了研讨会。中国驻约旦大使馆文化参赞杨荣浩出席并致辞。本次研讨会的议题广泛，涉及汉字、语法、语音语调、教材、教学方法、教学策略、课堂管理、HSK／YCT

---

① 钱多多、关天尧：《约旦汉语教学之发展历程和现状分析》，《南京晓庄学院学报》2013 年第 1 期。

考试、儿童汉语教学、成人汉语教学、汉语教学中的中国文化传播等内容，教师们积极发言、热烈讨论。此次研讨会顺应约旦汉语教学发展的新需求，对约旦汉语教学工作做了一次全面总结，并对约旦汉语教学中遇到的问题进行集中研讨，探寻解决方案，对促进约旦汉语教学的进一步发展起到了积极的推动作用。

本章主要参考文献

纪新：《约旦哈希姆王国汉语教学概况》，《世界汉语教学学会通讯》2014 年第 1 期。

钱多多：《针对母语为阿拉伯语学生的对外汉字教学研究——以约旦 TAG 孔子学院汉字教学为例》，《萍乡高等专科学校学报》2013 年第 1 期。

钱多多、关天尧：《约旦汉语教学之发展历程和现状分析》，《南京晓庄学院学报》2013 年第 1 期。

王海涛：《约旦安曼 TAG 孔子学院的汉语教学》，《云南师范大学学报》（对外汉语教学与研究版）2011 年第 2 期。

第九章　阿曼等国的汉语教学

第一节　阿曼的汉语教学

一　国家概况[①]

阿曼 （阿拉伯语： سلطنة عُمان, 英语： The Sultanate of Oman ），古称"马肯"，1970 年 7 月 23 日，定国名为"阿曼苏丹国"并沿用至今。阿曼位于西亚，是阿拉伯半岛最古老的国家之一，地处阿拉伯半岛的东南部，扼守着世界上最重要的石油输出通道——波斯湾和阿曼湾之间的霍尔木兹海峡，与阿联酋、沙特、也门接壤，濒临阿曼湾和阿拉伯海，海岸线长 2092 公里。阿曼的国土总面积为 30.95 万平方公里。除东北部山地外，阿曼的气候属于热带沙漠气候。全年分两季，5 月至 10 月为热季，气温高达 40℃以上；11 月至翌年 4 月为凉季，平均温度约为 24℃。

阿曼是世袭君主制国家，禁止一切政党活动。2011 年初，受西亚北非地区局势动荡影响，阿曼局部出现小规模示威游行活动。卡布斯

---

① 中华人民共和国外交部：《阿曼苏丹国国家概况》，2016 年 7 月，http：//www. fmprc. gov. cn/web/ gjhdq_ 676201/gj_ 676203/yz_ 676205/1206_ 676259/1206x0_ 676261/，2016 年 8 月 24 日。

苏丹迅速采取措施使社会恢复正常。2016 年，阿曼的和平指数为 2.016，在 162 个国家排名中位列第 74，在中东北非地区国家排名中位列第 5①。阿曼是典型的资源输出型国家，油气产业是国民经济的支柱。近年来，阿曼全面推进经济多元化战略，大力招商引资，努力发展非油气产业。2014 年 6 月以来，国际油价持续下跌，阿曼政府采取一系列切实有效的措施努力维护阿曼经济的基本面，稳定境内外投资者对其经济的信心。2015 年，阿曼国内生产总值 693 亿美元，国内生产总值增长率为 3.5%。

阿曼国家统计信息中心的报告显示，截至 2016 年 2 月底，阿曼人口已达 437.9 万人，其中本国人口 240.2 万人，占 54.9%。阿曼的官方语言为阿拉伯语，通用英语。阿拉伯语最初主要在阿拉伯半岛地区使用，随着伊斯兰教的传播和阿拉伯人的对外征服逐渐传播，最终成为整个阿拉伯民族的语言，而阿曼人主要为阿拉伯人，占全国人口的大多数，所以阿曼的官方语言是阿拉伯语。

二 汉语教学简史

2010 年 5 月 19 日，阿曼苏丹国高等教育部部长拉维娅·苏阿德·布赛义迪博士率领的阿曼高等教育部代表团访问了中国中央财经大学，双方共同签署了合作备忘录。拉维娅博士希望中财成为阿曼高等教育部与中国大学沟通的桥梁，积极推进合作项目的落实，包括中财提供师资、教学材料，在阿曼开展汉语教学及传播工作，加强双方师资交流，并邀请中财教师到阿曼讲授课程等。②

2012 年 5 月 9 日下午，阿曼苏丹国高等教育部次大臣阿卜杜拉·穆罕穆德·萨利米阁下一行访问上海同济大学，萨利米阁下表示，阿曼希望派遣更多的学生来华学习，不仅要学习汉语，更要学习医学等

---

① 驻阿曼使馆经商处：《阿曼在全球和平指数排名中位列中东北非地区第 5》，http：//om. mof-com. gov. cn/article/ddgk/201608/20160801370716. shtml，2016 年 9 月 13 日。

② 新浪教育：《中央财经大学与阿曼苏丹国教育部签订合作协议》，http：//edu. sina. com. cn/l/2010 – 05 –24/1111188601. shtml，2016 年 5 月 8 日。

专业，并希望与同济大学进一步开展学生交流，并在将来扩展至教师交流和科研合作。①

2016 年 3 月 18 日上午，由阿曼华侨华人联合会主办马斯喀特中国学校即将开班，它是中东地区首个专门对华侨华人子女和中资机构人员随任子女进行汉语教育的学校，充分体现了党和政府对旅阿中国公民未成年子女教育与培养的高度重视。②

2016 年 9 月 18 日，驻阿曼大使于福龙出席阿曼卡布斯苏丹大学汉语课程启动仪式。卡布斯大学国际合作事务副校长穆娜殿下，人文社会科学院院长肯迪，卡布斯大学教师和学生代表及中国国家汉办公派汉语教师出席。卡布斯苏丹大学汉语课程是由中国国家汉办批准的阿曼首个国家公派汉语教师项目。这是首次在阿曼高校开设汉语课程。穆娜殿下表示，感谢中国国家汉办对卡布斯大学汉语课程的大力帮助，强调汉语课程广受欢迎，报名人数远超预期，反映了阿曼青年对学习汉语的热情和了解中国的渴望。卡布斯大学愿与中方教育机构加强交流，丰富合作形式与内容，为阿中友谊添砖加瓦。③

第二节　巴勒斯坦的汉语教学

一　国家概况④

巴勒斯坦，古称迦南，全称巴勒斯坦国（阿拉伯语：فلسطين，英语：The State of Palestine）。巴勒斯坦战略地位非常重要，位于亚洲西部，处在亚洲、非洲和欧洲三洲的交通要道。北接黎巴嫩，东邻

---

① 同济大学外事办公室：《阿曼苏丹国高等教育部次大臣阿卜杜拉·穆罕穆德·萨利米博士阁下来访》，http://www.tongji-uni.com/newsshow.aspx? sn = 2947，2016 年 7 月 8 日。

② 中华人民共和国驻阿曼苏丹大使馆：《驻阿曼大使于福龙出席马斯喀特中国学校开班仪式》，http://om.chineseembassy.org/chn/dsxx1/dshd1/t1349052.htm，2016 年 7 月 8 日。

③ 中华人民共和国驻阿曼苏丹大使馆：《驻阿曼大使于福龙出席卡布斯苏丹大学汉语课程启动仪式》，http://om.chineseembassy.org/chn/sgxw/t1398335.htm，2016 年 10 月 18 日。

④ 中华人民共和国外交部：http://www.fmprc.gov.cn/web/，2016 年 9 月 4 日。

叙利亚、约旦，西南与埃及的西奈半岛接界，南端的一角临亚喀巴湾，西濒地中海。海岸线长 198 公里①。1988 年 11 月，宣告成立巴勒斯坦国，但未确定其疆界。巴勒斯坦通过与以色列和谈，陆续收回约 2500 平方公里的土地。目前，巴勒斯坦控制着包括加沙和约旦河西岸的约 2500 平方公里的土地。巴勒斯坦的西部为地中海沿岸平原，南部高原较平坦，东部为约旦河谷地、死海洼地和阿拉伯谷地，加利利山、萨马里山和朱迪山贯穿中部。全国最高峰梅隆山海拔1208 米②。

根据巴计划与国际合作部 1997 年 10 月绘制的地图，约旦河西岸分为 8 个省，加沙地带分为 5 个省。1988 年 11 月，巴勒斯坦全国委员会宣布巴勒斯坦国首都是耶路撒冷。目前巴勒斯坦总统府等政府主要部门均设在拉马拉。巴勒斯坦的气候是亚热带地中海型气候。夏季炎热干燥，最热月份为 7—8 月，气温最高达 38℃ 左右；冬季微冷，湿润多雨，平均气温为 4—11℃，最冷月份为 1 月。雨季为 12 月至次年3 月。巴勒斯坦南北雨量悬殊，最北部平均降水量 900 毫米，最南部仅 50 毫米左右③。

巴勒斯坦人口有 1100 余万人，其中加沙地带和约旦河西岸人口为468 万人（2015 年 6 月），其余为在外的难民和侨民。巴勒斯坦是一个多宗教信仰的国家，国内有基督教、犹太教、伊斯兰教、天主教、东正教、新教等，主要信仰伊斯兰教。巴勒斯坦通用阿拉伯语。

巴勒斯坦的经济以农业为主，其他有手工业、建筑业、加工业、服务业等。截至 2013 年底，巴共有各种工业企业 5400 余家，外资企业仅 25 家。旅游业是重要经济支柱。巴气候宜人，有大量的历史文化古迹，旅游资源丰富。巴勒斯坦的经济严重依赖以色列，据巴官方统计，巴约旦河西岸地区以及加沙地带每年消费约 40 亿美元的以色列产

---

① 人民网：《巴勒斯坦概况》，http：//world. people. com. cn/GB/8212/72474/72475/5043990. html，2016 年 9 月 7 日。

② 同上。

③ 同上。

品，巴约有 70% 的商品和 80% 的服务来自以，以方代收巴税款。巴以对峙对巴经济发展形成严重制约。2014 年，巴勒斯坦国内生产总值（GDP）为 72.9 亿美元，国内生产总值增长率为 - 2.5%，人均国内生产总值约为 1700 美元，通货膨胀率为 1.7%。1988 年 11 月 20 日，中国宣布承认巴勒斯坦国，两国建交。2015 年，双边贸易额为 7100 万美元，同比下降 6%，主要为中国对巴勒斯坦出口。近年来，中巴双边关系平稳发展。

二　汉语教学简史

1988 年 11 月 20 日，中国和巴勒斯坦两国建交。2016 年 3 月，刘延东副总理在访问巴勒斯坦时表示，为了促进中巴青少年文化交流，增进两国人民友谊，邀请 15 名巴勒斯坦青年科研人员到中国就巴方需要的项目或领域进行联合科研，还邀请了 60 名巴勒斯坦中小学生来中国参加"汉语桥"夏令营活动。刘延东副总理还表示，中方愿为巴勒斯坦开展汉语教学提供帮助。①

2016 年 7 月 25 日—8 月 8 日，由孔子学院总部和国家汉办主办，北京外国语大学、外语教学与研究出版社承办的"汉语桥"巴勒斯坦学生夏令营在北京外国语大学举行。此次夏令营共有 29 名巴学生、两名带队教师以及一名巴教育部官员参加。他们是应副总理邀请而来的第一批营员，营员将在京、津两地学习汉语、剪纸、国画、中国功夫等课程，参加与中国师生交流互动，深入体验中国社会生活等活动。②

---

① 中华人民共和国外交部：《刘延东参观巴勒斯坦费萨尔·侯塞尼女子学校》，http：//www. fmprc. gov. cn/web/gjhdq_ 676201/gj_ 676203/yz_ 676205/1206_ 676332/xgxw_ 676338/ t1352390. shtml，2016 年 6 月 5 日。
② 孔子学院总部/国家汉办官网：http：//www. hanban. org/article/2016 - 08/05/content_ 652300. htm，2016 年 10 月 14 日。

第三节　卡塔尔的汉语教学

一　国家概况①

卡塔尔全名卡塔尔国（阿拉伯语：قطر，英语：The State of Qa-tar），1971 年 9 月 3 日，宣布独立。卡塔尔是亚洲西部的一个阿拉伯国家，面积 11521 平方公里，海岸线长 550 公里，位于波斯湾西南岸的卡塔尔半岛上，与阿联酋和沙特阿拉伯接壤。卡塔尔地势平坦，大部分地区为覆盖沙土的荒漠，靠近西海岸地势略高，最高海拔约 103 米，由兹克瑞特向南存在大范围裸露石灰岩，卡塔尔的陆上石油也主要储藏在这个区域。卡塔尔全国划分为 10 个区，其中，多哈（Doha）是首都，也是卡塔尔第一大城市，初始为一个渔港，现集政治、经济、交通和文化中心于一身。卡塔尔属热带沙漠气候。夏季炎热漫长，气温 25—46℃，最高气温可达 50℃；冬季凉爽干燥，气温 10—30℃，最低气温 7℃。年平均降水量仅 75.2 毫米。

卡塔尔是君主制酋长国家，也是海湾国家中第一个实行宪政和直选的国家，也是第一个允许女性参政的国家。埃米尔为国家元首和武装部队总司令，掌握国家最高权力，由阿勒萨尼家族世袭。卡禁止任何政党活动。1988 年 7 月 9 日，中国和卡塔尔建交。2014 年 11 月，埃米尔（国家元首）塔米姆访华，双方决定建立战略伙伴关系，强调共同建设"丝绸之路经济带"和"21 世纪海上丝绸之路"。2015 年 4 月 20 日，卡塔尔埃米尔塔米姆对媒体表示，卡塔尔愿就"一带一路"倡议继续同中方共同努力，不断推进两国在各个领域的友好交往与合作，加强两国战略伙伴关系。② 目前，中国已经与卡塔尔签署了共建

---

① 中华人民共和国外交部：《卡塔尔国家概况》，2016 年 7 月，http://www.fmprc.gov.cn/web/gjhdq_ 676201/gj_ 676203/yz_ 676205/1206_ 676596/1206x0_ 676598/，2016 年 8 月 25 日。

② 杨元勇：《卡塔尔愿积极参与"一带一路"建设》，新华网，http://news.xinhuanet.com/2015 - 04/21/c_ 1115034658.htm，2016 年 6 月 22 日。

"一带一路"合作备忘录。

卡塔尔人口 234 万人（2016 年），其中卡塔尔公民约占 15%，首都多哈人口 154 万人。外籍人主要来自印度、巴基斯坦和东南亚国家。卡塔尔居民大多信奉伊斯兰教，多数属逊尼派中的瓦哈比教派，什叶派占全国人口的 16%。卡塔尔的母语和官方语言是阿拉伯语，通用英语。学校教育中，也用英语。由于卡塔尔有很多不同国度的人，所以在交际时，卡塔尔的交际语呈现多样化，除了使用英语和阿拉伯语外，也使用法语和印地语等。

卡塔尔是亚洲西部连接亚、非、欧三洲的重要枢纽国家，拥有便利的港口和丰富的能源资源，在"一带一路"上有很重要的地位。工业主要为石油和天然气部门、相关工业及能源密集型工业。20 世纪 40 年代，石油储量的发现，完全改变了整个国家的经济。卡塔尔已探明石油储量为 25 亿吨，居世界第十三位，天然气储量 24.7 万亿立方米，居世界第三位。2012 年，美国《福布斯》杂志公布的全球最富国家和地区排行榜中，卡塔尔位列第一。2014 年 9 月 3 日，世界经济论坛发布的《2014—2015 年全球竞争力报告》显示，卡塔尔排第 16 名。2015 年，卡塔尔国内生产总值 1646 亿美元。根据卡塔尔发展规划和统计部公布数据，2016 年 7 月，卡外贸顺差 18.4 亿美元，同比下降 52.5%，环比下降 18.8%[①]。

二　汉语教学简史

1999 年 4 月 9 日，中华人民共和国政府和卡塔尔国政府在北京签署了《中华人民共和国政府和卡塔尔国政府教育与文化合作协定》，第十条约定双方为在中华人民共和国发展阿拉伯语教学和在卡塔尔国发展汉语教学尽可能提供方便[②]。

---

① 驻卡塔尔使馆经商处：《卡塔尔政府公布 2016 年 7 月份外贸数据》，http：//qa. mofcom. gov. cn/article/jmxw/201609/20160901398081. shtml，2016 年 9 月 3 日。

② 中华人民共和国外交部官网：《中华人民共和国和卡塔尔国政府教育与文化合作协定》，http：//www. fmprc. gov. cn/web/ziliao_ 674904/tytj_ 674911/tyfg_ 674913/t6280. shtml，2016 年 2 月 3 日。

目前，全球正在兴起"汉语热"，越来越多的卡塔尔学校开始教授汉语课程，越来越多的卡塔尔人开始关注中国，了解中国和"中国梦"。

第四节 沙特阿拉伯的汉语教学

一 国家概况①

"沙特"，在阿拉伯语中是"幸福"的意思，取自阿拉伯王国的创始人伊本·沙特之名，"阿拉伯"则有"沙漠"之意，全称"沙特阿拉伯王国"（阿拉伯语：مملكة عربية سعودية，英语：Saudi Arabia，Kingdom of Saudi Arabia，中国台湾译为：沙乌地阿拉伯），是亚洲西南部阿拉伯半岛上最大的国家，东濒波斯湾，西临红海，同约旦、伊拉克、科威特、阿拉伯联合酋长国、阿曼、也门等国接壤，并经法赫德国王大桥与巴林相接。沙特阿拉伯面积 225 万平方公里，海岸线长 2448 公里，地势西高东低。沙特阿拉伯境内大部分是高原，西部红海沿岸是狭长平原，以东为赛拉特山，山地以东地势逐渐下降，直至东部平原。境内沙漠很多。沙特阿拉伯除西南高原和北方地区属亚热带地中海型气候外，其他地区均属热带沙漠气候。夏季炎热干燥，最高气温可达 50℃以上；冬季气候温和。年平均降雨不超过 200 毫米。

1932 年 9 月 23 日，沙特阿拉伯王国宣告建立，这一天被定为沙特国庆日。沙特是政教合一的君主制王国，国家禁止政党活动。石油和石化工业是沙特的经济命脉。沙特是"石油王国"，石油储量和产量均居世界首位，使其成为世界上最富裕的国家之一。石油收入占国家财政收入的 75%，占国内生产总值的 45%。近年来，由于国际油价攀升，沙特石油出口收入丰厚，经济增长较快。沙特政府充分利用本国丰富的石油和天然气资源，积极引进国外的先进技术设备，大力发展钢铁、炼铝、水泥、海水淡化、电力工业、农业和服务业等非石油产

---

① 中华人民共和国外交部官网：http://www.fmprc.gov.cn/web/，2016 年 8 月 10 日。

业，这使沙特阿拉伯依赖石油的单一经济结构有所改观。沙特是世界上最大的淡化海水生产国，还是世界上最大的大麦进口国，年均进口约 600 万吨。2015 年，沙特国内生产总值为 6812 亿美元，国内生产总值增长率为 3.3%，人均国内生产总值 2.16 万美元。2016 年，沙特提出"2030 愿景"和"2020 国家转型规划"。近年来，中沙经贸合作发展迅速，沙已成为中国在阿拉伯国家第一大贸易伙伴，全球第一大原油进口来源国、第二大新签承包工程市场①。2016 年 1 月 19—20 日，习近平主席访问沙特阿拉伯，两国元首共同见证了《中华人民共和国政府与沙特阿拉伯王国政府关于共同推进丝绸之路经济带和 21 世纪海上丝绸之路以及开展产能合作的谅解备忘录》以及能源、通信、环境、文化、航天、科技等领域双边合作文件的签署，双方发表了《中华人民共和国和沙特阿拉伯王国关于建立全面战略伙伴关系的联合声明》②。中沙建立全面战略伙伴关系是大势所趋，标志着两国关系步入新阶段。双方应该鼓励两国金融机构和有实力的企业扩大相互投资合作，促进"一带一路"沿线各国共同发展和共同繁荣③。

沙特阿拉伯的官方语言是阿拉伯语，简称阿语，即阿拉伯民族的语言，还通用英语。宏观上来看，沙特的语言政策比较宽松。1992 年，沙特颁布的国家基本法规定沙特的官方语言是阿拉伯语。1993 年之后，国家发布系列法规，要求公立学校教学语言必须是阿拉伯语，英语只能作为外语或协助教学活动。沙特的宗教活动和功修中一律使用标准阿拉伯语，公共领域里使用的标志、题词一律要求使用阿拉伯语，阿拉伯语是沙特政府和私人机构的唯一办公用语。沙特的大学教育中，人文学科以及宗教学类为阿拉伯语授课，理工科和科技信息类

---

① 中国经济网：《商务部谈中东三国：沙特是我原油第一进口来源国》，http：//finance. sina. com. cn/roll/2016 – 01 – 20/doc-ifxnrahr8580231. shtml，2016 年 3 月 14 日。

② 杜尚泽、黄培昭：《习近平同沙特阿拉伯国王萨勒曼会谈 两国元首共同宣布建立中沙全面战略伙伴关系》，http：//paper. people. com. cn/rmrb/html/2016 – 01/20/nw. D110000renmrb_20160120_ 2 – 01. htm，2016 年 4 月 2 日。

③ 人民网—中国共产党新闻网：《习近平主席沙特、埃及、伊朗之行全记录》，http：//cpc. people. com. cn/xuexi/n1/2016/0125/c385474 – 28082804. html，2016 年 3 月 2 日。

为英语或法语授课。沙特媒体应用的语种除了阿拉伯语外，还有英语和法语。2013 年，沙特成立了阿卜杜拉·本·阿卜杜勒·阿齐兹国王阿拉伯语国际服务中心，该中心的宗旨是向全世界推广阿拉伯语，传播阿拉伯伊斯兰教文化，推动阿拉伯语的传承和与世界各主要语言的交流。"阿拉伯语月"活动是该服务中心主办的一项国际性活动，每年在不同国家举办。首届"阿拉伯语月"的活动地点选在北京语言大学。沙特语言政策的特点是弘扬母语，强调阿拉伯语作为官方语言，用于社会的各个行业和领域；接纳英语，对英语的接受和使用程度非常普遍；强调阿拉伯语与伊斯兰教一脉相承的关系，沙特语言政策的颁布都以《古兰经》为指导，并且出台的语言政策也是为伊斯兰教服务的。①

二　汉语教学简史

沙特国王大学创立于 1957 年，是沙特阿拉伯最著名的高等院校，也是半岛地区最重要的大学。近年来，中国与沙特人文交流发展迅速，越来越多的沙特人开始学习汉语。2009 年 9 月，北京语言大学开始协助沙特国王大学正式开设了中文专业。沙特国王大学是沙特第一所开设中文专业的大学。北京语言大学已派遣教师赴该大学任教。来自北京语言大学的教师除了给该中文专业的学生上汉语课之外，还给学生开设了茶艺文化课，如北京语言大学的中文教师肖立和王光远给中文专业的学生上中国茶艺文化课②。

沙特国王大学 2010 年秋季派遣的首批 15 名沙特国王大学学生已经进入北京语言大学汉语学院，开始本科汉语专业的学习。这 15 名学生已在沙特国王大学中文专业完成了一年的学习，来到北京语言大学学习一年后，再回到本国升入三年级继续学习。2010 年 12 月 1 日，

---

① 王辉：《"一带一路"国家语言状况与语言政策》第一卷，社会科学文献出版社 2015 年版，第 122—125 页。
② 王波：《沙特人热衷学中文》，http://news.xinhuanet.com/world/2010 - 05/31/c_ 12162162.htm，2016 年 3 月 3 日。

"中国与沙特建交 20 周年知识竞赛"获奖听众代表团一行六人访问了北京语言大学，并与沙特留学生和阿拉伯语专业的学生进行了交流。北京语言大学汉语学院院长郭鹏会见了代表团成员。①

沙特人会中文的并不是特别多，所以他们毕业后能很轻松地在福利优厚的政府部门找到类似翻译的工作，除了大学生开始学习中文，很多沙特家长也在为上小学的孩子寻找中文家教。因此，目前在沙特的对外汉语教师非常紧缺。2014 年 6 月 19 日，沙特某教育集团到京师环宇选拔对外汉语教师，报名截止日期为 6 月 16 日，该机构是一家致力于在中东地区教授中国汉语和文化的教学机构，已在迪拜成功建立并运作，现准备在沙特阿拉伯首都利雅得拓展成立分支机构，希望聘请专职对外汉语教师并派驻那里。②

本章主要参考文献

陈静、王泽东：《阿曼经济改革及其发展前景》，《中国石油大学学报》（社会科学版）
　　2002 年第 5 期。

陈天社：《巴勒斯坦民族认同与国家构建探析》，《郑州大学学报》（哲学社会科学版）
　　2016 年第 1 期。

高潮：《投资"中东的香港"——阿曼》，《中国对外贸易》2006 年第 2 期。

何琳煜、冯源：《"一带一路"上的语言》，《2015 海南省翻译协会研讨会论文集》，
　　海南，2015 年。

姜英梅：《卡塔尔经济发展战略与"一带一路"建设》，《阿拉伯世界研究》2016 年
　　第 2 期。

金沙丽：《"一带一路"倡议中阿拉伯语的重要作用及应用》，《民族艺林》2016 年第
　　3 期。

金忠杰、李红梅：《试论中国阿拉伯语教育和阿拉伯国家汉语教育》，《回族研究》2014
　　年第 3 期。

---

① 万泽群：《沙特民众到访北京语言大学　推进两国人文交流》，http://www.jyb.cn/world/zw-yj/201012/t20101202_403411.html，2016 年 6 月 3 日。

② 千华网：http://www.qianhuaweb.com/content/2014－06/13/content_4905773.htm，2016 年 8 月 6 日。

刘诗雨：《"一带一路"倡议背景下巴勒斯坦政治进程研究》，《外国问题研究》2016
　　年第3期。

刘增洁：《阿曼油气资源现状及政策回顾》，《国土资源情报》2007年第5期。

马燕：《波斯湾上的明珠——卡塔尔》，《民族艺林》2014年第5期。

潘光：《近期卡塔尔外交政策演变和中卡关系》，《阿拉伯世界研究》2015年第2期。

邱红艳：《中国对阿拉伯地区的图书传播》，《对外传播》2014年第11期。

仝菲：《阿曼苏丹国投资市场分析》，《西亚非洲》2008年第10期。

王辉：《"一带一路"国家语言状况与语言政策》第一卷，社会科学文献出版社2015
　　年版。

王辉、王亚蓝：《"一带一路"沿线国家语言政策概述》，《北华大学学报》（社会科
　　学版）2016年第2期。

杨娜、董正存：《沙特阿拉伯学生习得汉语辅音偏误探析》，《云南师范大学学报》
　　（对外汉语教学与研究版）2011年第5期。

姚淑燕：《阿拉伯国家的汉语教学研究》，硕士学位论文，上海外国语大学，2013年。

殷实：《卡塔尔的软实力建设研究》，硕士学位论文，兰州大学，2016年。

苑生龙：《卡塔尔总体形势及中卡经贸关系研判》，《中国经贸导刊》2015年第2期。

张治国：《"一带一路"建设中的语言问题》，《语言文字应用》2016年第4期。

赵军：《埃及发展战略与"一带一路"建设》，《阿拉伯世界研究》2016年第3期。

后　记

　　"一带一路"是我党和国家的重要战略，也得到了国际社会的高度关注和有关国家的积极响应。2016 年 11 月 17 日，第 71 届联合国大会首次将"一带一路"写进大会决议，这项决议得到了 193 个会员国的一致赞成。

　　而实施"一带一路"倡议，首要的就是语言互通。因此，加强"一带一路"沿线国家的汉语教学研究，对服务国家"一带一路"倡议具有重要意义。

　　本书为"'一带一路'沿线国家汉语教学研究丛书"第一阶段的研究成果，主要是服务"一带一路"倡议，为我们了解"一带一路"沿线国家的汉语教学情况提供资料。本书主要介绍位于北非的埃及和位于西亚的阿拉伯联合酋长国、阿曼、巴勒斯坦、巴林、卡塔尔、科威特、黎巴嫩、沙特阿拉伯、土耳其、叙利亚、也门、伊拉克、伊朗、以色列、约旦的汉语教学。

　　北非和西亚地区多为阿拉伯国家，因此，本书涉及的 16 个国家，除了土耳其的官方语言是土耳其语，伊朗的官方语言是波斯语外，其余 14 个国家（以色列的官方语言是希伯来语和阿拉伯语）均以阿拉伯语为官方语言。这些国家的汉语教学程度不一：有的历史悠久；有的起步较晚；有些由于各种原因汉语教学薄弱，如阿曼、巴勒斯坦、卡塔尔和沙特阿拉伯等国家的汉语教学刚刚起步，能收集到的资料很少；科威特、叙利亚、伊拉克和也门则由于社会动荡不安，汉语教学至今尚未起步。

本书得以顺利完成离不开丛书编撰团队成员的共同努力。正是大家的相互扶持，才使得本书在较短的时间内完成策划、写作、修改和定稿。也万分感谢著名对外汉语教育专家、北京语言大学教授、博士生导师赵金铭教授和信阳师范学院文学院吴圣刚教授在百忙之中为本系列丛书写序，使得丛书分量更重。此外，信阳师范学院文学院的领导也对本丛书的编写工作给予大力支持，没有他们的支持，本书也不可能这么快面世。在此对他们表达我深深的谢意！本书写作过程中，参考了诸多专家、学者的研究成果，在此对引文作者表示深深的感谢！

由于这项研究处于起步阶段，资料收集的渠道也很有限，更由于作者水平有限，因此，书中疏漏和错误在所难免，敬请各位专家、读者批评指正！

栗君华

2017 年 1 月 13 日